期待権と条件理論

大島和夫著

法律文化社

はじめに

　1　条件理論とは，法律行為がなされた時点とその法的効果が発生する時点がずれるときに，その中間期間における法律行為の効力をどのように理解するかという理論で，ヨーロッパでは，ローマ法，普通法を通じて議論が重ねられ，遡及効，ペンデンツ理論，期待権といった3つの考え方が出された。

　明治に入って，近代的な民法典を作成する作業に入ったとき，立法に携わった人々は，これらのヨーロッパ理論の積み重ねを，かなり綿密に押さえたうえで，日本の条件法を形成する努力を行った。ただし，立法にかかわった委員たちは，「条件の効力」や「期待権」にかかわる理論的な問題について，その後の学説の検討に委ねるという姿勢をとった。その後，現在に至るまでの日本において，当事者間の契約によって発生する将来の利益のうち，厳密な意味でいまだ権利と理解されていないものでも保護に値するものについて，期待権として保護しようとする傾向が確実に強くなってきたが，その理論的な分析は，必ずしも深められたとは言えない。

　広い意味で期待という言葉を使うことに問題はないが，期待権として権利構成するということになれば，その要件と効果について，明確にすることが求められる。そこで私は，ヨーロッパにおける条件理論の積み重ねが参考になると考えて，条件理論を歴史的にフォローするとともに，理論的な検討を行ってきた。

　日本においては，法律行為の構造についての理論的な分析の蓄積はあまり行われていない。条件理論は，法律行為の成立要件と効力発生要件が分離している場合にあたるが，このような分離について本格的に論じたものは，いままでのところ於保不二雄と四宮和夫の2人しか見当たらない。もちろん，所有権留保などの各論についての研究は多くの研究者によって行われている。しかし，総論としての「法律行為の成立要件と効力発生要件の分離」を系統的に研究したのはこの2人だけであったように思われる。

条件に関する理論的な蓄積が日本において弱いという表れは「注釈民法」の前注を見ても明らかで，近時の文献はほとんどなく，しかも，条件を扱う部分の「注釈民法」の新版はまだ公刊されていない。本書は，主にドイツにおける条件理論の研究を紹介し，検討することによって，日本における条件理論と期待権の議論に寄与することを目的とするものである。

2　日本でもドイツでも，現在最も有力な考え方は期待権であるが，期待権の考え方には所有権の分割という中世的な名残が含まれている。特に，所有権と期待権というように分裂する場合はそうである。権利の現状を把握するにはペンデンツ理論の方が優れている。ただし，この理論は，法状態の現実を説明するものであって，中間処分をめぐる法的効果を説明するものとしては十分ではない。この問題を鋭く掘り下げたのが，ブロマイヤーであった。彼は有期的所有権（Eigentum auf Zeit）は本来の所有権でなく，所有権が時間的に分裂しているようにみえる場合であっても，それは所有権とその負担に分かれているだけであるとした。従って，所有権留保売買を例にとると，留保買主が所有権者であるとする結論に達する。こうして，ブロマイヤーは期待権概念さえも不要であるとした。

彼の見解はラディカルであるため，残念ながら支持するものは少数である。日本においては，中間期間における法律行為の効力を理論的につきつめて考える研究者が少なく，いわゆる未確定無効の領域（取消し得べき法律行為，無権代理，非権利者の処分）においては，いまだに非論理的な遡及効が説明のツールとして一般的に用いられている。

最近のドイツでは，さまざまな角度から，分析のツールとして期待権が有効かといった検討が行われており，興味深い。その現状についても紹介する。そのうえで，日本の裁判例の理論的な把握の弱さを指摘したい。

2005年6月

著　者

初 出 一 覧

　本書は，私が今まで書いてきたものをもとに，いくつかの論点を加えて書き直したものである。もとになった論文の初出は以下のとおりである。

第1部
第1章　期待権論序説
「期待権論序説」西原道夫先生古稀記念論文集『現代民事法学の理論（下）』（2002年，信山社）所収

第2章　条件理論の歴史的考察
「条件理論の歴史的考察（1～4）」神戸外大論叢29巻1，4号，30巻1，6号（1978/79年）

第3章　日本とドイツの条件理論の比較
「条件の効力について」神戸外大論叢29巻5号（1978年）

第4章　ブロマイヤーの条件理論
『ブロマイヤーの条件理論』神戸外大・外国学資料33号（1980年）

第5章　所有権留保と条件付所有権移転
「所有権留保と条件付所有権移転」神戸外大論叢30巻2号（1979年）

第6章　期待権とペンデンツ理論の比較
「条件理論と期待権」奥田昌道先生還暦記念論文集『民事法理論の諸問題（上）』（1993年，成文堂）所収

第2部

第7章　所有権留保売買と第三取得者の権利

「所有権留保売買と第三取得者の地位」民商法雑誌90巻5号（1984年）

第8章　保険契約の法的性質について

「保険契約の法的性質について」林良平先生還暦記念論文集『現代私法学の課題と展望（中）』（1982年，有斐閣）所収

第9章　宅地建物取引業者の報酬請求権

「宅地建物取引業者の報酬請求権と民法130条」民商法雑誌95巻3号（1986年）

目 次

はじめに

第1部 総　論

第1章 期待権論序説 … 3
第1節 社会認識と法 … 3
第2節 経済分析における期待 … 5
1 序　説(5)　*2* ケインズの期待理論(6)
第3節 法秩序における期待 … 11
1 条件と期限(12)　*2* 非典型担保について(13)　*3* 所有権留保(14)　*4* 判例に現れたその他の期待権(17)
第4節 まとめ … 23

第2章 条件理論の歴史的考察 … 25
第1節 日本の条件理論 … 25
1 立法者の立てた原則(26)　*2* 条件付権利(29)　*3* 小　括(33)
第2節 ローマ法における条件理論 … 35
1 ローマ法における条件付法律行為(35)　*2* 条件の効力について(38)
第3節 1800年頃までの理論と立法 … 45
1 バルトルスの実体的遡及効理論(45)　*2* ドイツにおけるローマ法継受後の理論(47)　*3* 18世紀頃の立法(54)
第4節 19世紀における理論 … 58
1 担保法の変化(58)　*2* 19世紀後半のパンデクテン法学(65)

第5節　ドイツ民法典の成立における条件理論 ················· 73
　　　1　ドイツ民法典までの動き（73）　　*2*　ドイツ民法第1草案（79）
　　　3　ドイツ民法第2草案（85）

第3章　日本とドイツの条件理論の比較 ················· 89

　第1節　はじめに ·· 89
　第2節　日本民法典とBGBにおける条件法の比較 ················· 90
　第3節　日本の学説 ·· 92
　　　1　合意による遡及効（92）　　*2*　中間処分の効力（92）　　*3*　期待権（93）
　第4節　ドイツの条件理論 ·· 95
　　　1　普通法における理論（95）　　*2*　ヴィントシャイト（96）　　*3*　フィッティング（98）　　*4*　イェーリンク（99）　　*5*　エンネクツェルス（100）
　　　6　期待権の浮上（102）　　*7*　フォン・トゥール（102）　　*8*　ブロマイヤー（104）　　*9*　ライザー（106）　　*10*　現在の学説（107）
　第5節　まとめ ·· 108

第4章　ブロマイヤーの条件理論 ················· 111

　第1節　期限付義務負担行為 ····································· 111
　第2節　条件付義務負担行為 ····································· 115
　　　1　想　定（115）　　*2*　本来の条件付義務負担行為（117）
　第3節　期限付処分行為 ··· 122
　第4節　期限付権利移転 ··· 130
　第5節　後順位相続人の指定 ····································· 136
　第6節　条件付処分行為 ··· 140

第5章　所有権留保と条件付所有権移転 ················· 145

　第1節　所有権留保の法律構成について ··························· 145

第 2 節　動産質と条件付譲渡 ………………………………… 148
　第 3 節　動産抵当 ……………………………………………… 151
　第 4 節　所有権留保売買 ……………………………………… 153
　第 5 節　アメリカ合衆国における所有権留保 ……………… 160
　第 6 節　ま と め ……………………………………………… 166

第 6 章　期待権とペンデンツ理論の比較 ……………… 169

　第 1 節　日本における条件理論 ……………………………… 169
　第 2 節　ドイツにおける条件理論 …………………………… 176
　第 3 節　ペンデンツ理論と期待権 …………………………… 178
　　　　　1　個別問題における比較（179）　2　6つの基準による比較（186）
　第 4 節　ま と め ……………………………………………… 192

第 2 部　各　　　論

第 7 章　所有権留保売買と第三取得者の権利 ………… 197

　第 1 節　第三取得者による留保目的物の善意取得 ………… 199
　第 2 節　留保売主の引渡請求と権利濫用 …………………… 203
　第 3 節　転売授権と第三者の権利 …………………………… 208
　第 4 節　商人間の転売授権の法的性質 ……………………… 213
　第 5 節　ま と め ……………………………………………… 215

第 8 章　保険契約の法的性質について …………………… 217

　第 1 節　物上代位と保険契約 ………………………………… 217

第2節　労災保険と損害賠償 ………………………………… 220
第3節　損害賠償と保険給付 ………………………………… 225
第4節　保険契約の法的性質 ………………………………… 231
第5節　ま　と　め …………………………………………… 235

第9章　宅地建物取引業者の報酬請求権 …………………… 237

第1節　不動産取引仲介契約の法的性質 …………………… 237
第2節　仲介委託契約の解除に民法651条が適用されるとする判例 … 240
第3節　仲介委託契約の中途解約が直接取引のための業者の排除に
　　　　あたらないとされた判例 ……………………………… 242
第4節　最高裁第1小判1964年1月23日以前に仲介業者の報酬請求権を
　　　　認めた判例 ……………………………………………… 244
　　1　実定法上の根拠を示さずに最高報酬請求の慣習を認めた判例（245）
　　2　民法130条に触れずに，相当な報酬を認めた判例（246）
第5節　民法130条を適用した判例 ………………………… 247
　　1　報酬の約定がある場合（247）　　2　告示の最高額の報酬を支払う慣習の
　　存在を否定した判例（249）　　3　信義則について（252）
第6節　民法130条以外の根拠により報酬請求を認めた判例 ………… 253
　　1　商法512条を適用するもの（253）　　2　民法648条3項を適用した判例
　　（254）　　3　期待権侵害として民法709条を適用した判例（255）
第7節　報酬額の決定について ……………………………… 256
第8節　ま　と　め …………………………………………… 259

あとがき ………………………………………………………… 261
人名索引 ………………………………………………………… 263
事項索引 ………………………………………………………… 264

第1部 総　論

第1章　期待権論序説

　期待とか期待権という言葉は，法律学だけでなく，経済学においても重要な意味を持っている。本章では，(1) 経済学における期待と法律学における期待の内容の違い，(2) 法律学における期待概念の多様性，について検討する。

第1節　社会認識と法

　人間が人間の社会を認識するという場合，すべてを理解して認識することは不可能であって，部分的なものにとどまらざるを得ない。それは，社会の仕組みが複雑であるということだけでなく，対象とされる人間自体が，意識を持ち，目的を持ち，自由に意思決定を行うことによる。しかも，その結果は必ずしも本人が意図したとおりとは限らない。契約においては交渉相手もまた固有の戦略と自由な意思を持ち，自由な決定を行うからである[1]。従って，社会や制度を理解するときには，不確実性は避けられない。

　私達の社会認識は，実践的な目的によって導かれている。どの株を購入すれば将来の蓄財に貢献するとか，どの会社に就職すれば定年まで安心して過ごせるかとか，どのテーマを選べば独創的な論文にまとめられそうだといった具合である。実践主体である個人は，それぞれの目的意識によって，社会，制度，企業を認識する。

　立法者も，目的意識を持って社会認識を行い，それに基づいて法制度を設計する。100年前の日本の立法者は近代市民社会像というものを頭に描きな

---

[1] ここでいう自由とは，制約された状況の中であっても複数の選択肢があり，そのどれを選択するかわからないという意味である。

がら基本設計を行った。近代市民社会という認識の仕方は当時の日本の実情にはあっていなかったし，西欧社会の理解の仕方としても一面的なものであった。しかし，西欧社会の本質的な理解と日本の社会の近代化の推進にとっては，市民社会というシステム的理解は有用なものであった。

　法の社会認識は，もちろん社会を包括的にもれなくカバーするものではない。法律の社会認識は，法の目的を効果的に達成するためのものである。法の目的は時代によって大きく異なる。古代の律令においては官位を正しく決定することが法律の最も重要な目的であり，そのためには，身分序列の決定と先例の正確な記録と理解が不可欠であった。中世の御成敗式目にあっては御家人等の土地争いの解決こそが最大の目的であり，そのために頼朝以来の土地安堵のルールを明確にすることが必要であった。現代の日本の法の目的は，豊かな社会をめざす秩序の維持である。国家の統治，市場と家族の秩序の維持，財産権の保障，要するに政治と経済の秩序維持である。このために法秩序が設計されている。

　次のことに注意を喚起したい。第1は，秩序を形成するものは法律ではないということである。換言すると法秩序が経済的秩序を形成するのではない。逆に経済的秩序が政治的秩序と法秩序を形成するにあたって決定的役割を果たす。しかし，このことは，政治的・法的秩序が常に受け身的であるということを意味するものではない。例えば，1998年に制定された金融再生関連法は，その後の破綻した企業の処理に大きな影響を及ぼしているし，日米間の政治的協議は繊維，自動車，半導体，鉄鋼等の産業に大きな影響を与えている。法は形成された秩序を明確化し，保護し，違反を取り締まり，場合によっては変更しようとする。[2]

　第2は，法秩序および法の目的の前提となっている社会認識が，時代の進展とともにズレを生じる可能性を常に抱えていることである。日本の現在の

---

[2] 戦争中の統制立法や，戦後の政策的法の中には，社会的制度の変更を行おうとするものがある。この場合には，法律が秩序形成機能を果たす。しかし，既存の秩序との整合性を無視することはできず，無視するとみじめな結果に終わる。1962年に立法化を図ろうとして失敗した特定産業振興臨時措置法（特振法）は，その顕著な例である。

法秩序・目的のもとになっている社会認識は，その大部分が19世紀末および1945年の終戦直後のものである。もちろん，これは，基本法について述べているのであって，個別的な法や頻繁に改正される商法などについてはあてはまらない。しかし，民法や刑法，憲法などについてはあてはまる。商法については基本的な考え方（たとえば資本充実の原則や株主総会の役割等）は1950年の改正法当時のものであったが，2005年に，基本理念も含めて大きな改正が行われた。

　日本の民法のうち，財産法の大部分は，100年前に制定されたままであって，当時の社会認識を引きずっている。[3]そこには，情報や期待といったことがらに関する規定がほとんど存在しない。期待については，わずかに127条以下，406条以下，556条に規定があるだけで，しかも不十分である。情報については権利の客体とすらみなされていない。[4]しかし，現在では，社会を認識するときに，期待も，その前提としての情報の保有も，避けて通ることのできないテーマとなっている。そこで，社会科学における期待の扱いを，経済学の場合からみてみよう。

第2節　経済分析における期待

1　序　説

　商品交換を行うのは人間である。各商品所有者が自分の所有する商品とは異なるものを手に入れようとするのは，消費のためであると同時に，その商品に関して期待を持っているからである。例えば，それが将来値上がりし，転売によって大きな利益を手にすることができるといった具合である。それなら，売り主が手放さないだろうという疑問が提起されるかも知れない。し

---

3) 財産法は1896年に制定され，家族法は1947年に全面改正された。立法者は，その当時の社会認識を基本として法の目的を設定している。民法は2005年4月から現代語化されたが，保証の要式契約化，根保証の新設を除いては，内容はあまり変わっていない。

4) 情報の一部である著作については，1899年に著作権法（旧法）を制定していたが，一般には著作物保護の理解は広がっていなかった。有名な雲右衛門事件の中で，裁判官は「低級な芸能」がなぜ保護の対象とならないか説明している。大判1914年7月4日刑録20輯1360頁。

かし，交渉の当事者が保有する情報は決して同じではない，むしろ差があるのが普通である。従って，売主の意図と買主の意図は当然に異なる。この意味で，およそあらゆる取引には投機の要素があると言える。つまり，取引の相手を出し抜いて儲けようというわけである。[5]

このような交渉一般における期待の役割については，法律学においてはとりあげられることがあっても，経済学においては，あまり問題にされることはない。経済学においては，投資の決定において期待の役割が重視されている。期待を正面からとりあげる合理的期待理論もあるが，紙数の関係で，ケインズの期待理論にしぼって紹介する。[6]

2 ケインズの期待理論

労働者の雇用量と生産物の産出量に対して期待が重大な影響を与えることを最初に強調したのは，ケインズ John Maynard Keynes で，それが体系的に発表されたのは，1936年の「雇用・利子および貨幣の一般理論」The General Theory of Employment, Interest and Money (1936) (以下，「一般理論」で表記する) においてであった。以下では，ケインズ理論における期待理論をとりあげる。[7]

(1) 非自発的失業と有効需要

ケインズは，失業の真の原因が労働市場の内部ではなく，生産物市場にあること，すなわち社会的総需要と総供給の関係にあると分析した。総雇用量は総需要関数と総供給関数の交点において決定される。この点において企業者の利潤は極大となる。このときの総需要の値を有効需要という。[8]

雇用量は消費性向と新投資量によって決定されるが，豊かな社会において

---

5) 岩井克人『21世紀の資本主義論』筑摩書房 (2000年) 4頁以下参照。
6) その簡潔な紹介は，スティグリッツ『マクロ経済学』東洋経済 (1995年) 342頁以下。
7) ケインズの理論の歴史的展開については，浅野栄一『ケインズ一般理論入門』有斐閣 (1976年) による。
8) 『ケインズ全集第7巻・一般理論』東洋経済 (1983年) の第3章，特に26頁。総需要についての新しい説明は，スティグリッツ『マクロ経済学』東洋経済新報社 (1995年) 第4章を，総需要と総供給の関係，および賃金と物価の変動が産出量と雇用量に与える影響については第7章を参照。

は限界消費性向が弱いうえに,多くの投資を誘致する機会が乏しくなっている。そのために有効需要の不足が生じ,生産の進行を阻害することになる[9]。そこで,一般理論の結論は,政府の関与によって総需要を増加させ,総雇用量を増加させるというものであった[10]。

総雇用量は有効需要の点で決定される。短期の条件のもとでは,それはもっぱら有効需要の水準によって決定される。有効需要は企業者たちが雇い入れた経常雇用量から獲得を期待する売上金額（総所得）である。この売上金額は現実のものではなく,企業者たちが期待する売上金額なのである。こうして,ケインズの体系においては期待が重要な役割を果たすことになった。

(2) 期　待

ケインズは現実の経済が不確実性の支配する世界であり,不確実な将来についての期待が現在の雇用量と産出量の決定に重大な影響をもたらすと考えた。彼は一般理論の第5章で期待についての概略的な説明を与えている。

事業決意の基礎となる期待には2種類のものがある。第1の類型は,製造業者が生産過程を始めるにあたって,彼の完成した産出物に対して得られると期待できる価格に関するもので,短期期待と呼ばれる。第2の類型は,企業者が完成産出物を彼の資本設備に追加するために購入する場合に,将来収益の形で獲得すると望むことのできるものに関するもので長期期待と呼ばれる。

短期期待は,所与の資本設備のもとでのさまざまな産出量に対応する生産費と売上金額についての期待であり,個々の企業の日々の産出量の決定を左右する。長期期待については第12章で詳しく扱われるが,短期期待は実際には省略してもそれほど不都合ではないとしている[11]。その理由は,実際には,最近の産出量の実現された売上金額が雇用に及ぼす影響と,現在の投入から期待される売上金額が雇用に及ぼす影響との間には大きな重なり合いがあり,生産者の予測は将来の変化を予想して修正されるよりも,結果に照らして徐々

---

9) 前掲注8)『ケインズ全集第7巻』31頁以下。
10) その後,総供給曲線の形が垂直であるかとか,政策無効の命題等をめぐって,新しい古典派経済学と新ケインズ派の間で論争が生じたが,省略する。詳しくはスティグリッツ・前掲注8)書342〜351頁参照。
11) 前掲注8)『ケインズ全集第7巻』51頁以下。

(3) ケインズの長期期待

　雇用量は投資規模の影響を受ける。投資の規模は利子率と，投資の限界効率[12]との関係によって決まり，他方，投資の限界効率は，資本－資産の供給価格[13]とその予想収益とに依存する。予想収益に関する期待の基礎にある考慮事項は，一部は現存の事実であり，一部は将来の出来事である。

　前者に属するものはさまざまな類型の資本資産および資本資産一般の現存ストックと，財貨に対する現存消費者需要の強さである。後者に属するのは将来の資本設備，消費者の嗜好，問題としている資本設備の存続期間を通じて，有効需要の大きさ，貨幣賃金の変化などがあげられる。ケインズは，このような不確実な将来の状態に対する心理的期待を長期期待 state of long-term expectation と定義する。

　一般理論の中における長期期待は，投機と企業の区別および健全な投資といったことを分析するためのものと位置づけられるが，そこでは面白いことに論敵であるハイエクと共通する考え方がのぞいている。即ち，不確実性と人間の不可避的な無知である。

　将来の状態に関する期待を形成するとき，かなりの程度知識を持っている将来のことに関することが大きなウェイトを占める。そこで，現在の状況と，それが将来どのように変わるかということが長期的期待を決定する重要な要素となる。同時に，そのような予想がどれだけの確信を持ってなされるかということにも依存する[14]。

　投資の限界効率を考えるとき，この確信の状態は極めて重要である。そこ

---

12) ケインズは資本の限界効率という言葉を使っているが，厳密には投資の限界効率と言うべきである点について，宇沢弘文『ケインズ「一般理論」を読む』岩波セミナーブックス7（1984年）210頁。
13) 資本－資産の供給価格とは，この種の資産を市場で購入したときに支払う額（市場価格）のことではなく，再取得価格 replacement cost のことである。即ち，この資産の生産者に対して限界的な1単位だけ新しく生産するようなインセンティブを与えるような価格のこと。宇沢・前掲注12) 211頁。
14) 以下の長期期待の説明は，「一般理論」の第12章，前掲注8)『ケインズ全集第7巻』145頁以下による。

で，利子率は一定であると仮定して，確信の状態が投資の限界効率にどのようにかかわるのか考察する。

資本設備から生み出される将来の収益を推定しようとするとき，極めて不確かな知識に基づいて行わざるを得ないのが普通である。我々の持っている情報や知識は不確かなものでしかない。すべては宝くじのような面を持っている。実業家たちは，技能と偶然とがまじったゲームをしているようなもので，その結果の平均はプレーヤーたちにはわからない。

投資が資本設備の建設という形をとって行われたとき，その投資行為は経済全体だけでなく，個々の人間にとっても不可逆的である。しかし，今日のように企業の所有と経営が分離され，投資市場が組織化されてくると，個々の投資家にとっては投資が流動的なものになる（いつでも売り払うことによって退出できる）。このことは，投資を容易にする反面，経済の不安定性を高めることになった。株式市場の発展に伴って，投資されたものを毎日評価し直し，それに応じて立場を調整できるようになった。

こうして株式市場の発達は投資に大きな影響を及ぼすようになった。人々が新しく資本設備をつくろうとするとき，より安い費用で現存の資本設備を購入することができれば，新しい企業をつくることは意味のないことになってしまう。こうして，多くの場合，投資決定が専門的な企業の本来の意味での期待によって決まるのではなく，株価に表現されるような株式市場で取引する人々の平均的な期待によって支配される。

では，既発行の株式（既存の投資）に対する再評価はどのようにして行われるのか。普通使われている確率計算の方法は，人々の行動の慣習が継続することを前提にし，投資家は近い将来のニュースの変化だけを予測する。人々の慣習が変化すると考えたり，10年先を予測したりはしない。投資市場がこのような頼りにならない慣習によって支配されている点に弱点がある。

ケインズは，この不安定性を更に拡大する要因として，素人株主の増加，利潤の短期的変動，群衆心理，職業的投資家（投機家）の短期的予想をあげる。ここで，有名な美人投票の比喩がなされている。[15]

次に投機 speculation と企業 enterprise を区別する。投機は市場の心理を

予想する活動であり，企業は資本の全存続期間を通じての期待収益を予想する活動である。ニューヨーク株式市場は投機の影響力が極めて大きい。アメリカでは，投資するときにイギリスのような長期的な観点に立って収益を求めるのではなく，キャピタル・ゲインの形で短期的な儲けを求めて投資するのが一般的である。この傾向は，流動的な投資市場の組織化に成功したことに伴う不可避の現象である。公共の利益という観点からはカジノの入り口は入りにくい方が良い。同じことは株式市場にもあてはまる。[16]

ケインズによると現代資本主義に内在する不安定性要因は投機だけでなく，人間の本性によるものもある。人々の積極的な行動を決定するものは，冷静な数学的期待値の計算ではなく，生まれながらの活動への衝動であって，合理的な自己は，可能な場合には計算をしながらも，しばしば動機として気まぐれや感情や偶然に頼りながら，最善の選択を行っている。十分な結果を引き出すために長期間を要するような積極的なことをしようとする我々の決意の大部分は，血気 animal spirits の結果としてのみ行われる。

将来のことに対して人々の持っている知識は限られている。[17] その無知を緩和する重要な要因がある。第1に，割引現在価値を計算するとき将来の収益は割引されるから，比較的近い将来の収益のウェイトが圧倒的に大きくなる。第2に，長期の投資の1つである建物については，長期契約を結ぶことによ

---

15) 岩井・前掲注5) 書19頁以下は，この美人投票に関するケインズの説明こそ，ミルトン・フリードマンが言う投機家の合理性に対する最も強力な批判を提供するとする。
16) ケインズ自身は株の投機でかなり儲けたにもかかわらず，株式市場が投機的性格を帯びることを禁止すべきとし，素人が参入することに反対し，すべての株取引に重い取引税をかけるべきであると主張した。彼は言う。株式の購入を永続的なものとして，結婚と同じように，死あるいはその他重要な理由の他には所有の移転を認めないようにすることこそ，現在の諸悪に対する有用な解決策になるであろう。ただし，彼自身は一生結婚しなかった。
17)「将来の事柄に対して人間は本質的に無知である」という点に関しては，ケインズは論敵のハイエクと同じ考えを持っていた。しかし，ハイエクが人間の設計主義的合理主義を非難して，共同体の中から成長してくる自生的な秩序を重視したのに対し，ケインズは，第24章の中でまとめているように，理性的な財政政策と合理的な金融制度に基づいて完全雇用と所得分配の平等化を求めることができると考えた。ケインズの考えは，その後半世紀近く，各国の政策担当者と経済学者に影響を及ぼしたが，同時に，その半世紀を通じて明らかになったことは，政策を決定する人々がケインズの想定するような理性的な人々ではなかったということであった。

ってリスクを投資家から借家人に転嫁したり，分担することが可能である。第3に，公益事業の場合には，将来の期待収益の一部は，供給に関する独占的な取決めによって保証される。第4に，公共セクターによる投資が増大しつつあるが，その際には投資から得られると期待される社会的利益が大きいということが前提とされて，そのような投資が正当化されている。このときの収益の数学的期待は必ずしも，現在の市場利子率のもとで正当化されるものではなくとも，投資が行われるのである[18]。

第3節　法秩序における期待

　経済活動において期待が果たす役割については，一定の理解が得られたと思う。そこでとりあげられている期待は，短期期待も長期期待も経営者の事業と投資の決定において作用するものであって，取引の局面におけるものではない。これに対し，法の世界において現れる期待は，複数の当事者の間で行われる取引に関するものである。交渉一般における期待の保護は，法の世界では当事者達の自己決定による契約の拘束力の保護という形で現れる。
　従来，期待権という概念は，主として条件付権利に関して用いられてきた[19]。日本の民法においては，127条以下と非典型担保（譲渡担保，仮登記担保，所有権留保）において用いられてきた[20]。これらについては，一定の研究が蓄積されている[21]。しかしながら，それらの研究を総括する形での期待権理論といった

---

18) 東京臨海副都心事業や泉佐野コスモポリスなど，日本の破綻した大型公共事業の決定過程をみると，ケインズの指摘は極めて鋭いものがある。
19) 条件付権利については A. Blomeyer, Studien zur Bedingungslehre (1939) が，物権的期待については L. Raiser, Dingliche Anwartschaften (1961) が，現在でも理論的な到達点を築いている。その後の，ドイツの状況については，第6章を参照されたい。
20) 第2章，第4章を参照されたい。
21) 於保不二雄『財産管理権論序説』有信堂（1954年）314頁以下，船越隆司「期待権論」法学新報72巻4号（1965年），『注釈民法(4)』有斐閣（1967年）296頁以下〔金山正信〕，新田宗吉「所有権留保における法律関係」上智法学論集20巻1・2号（1976年），新井誠「今世紀ドイツにおける期待権概念と所有権留保の交錯」國學院法学20巻4号（1983年）。刑法学で所有権留保を扱ったものに恒光徹「所有権留保付き自動車割賦売買の刑法的保護と刑法の担保性」岡山大学法学会雑誌48巻1号（1998年）。

ものは形成されていない。以下では，期待権という概念が使用されている場面を整理する。

1 条件と期限（民法第1編第5章第5節）

　ドイツのブロマイヤーによれば，条件付権利（期待権）は未確定な権利状態に対応するものであり，しかも現在の保護を受けるとされる。日本において期待権として語られるものも，民法128条・129条における，条件付権利,[22]即ち，条件付法律行為によって発生し，条件が成就するまでの間の未確定な権利である。この権利は「条件にかかる将来の権利」ではなく，現在の権利である。物権でも債権でもよい。従って，停止条件の成就を故意または過失によって妨げたものは損害賠償責任を負う。問題は，損害賠償請求権が直ちに発生するのか，それとも本来の条件が成就するはずだったときに発生するのかである。四宮は現在の権利である以上，条件成就前でも現実に発生するとするが[23]，通説は条件付で発生するとする。私は，四宮説の方が筋が通っていると考える。

　期待権は条件成就前であっても，対抗要件を備えることによって結果的に排他性を持つ場合がある。典型は仮登記担保であって，条件付買主が仮登記（不登2条）を備えることによって順位を保全することができ，条件成就によって本登記をすれば，仮登記後に登記を備えた第三者に優先することができる。

　多数説は，条件付権利を侵害する義務者の処分行為を無効とするが，これは大きな問題であって，日本の民法の体系においてはせいぜい対抗問題になると解すべきである。

　期待権は，一般の権利と同様に処分できる（129条）。ただし，具体的にどうやって処分できるかは明らかでない場合が多く，そのことが後に所有権留保などの非典型担保において多くの問題を引き起こすことになった。さらに，127条第3項において当事者の意思による遡及効の規定まで置かれたために

---

22) 四宮和夫『民法総則〔第4版〕』弘文堂（1986年）277頁以下参照。
23) 四宮・前掲注22)書278頁。

無用の混乱を生むこととなった。[24]

2　非典型担保について

　仮登記担保，譲渡担保，所有権留保は，いわゆる権利移転型担保であって，経済的には貸付金や売掛代金の債権を担保する目的でありながら，法的には目的物の所有権を移転するものである。非典型担保の取扱いについては，戦後の法律学において，華々しい論争が繰り広げられた。それを紹介するためには1冊の本では足りないくらいである。ここでは，期待権との関係にしぼって述べる。まず，条件付権利者と義務者の当事者間の関係は，基本的に権利移転契約（担保設定契約）の解釈の問題であるから複雑ではない。[25] 従って，問題は第三者との関係である。

　最大の焦点は，条件成就（被担保債務の履行）前に条件付権利者が目的物を処分した場合である。民法129条は，一般の権利と同様に処分できるというが，担保という目的からすると，そうは簡単に結論が出せない。

　仮登記担保と譲渡担保については，条件を停止条件とみるか解除条件とみるかで分かれてくる。ブロイマイヤーは「事物の通常の推移によって判断する」と述べているので，それを参考にすると，「被担保債務を弁済する」というのが通常の流れであろう。そうすると，条件成就（被担保債務の弁済）によって目的物の権利を取得するのは，仮登記担保設定者（登記簿上の所有者）であり，譲渡担保設定者（契約上は売主であるから所有権を持っていない）であるから，彼らが条件付権利者ということになる。仮登記担保設定者が条件の成就成就までの間に目的物を処分し得ることは当然であって疑問の余地はない。条件不成就（被担保債務の不履行）が確定した場合については周知のように立

---

[24] 日本の判例や学説は法律効果の変動を説明するときに遡及効による説明を好む。解除の効力が典型である。また民法も，取消し，追認，遺産分割，相続放棄などにおいて遡及効を規定する。これらはすべて未確定無効に関するものであって，私見では遡及効による説明は論理の破綻を生じている。その最大のものが解除の遡及効と履行利益の並存である。

[25] 当事者が物権的効果を持つ権利を勝手に設定して良いのかという疑問が生じるが，これは裁判所が譲渡担保を「慣習法上の物権」と承認した段階で事実として決着がついたというべきであろう。

法的に解決されている。

　譲渡担保については，まず次のことに注意する必要がある。それは当事者が所有権移転という合意をしていても，日本の通説は当事者の形式的な意思をあまり問題にすることなく，経済的実体から「物的担保である」として法的にも理論構成をしていることである。裁判所も担保的構成に追随する傾向がある。これに対し，有力な疑問が提起されているが[26]，民法学者はあまり気にしていないようである。しかし，このような当事者意思の軽視または「客観的」解釈は大きな問題を残すように思われる。

　さて，設定者が担保目的物を条件成就前（弁済期到来前）に譲渡した場合，譲受人は譲渡担保権の付着した所有権を取得するというのが判例・通説である[27]。設定者が譲渡担保のついていない完全な所有物として譲渡した場合には，善意取得の問題となり，譲受人が譲渡担保の付着につき善意または無過失で知らなかった場合には，譲受人は完全な所有権を取得する。そうでなかった場合には，譲渡担保権の付着した所有権を取得するにすぎない。不動産の場合には，登記名義が譲渡担保権者に移転しているので，譲受人の善意・無過失は認められないのが普通であろう。

3　所有権留保

　所有権留保の場合が最も問題である[28]。というのも，自動車や建設機械などの所有権留保においては，留保買主による処分が最初から予想されているからである。現実にも自動車の所有権留保における転売の裁判例は多い。それらの判例を総合的にみると次のようにまとめることができる。

　所有権留保によって引き渡された自動車等を条件成就（代金完済）前に留保

---

26) 直接的には所有権留保についてであるが，譲渡担保にもあてはまる理論として，中野貞一郎・民商法雑誌72巻6号42頁以下の判例評釈，同「割賦販売をめぐる強制執行法上の問題」『強制執行・破産の研究』有斐閣（1971年）193頁以下参照。なお同『民事執行法〔第2版〕』青林書院（1991年）274頁以下参照。
27) 大判1920年6月2日民録26輯839頁。遠藤・川井・原島・広中・水本・山本編『民法(3)〔第4版〕』有斐閣（1997年）268頁。
28) 詳しくは第7章を参照。

買主（条件付権利者＝期待権者）が第三者に転売したときに，留保売主は契約を解除して目的物の引渡しを請求する，あるいは契約を維持しながら留保所有権に基づいて引渡しを請求できるか。

　前者の場合は，民法545条1項ただし書の制限を逃れるために所有権留保が機能するが，実質的には両者とも差はなく，ともに留保買主および第三取得者の占有を否定することが目的である。第三取得者からは3つの主張が考えられる。第1は，第三取得者の善意取得（民192条）の成立である。第2は，留保売主の引渡請求が権利の濫用にあたるというものである。第3は，留保買主に転売の授権がされておれば，第三取得者は有効に権利取得できるというものである。

　善意取得については，自動車や建設機械においては登録，登記の制度があるので，本来は適用がない。ところが未登記の建設機械は予想以上に多く，事件は少なくない。裁判所は，善意取得の認定にあたって第三取得者の過失の存否について次のような判断を示している。第三取得者がユーザーである場合には，目的物の購入にあたって所有権留保の存在を調査する義務はないが，第三取得者が専門商社，古物商，質商，金融業者，機械修理販売業者などの取引の実情に通じている者である場合には調査義務があり，それを怠った場合には過失があると[29]。ただし，例外もあり，おおよその原則である。

　権利濫用についての判例は，最も多く，一般条項による権利主張が日本人好みであることを反映している。事件のほとんどは自動車の留保売買で，大抵の場合，留保買主の主張が認められている。ただし，第三取得者が権利濫用を理由に引渡しを拒んだから裁判官はそれで判断したのであって，裁判官自身は転売授権や善意取得についても言及しているケースがほとんどである。権利濫用が認められる要件は4つで，(1) ディーラー（留保売主）が販売させる目的でサブディーラー（留保買主）に目的物を引渡し，(2) ディーラーがサブディーラーの売買契約の履行に協力し，(3) ユーザー（第三取得者）はディーラー・サブディーラー間の所有権留保の特約の存在を知らず，(4) ユーザ

---

29) 以下，判例の詳細は，第**7**章を参照。

ーが代金の全額を支払っていること，である。

　転売授権は判例の数は多くないが，理論的には最も重要である。流通過程にある商品につき，買主が当該商品の転売を業とする商人である場合には，留保売主と買主の間に所有権留保の特約があっても，特段の事情のない限り，留保売主は買主がその通常の営業の枠内でその商品を自己の名で転売することを承諾しているとみるべきである。[30]

　商人間の所有権留保については，転売授権によって解決を図るのが最も優れていると思う。その理由は以下のとおりである。留保売主の持つ権利は，経済的には動産担保のためである。それを売主は「所有権」と表現しているが，民法を貫く理念が物権法定主義であるとすると，そのような「自由な表示」[31]は当然に制限されると考えるべきである。同時に，所有権留保は民法が立法当時予想できなかった動産担保でもある。このように考えると，経済社会の慣習における留保買主の期待権保護の問題として捉えるのが最も適切と思われる。商品が流通を前提として販売される場合，その代金の回収に時間がかかることは当然である。回収まで転売が禁止されているのであれば買主は転売してはならないが，同時に代金の調達も困難となる。実務において，そのようなことを前提に売却する売主がいるだろうか。むしろ，売主も一緒になって第三取得者を探すのが常識であろう。商品は，その最終的な買主を見つけることができなければ，価値を実現できないのである。そうすると，商品が流通を前提として販売される場合に，第三取得者が代金を支払って受け取った後に，留保売主が引渡しを求めることなど，当然に認められないのである。

　では，転売が制限されていた場合に第三取得者がそのことを知っていたらどうなるであろうか。この場合でも，所有権は第三取得者に移っているのであり，ただ留保売主の担保権が一種の負担として所有権を制約すると解すべきである。[32]

---

30) 大阪高判1979年8月16日判時959号83頁。
31) 物権の内容を法律が決定し，当事者の自由な創造を許さないということ。民法の175条・345条・349条などに表現されている。

4 判例に現れたその他の期待権

(1) 受遺者の権利

〔判例 1 〕 最 3 小判1955年12月26日（民集 9 巻14号2082頁）

仮装売買によって不動産の所有権移転登記がなされた後で，売主の推定相続人が，自己の相続権に基づき売買の無効確認を求めた事件において，最高裁は，確認の訴えは原告の有する権利または法律的地位に危険または不安が存在し，これを除去するために被告に対し確認判決を得ることが必要かつ適切な場合に限り許されるとし，推定相続人は単に，将来相続開始の際，被相続人の権利義務を包括的に承継すべき期待権を有するだけであって，現在においては，未だ当然には，被相続人の個々の財産に対し権利を有するものではなく，従って，本件不動産の売買に関し即時確定の利益を有するとは認められないとした。

〔判例 2 〕 最 1 小判1956年10月 4 日（民集10巻10号1229頁）

老齢の原告が遺贈を内容とする遺言を作成したところ，原告の知らない間に受遺者が原告の土地の所有権移転登記を得ていたり，老後の面倒を見るという約束を反故にしたため，遺言者である原告が前記遺贈を取り消す公正証書遺言を行ったあと，受遺者を被告として前になされた遺言の無効確認と移転登記の抹消登記を求めた事件である。遺贈を取り消す遺言を行った後で，遺贈の無効確認を求めたという不思議な事件である。

最高裁は，確認の訴えは原則として法律関係の存否を目的とするものに限り許されるとし，将来における法律関係の成否というようなことを確認の対象とすることは許されないとした。そして，遺贈は死因行為であり遺言者の死亡によってはじめてその効果を発生するものであり，遺言者は何時にても既になした遺言を任意に取り消し得るのであるから，その生前においては何等法律関係を発生せしめることはないとした。従って一旦遺贈がなされたとしても，遺言者の生存中は受遺者においては何等の権利も取

---

32) 私は所有権留保を慣習法上の動産担保権と考える。米倉明・森井英雄「所有権留保2・目的物の利用関係」ＮＢＬ69号13頁参照。

得せず，受遺者は将来に遺贈の目的物たる権利を取得することの期待権すら持っていないとした。

〔判例3〕 最2小判1999年6月11日（判時1685号36頁）
　遺言者の推定相続人が遺言者と受遺者を被告として，遺言者の生存中に，当該遺言が遺言者の意思無能力と方式違反により無効であるとして遺言無効確認を求めた事件である。遺言者は遺言から3年後に認知症により心神喪失の常況にあるとして禁治産宣告を受け，病状は回復の見込みがないとされていた。
　最高裁は，遺言は遺言者の死亡によってはじめてその効力が生ずるものであり，遺言者の生存中は遺贈を定めた遺言によって何等の法律関係も発生せず，受遺者は何等の権利を取得するものではなく，単に事実上の期待を有する地位にあるにすぎないとした。そして，従って，受遺者の地位は，確認の対象となる権利または法律関係には該当しないから，遺言者の生存中に遺言の無効確認を求める推定相続人の訴えは不適法であるとした。

　3つの事件はいずれも破棄自判であるので，下級審ではむしろ推定相続人や受遺者に期待権を認める傾向にあるものと思われる。さらに，最高裁の中に期待権という言葉についての不一致がある。〔判例1〕は，期待権について「被相続人の権利義務を包括的に承継するものであるが，現在においては，当然には，被相続人の個々の財産に対し権利を有するものではない」として，将来の権利であって現在の権利ではない，ということと，包括的な権利であって個別的な権利でないと述べているが，包括的か個別的かは，期待権の問題ではない。〔判例2〕は，受遺者は将来遺贈の目的物たる権利を取得することの期待権すら持っていないと述べているが，おそらく期待権を理解できなかったのであろう。〔判例3〕は，事実上の期待を有する地位にあるにすぎないといって，権利としての期待を否定しているが，これも期待権概念の理解不十分によるものではないだろうか。
　このように最高裁の判決ですら期待権について統一されていないのである

から，期待権について共通の理解が得られていないことは間違いがない。期待権は事実上の期待とは異なり権利である。民法の128条で保護され，129条によって処分できる。では，受遺者の権利は期待権であろうか。学説の中にはドイツ法に言及するものもあるが，ドイツの相続制度は先順位と後順位の相続を区別しており，日本とは根本的に異なっているので直接の参考にはならない。

日本の現状に即して考えると，〔判例2〕のように「老後の世話」と引換えに遺贈がなされた場合，受遺者は当然にかなり強い期待を持ち，それは十分に保護に値する。一方，期待は，それだけでは十分に保護に値するか疑問もあろう。しかし，法的には，それらはいずれも遺贈者（被相続人）の死亡という停止条件にかかる条件付権利なのである。

民法が条件付権利について保護と処分を認めていることは紛れもない事実であるが，一口に条件付権利といっても，強弱には差がある。保護の程度や処分の可能性は一様ではない。老後の世話と引換えに遺贈がなされた場合のように，なんらかの対価的関係を伴うものについては，期待権として強力に保護すべきであると考えられる。これに対して，対価関係を伴わない受遺者の権利は，それだけでは極めて弱い期待としか評価できない。この問題は，贈与にも通じるところがある。

(2) 相殺の期待　最大判1964年12月23日（民集18巻10号2217頁）

民法511条は，支払いの差止めを受けた第三債務者（B）は，その後に取得した債権による相殺をもって差押債権者（C）に対抗できないとしている。そこで，最高裁は，その反対解釈として差押え前に第三債務者が取得した債権（B→A）による相殺は例外として差

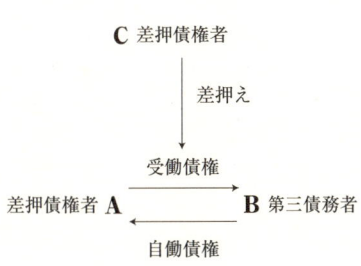

―――――――――――――――
33)〔判例2〕の解説の中に，ドイツにおいては遺言者の生存中は遺言無効確認が提起できないことは争いがないとされている。判時89号14頁。
34) 拙稿「情誼と法」神戸外大論叢39巻1・2号（1989年）参照。

押債権者に対抗できるとするが，その場合に第三債務者が差押え前に取得したすべての債権が対抗できるのではなく，差押え当時，両債権が相殺適状に達していたときと，反対債権が未だ弁済期に達していなくても，差押債権である受働債権（A→B）の弁済期より先にその弁済期が到来するものであるときは，相殺をもって差押債権者に対抗できるとした。なぜならば，このような場合には，差押債権の弁済期が到来して差押債権者がその履行を請求し得る状態に達したときには，それ以前に自働債権（B→A）の弁済期は到来しているのだから，第三債務者は自働債権により被差押債権（A→B）と相殺することができる関係にあり，かかる第三債務者の自己の反対債権をもってする将来の相殺に関する期待は正当に保護されるべきであるからとした。もっとも，この判決の重点は，反対債権（B→A）の弁済期が被差押債権（A→B）の弁済期より後に到来する場合は相殺をもって差押債権者に対抗できないという点にあった。この64年判決は，周知のように1970年の大法廷判決によって覆されるが，「相殺の期待」という考え方自体が否定されたわけではない。この場合の期待権も，「相殺適状になれば相殺する」という条件付権利である。[35]

(3) 契約締結過程における期待　福岡高判1993年6月30日（判時1483号52頁）

原告は，メディカルスポーツセンターを建設するため，被告らから本件土地を39億5,640万円で購入することにし，両者間で所有権移転登記と代金支払いとを一括決済することになったのに，被告らは，いろいろな理由をつけて契約の締結を引き延ばし，最終的には契約当日になって履行を拒否した。原告は，1審において，契約は既に成立しているとして，被告らに対し本件土地の移転登記手続を求める訴えを起こしたが，契約は成立していないとして請求は棄却された。2審において原告は，予備的に，契約が成立していな

---

[35] 相殺の担保的機能に関する最高裁の判例は64年判決も70年判決もともに1票差であって，極めて不安定な状態にある。1970年6月24日判決（民集24巻6号587頁）は，いわゆる無制限説の立場から，相殺の制度は受働債権（A→B）につき担保権に似た機能を営むものであり，第三債務者（B）はその債権（B→A）が差押え後に取得されたものでない限り，自働債権および受働債権の弁済期の前後を問わず，相殺適状に達しさえすれば，差押え後においても，これを自働債権として法定相殺することができるとした。

いとしても，被告らには契約準備段階における信義則上の注意義務違反による損害賠償責任があると主張したところ，福岡高裁はこれを認め，次のように判示した。

売買契約は形成過程にあり，成立までには至っていない。しかし，事実経過からすれば，原告としては，この交渉の結果に沿った契約の成立を期待し，そのための準備を進めることは当然であり，契約締結の準備がこのような段階にまで至った場合には，被告らとしても原告の期待を侵害しないように誠実に契約の成立に努めるべき信義則上の注意義務がある。正当な理由もなく契約締結を拒否したのであるから損害賠償責任がある。

この考え方は，契約の締結過程において，一定の段階（契約締結のためにかなりの時間と費用を支出したこと）に達すれば，当事者の間に期待が生じること，そしてそれが法的保護に値することを認めた点で注目されるものである。ここで言われている期待権は従来の条件付権利ではないことに注意しなければならない。契約締結に対する期待は，契約の締結という条件が付けられた権利なのではなく，契約が成立することについての現在の期待である。従って，これは従来の法の世界における期待権（条件付権利）が，経済的意味における期待にまで拡大されたものとみることができるのである。

(4) 適切な治療を受ける期待権　神戸地姫路支判1996年9月30日（判時1630号97頁）

近時，医療において期待権という主張が現れるようになった。飲酒して自転車で帰宅途中に路上で転倒して頭部を強打したAが被告の設置する病院に救急車で搬送され，被告により保存的療法を受けていたが，病態が悪化したため他の病院に転送され開頭手術を受けたものの，数日後に死亡した。Aらの相続人が被告に対し，適切な時期に転医措置をすることを怠ったとして，不法行為に基づき損害賠償を請求した。

判決は，被告にAを専門医療機関に転送する義務があったことを認めたが，Aの状態から被告の転送義務違反と死亡との因果関係を否定した。しかし，被告は患者および親族の適切な治療を受ける期待を侵害しており，精神的損害を賠償すべき義務があるとして，慰謝料の支払いを命じた。被告は控訴してい

る。

医療事件における期待権の侵害とは，患者が医療の当事者として現代医学の水準に即した適切な治療を受け，これが困難なときはその事情の説明を受け転送措置を受けるなど診療契約上最大限適切な治療を求め得る地位を有するものと解し，このような患者の地位が侵害されたことを問題にするものとされる[36]。とすると，これは診療契約によって成立する権利であり，しかも，条件付権利ではない。適切な治療を受けることに対する現在の期待である。従って，ここにおいても，(3)で述べたのと同様，従来の法の世界における期待権（条件付権利）が，経済的意味における期待にまで拡大されたものとみることができる。

(5) 飛ばし契約と条件付売買　東京高判1998年4月27日（判時1651号71頁）

被告証券会社は顧客Aとの間で「営業特金」と呼ばれる金員預託を受け一任勘定による株式運用を行っていた。しかし，運用結果が思わしくなく，Aに著しい有価証券評価損が発生していた。被告は決算期に評価損を表面化させないため，原告との間で「A保有の株式を原告が一時買い持ちし，3カ月後に上乗せした価格で被告が買戻すか，別の第3者に売却の斡旋を行う」という約束の下に，時価と著しく乖離した価格で売却した。本件株式の時価は34億円であったが，原告の購入価格は63億円であり，3カ月後の買戻し価格は66億円であった。ところが，3カ月経過後も被告は約束の価格で買戻しを行わず，その後も履行を拒絶したので，原告は被告に対し売買代金の支払いを求めて訴えを提起し，予備的に不法行為に基づく損害賠償を請求した。

判決は，原告と被告の間の約束は金銭消費貸借契約ではなく，将来の買戻しを約束した条件付売買契約であるとし，契約が締結された1990年9月当時の社会的認識[37]に照らすと，公序に反し無効である[38]とした。

---

[36] 判時1630号98頁の解説による。
[37] 1991年の証券取引法の改正によって損失保証や損失補塡は違法な行為として禁止された（現証取法42条の2）。しかし，最1小判1997年9月4日民集51巻8号は，改正証券取引法が施行される92年1月より前であっても，遅くとも90年8月当時には損失保証契約が証券取引秩序において許容されない反社会性の強い行為であるとの社会的認識が存在していたとして，損失保証契約を公序違反で無効とした。本判決は，その判断に従っている。

この判決の問題点は，飛ばしという条件付売買について公序違反で無効としながら，他方では不当勧誘について不法行為責任を認めた点である。東京高裁の判断は，契約全体が反社会性の強いものという考え方で，不法の条件が付けられた（民132条）というものとは異なる。事件は上告されたので，最高裁の判断が注目される。

　(6)　農地の売買　東京高判1998年7月29日（判時1676号64頁）

　被告はAから農地を知事の転用許可を条件として代金6,630万円で買い受け，それを原告に1億930万円で転売し，代金を受け取った。売買契約には「当該物件は農振地区[39]であるが，開発許可を条件とする。万一許可がおりなかった場合，売主は受領済みの金員を返還の事。但し平成2年5月末までに開発許可の見通しができなかった場合とする。」との特約が付されていた。結局，平成2年5月末までに知事の転用許可は得られず，原告は，停止条件が成就せず売買は確定的に無効になったとして代金全額の返還を請求した。これに対し被告は，特約は解除条件であり，平成2年5月末までに転用許可申請をすれば十分に許可の見通しがあったのに，原告がその申請を怠ったものであるとして，売買の有効を主張した。

　判決は，前記特約は，原告・被告間の売買において農地法5条の許可が本件農地の所有権移転の停止条件ないし法定条件であると認め，本件売買契約は平成2年5月末日の経過により条件不成就が確定したとした。

　この事件は，知事の許可が停止条件か解除条件かが争われた点でめずらしいものである。判例は以前から農地法3条・5条の許可については停止条件としている。

第4節　ま　と　め

　日本の学説も判例も統一的な期待権概念を持っていない。必要がないとい

---

38)　本判決は，被告会社の不当勧誘による不法行為を認め，損害賠償を命じたが，飛ばしに加担した原告にも過失があるとして，4割の過失相殺を命じた。
39)　この農地は農業振興地域の整備に関する法律による農用地区域にある農地であった。

う意見もあり得る。しかし，いままで見てきたように，さまざまな場所で十分な共通理解もなしに，期待権概念が顔をだすことも珍しくない。

条件の領域では期待権という言葉は用いられているが，現実には当事者意思や対抗問題によって処理されている。非典型担保においては，善意取得や権利濫用が重要な役割を果たしており，期待権という概念はほとんど出てこない。むしろ， **3** の(3)(4)で扱った判例のように，経済的意味における期待を含める方向で，法の世界における期待権（条件付権利）が，拡大される傾向にあると思われる。

権利濫用や信義則といった一般条項が，あまり抵抗なく用いられる日本の社会においては，統一的な期待権概念など必要がないかもしれない。しかし，学問的には，期待権の内容を確定することが求められるのではないか。この点で，1985年に公刊されたアイヘェンホーファーの論文は極めて興味深い[40]。そこでは，まるで解剖学のように，期待権をめぐる議論を分析し，整理している。

---

40) 第**6**章で紹介する。

第2章　条件理論の歴史的考察

　本章では，条件の効力についてのドグマの歴史を扱う。第2節以下は，基本的にドイツのシーマンという学者の「条件の未確定と遡及効」という論文[1]の紹介である。ドグマを検討することに，どれだけの意味があるかは疑問の余地があろう。ユスチニアヌス法典に現われる重要な条件付法関係は，家子，奴隷が行う契約であるし，中世のヨーロッパにおいては売買の解除が重要な位置を占め，現代では所有権留保売買が典型をなしているように，時代によって異なった社会関係と密接に結びついている。このような具体的な社会関係を捨象して，ドグマのみを扱うことは，あまりに科学的ではないであろう。しかし，現実の社会関係との関連までとらえることは私の能力を超えるので，ここでは，不十分ながらも，法技術的な概念の検討から出発する。

第1節　日本の条件理論

　法律行為の成立と効力の発生とは別のものであって，効力発生のためには効力発生要件を備えなければならない。日本では，法律行為の当事者が法律行為に条件または期限を付したときは，条件の成就または期限の到来がその効力発生要件になると民法上規定されている（127条・135条）。

　この条件および期限は，法律行為の付款と呼ばれる。それは，法律行為の内容が無制限に効力を生ずる一般の場合と比べて，特殊の制限を付加するものであることを意味し，主たる法律行為と離れた別個の付属的な行為という意味ではないとされている。[2]

---

1) G. Schiemann, Pendenz und Rückwirkung der Bedingung (1973).

しかし，条件および期限も法律行為の効果意思の内容の一部であり，しかも重要な部分である。このことは，「代金を完済すれば目的物の所有権を譲渡しよう」という法律行為を考えれば明らかである。従って，付款という呼び方は誤解を招きやすい。他にも，「定期行為は，一定の日時または期間が，その法律行為の要素となる。期限は法律行為の（付款であって）要素ではない。故に定期行為は期限付法律行為ではない。」という説明もなされている。しかし，法律行為の要素とは「法律行為の主要部分を指称する」ものであり，当事者の主観および客観の両面より判断すべきものであるから，条件，期限も含まれる場合が多いはずである。それ故，付款という言葉は誤解を招きやすいと思われる。

法律行為の重要な内容をなすこの条件について，まず日本の立法者がどのように考えていたか検討する。

1 立法者の立てた原則

法典調査会において，条件および期限は明治27年4月24日の第6回調査委員会から，5月1日の第8回まで議論された。そこでは，一定の原則の確立と必要な規定を設けることに重点が置かれ，学理上の争いは学者に任せる態度が取られた。そして，起草委員は次の原則を提案し，調査委員会もこれを承認した。

イ　条件は法律行為の存在の規定ではなく，法律行為の効力の規定である。[7]
ロ　法律行為の効力は条件成就によって生じその効力は遡及しない[8]（当事者が

---

2) 我妻栄『新訂民法総則』岩波書店（1965年）406頁。立法例でも，プロイセン一般ラント法は，第1部，第11章で条件付売買の取決めを，売買の付随契約と呼んでいる。
3)『注釈民法(4)』有斐閣（1967年）314頁〔金山正信〕。
4) 大判1918年10月3日民録24巻1852頁。
5) 大判1914年12月15日民録20巻1101頁，大判1916年7月5日民録22巻1325頁，大判1918年10月3日民録24巻1852頁。
6) 法典調査会民法議事速記録，第3巻第6回，法務図書館版1巻274頁，穂積陳重発言（以下では速記録3巻6回－1巻274頁と表す）。
7) 速記録3巻6回－1巻262頁穂積発言。
8) 同上。

遡及させる意思を表示したときは異なる)。

ハ　条件の成否未定の間でも，当事者は「もし条件が成就したら，その目的たる結果を得るということを妨げられない所の権利を有する[9]（単なる希望ではない）。

ニ　法律行為に始期が付けられたときには，その効力は始めから生じているが，その履行は期限が来るまで請求できない。[10]

　以上の原則は現行民法典に体現されたが，条件および期限が論理的に首尾一貫したものとして理解されたわけではなく，起草委員の中においても，諸概念の不一致が残されていた。

　一般に，条件は将来のかつ不確定のものを条件事実とし，期限は必ず到来するものを期限事実とする，と考えられている。[11]しかし，穂積陳重，富井政章両委員の考えは違っていた。旧民法403条3項[12]の「債務者のなしうべき時，または欲する時に弁済すべし」という表現をめぐって，穂積委員がこれを不確定期限と説明したのに対し，梅委員は，期限は必ず到来するものであり，この場合はそうでないから，これは条件であり，しかも「債務者の欲する時」というのは随意条件ではないか，と述べた。[13]この点に対し穂積委員は，不確定期限は必ずしも到来することが確実なものではなくてもよいと答えている。[14]では，穂積，富井両委員は，不確定期限と条件をどのように区別していたのであろうか。それは，条件付法律行為の場合，法律行為は直ちに成立するが効力は条件成就まで生じないのに対し，期限付法律行為の場合には，その効

---

9)　速記録3巻6回-1巻275頁穂積発言。
10)　速記録4巻8回-2巻2頁。
11)　主観的に不確定であれば，過去および現在の事実を条件にし得る。速記録3巻6回-1巻289頁。
12)　旧民法403条3項「債務者ノ為シ得ヘキ時又ハ欲スル時ニ弁済ス可シトノ語辞アルトキハ裁判所ハ債権者ノ請求ニ因リ事情ニ従ヒ及ヒ当事者ノ意思ヲ推定シテ其履行ノ期間ヲ定ム但当事者カ無期ノ年金権ヲ設定セント欲シタル場合ハ此限ニ在ラス」
13)　速記録4巻8回-2巻4頁梅謙次郎発言。旧民法はこの場合，裁判所が期限を決定できるとしていたので，梅委員も，この場合には必ず裁判所に決定してもらえるのだから期限であるとしたが，この裁判所の決定を省いてしまえば，この期限は必ず到来するものではないと述べている。
14)　速記録4巻8回-2巻3頁以下穂積発言。

力は直ちに発生するが,弁済または履行が期限まで猶予されているというも[15]のであった。[16]

　従って,梅謙次郎委員を除けば,調査委員会の大勢は条件と期限の区別を,条件成就または期限到来までの間に「法律行為の効力が発生しているかいないか」の点に置いていた。ここで次の疑問が生じる。なぜ穂積委員は,ドイツ民法163条のような,[17]始期到来まで効力が生じないという考え方（停止期限）ではなく,フランス民法1185条の考え方[18]（履行期限）を採ったのか。それは,現行136条が,期限の利益を放棄し得るとしているのに対応して,債務者の側からは期限前でも履行をなすことができる,ということを認めるためであった。

　その後の学説でも,当事者が債権発生に始期を付けても,債務者は始めより絶対的に拘束を受けて給付義務を負担し,いずれ必ずこれを履行しなければならないのだから停止期限は無意義であるという説,債権者にとっては始期到来までは債権の基本的効力としての給付請求権を実現できない点において,履行期限も停止期限もさしたる相違はないとする説[19]が存在したが,現在では,民法典が規定する履行期限以外に,停止期限を認めるのが通説である。[20][21]
従って,現在では,条件と期限を「条件または期限とされた事実の到来が,

---

15) 速記録4巻8回－2巻3頁以下穂積発言,6頁磯部四郎発言,9・16頁穂積発言,7頁富井政章発言。
16) ここで念頭に置かれているのは,停止条件と始期である。解除条件と終期は,条件成就および期限到来まで,完全な効力が生じている点で同じである。
17) ドイツ民法第1草案では「その到来が確実な将来の時点又は事件を,始期として法律行為に付した場合には,法律行為の法的効力は直ちに開始するが,その主張は始期まで停止される」となっていたが,1895年に公表された第2草案では「停止条件の決定を準用する」という考え方が採用され現行163条に至っている。Vgl. Protokolle der Kommissionf für die zweite Lesung des Entwurfs des Bürgerlichen Gesetzbuchs, Bd. 1S. 186.
18) フランス民法1185条「期限は義務を停止せず,唯其の履行を遅延せしむる点において条件と異なる。」現代外国法典叢書(16) 137頁。
19) 横田秀雄「期限に就て」法学論集第2編359頁。
20) 近藤英吉『註釈日本民法・総則編』嚴松堂（1934年）492頁。
21) 『注釈民法(4)』318頁〔金山〕,幾代通『民法総則』青林書院新社（1969年）471頁,我妻『新訂民法総則』419頁,四宮和夫『民法総則』弘文堂（1972年）290頁（特に断らない限り,引用は初版から）。

確実が不確実か」によって区別するのが通説である。しかし，判例の考え方は，到来が不確実であっても，弁済・履行に関する時期であれば，不確定期限とみなしているようである。

条件と期限の差が，その事実が将来必ず到来するか否かにある事は肯首できる。しかしながら，履行期限と区別される停止期限や停止条件が，その条件成就または期限到来までに法的効力を発生させないとするのが正当であるかは，疑いが残っている。

2　条件付権利

停止期限または停止条件が付けられた法律行為がなされた場合，法律行為は直ちに成立するが，その効力は期限到来または条件成就まで停止させられる，とするのが現在の通説である。これに対し，立法者は停止期限については触れず，停止条件について論議した。

(1)　条件成就の効力

民法127条に示されているように，立法者は，停止条件付法律行為の効力は，条件成就によって生じると考えた。穂積委員はその理由として，①近時の立法例では，遡及を認めない方が多い。②当事者の意思に最も適している。③純然たる理屈からも不遡及が正しい。という3つをあげた。特に立法例については注意深く検討していた。即ち，昔からローマ法を用いている国やローマ法を継受した国々では，法律上の慣習があって，条件成就により効果が遡及するということを永年の間承知しているから，そのような国であれば遡及効を採用してもよいであろう。しかし，ヨーロッパ諸国においても遡及効を認める国とそうでない国はほとんど半分ずつに分かれており，しかも近時の立法例から言えば，遡及効を認めない国の方が増している。さらに，学説

---

22) 我妻『新訂民法総則』407頁，幾代『民法総則』450，470頁，四宮『民法総則』282頁。
23) 『注釈民法(4)』314，315頁〔金山〕参照。
24) 調査委員会では停止期限に誰も触れなかったが，全く考えていなかったわけではなく，例えば富井「期限付法律行為の性質」法学協会雑誌27巻1号23頁では，停止期限が許されないわけではないと述べている。
25) 速記録3巻6回-1巻262頁。

もローマ法においても遡及効は認められていなかったとする説が勢力を持ってきていると述べた。[27]

　遡及効を認めないことになれば，条件成就までの間に，当事者が条件付法律行為の目的物または権利を処分（いわゆる中間処分）した場合を，どのように規律するかという難しい問題が生じてくる。甲が停止条件付で乙に売った物を，条件成就前に甲が更に丙に売却した場合，条件成就によって丙の権利がどうなるか，というのがそれである。遡及効がない以上，後に条件が成就しても，理論上直ちに乙が目的物の権利を取得することはできない。そこで穂積委員は，譲渡人が持っている以上の権利が移ることはないから，条件が成就すれば譲受人である丙は権利を失うと説明する。[28] そして，このような効果は128条によって条件付権利者乙が条件成就前でも一定の利益を保障されることから導かれるとする。しかし，それは疑問である。128条では当事者間の権利・義務を認めることができても，第三者丙の権利にまで影響を及ばすことはできない。即ち，条件が不成就ならば丙は（完全になった）権利を有し続けるが，条件が成就すれば，成就の時点で権利を失うという法上当然の (ipso iure) 権利喪失を説明できないのである。このような弱点は，停止条件付譲受人に128条の権利を認めながらも，条件成就までは譲渡人に完全な権利が存するという所に原因がある。そこで，128条が言う「利益」について検討する。

　(2)　条件付権利と期待

　民法128条の「利益」および民法129条の「当事者の権利」が「期待権」を指すものであることは疑いがない。[29] そして，この期待権は「条件にかかる将来の権利」とは異なるものとされている。[30] ところで，一般には「条件付権利」

---

26)　穂積委員があげた条件成就による効力の遡及を認めない立法例は，スイス債務法，ドイツ民法第1，第2草案，およびイギリス・アメリカ・インドの各契約法である。
27)　速記録3巻6回-1巻262頁，ローマ法について穂積委員が指摘したことは，ヴィントシャイト以降，通説となっている。後述第4節**2**(1) 参照。
28)　速記録3巻6回-1巻276頁，もちろん，不動産の場合には，一般原則から条件付権利者乙は登記を要するし，また動産の場合には，譲受人丙の善意取得の問題が生じるが，これらは条件付権利の効力とは別の問題である。
29)　速記録3巻6回-1巻275，277頁，学説については，『注釈民法(4)』335頁〔金山〕参照。
30)　四宮『民法総則』289頁。

という言葉もよく用いられており，しかもこれが「期待権」を指すのか，それとも「条件にかかる将来の権利」を指すのか明確でなく，調査委員会でもそのことをめぐって論争が生じ，そのため129条の表現は大幅に修正された。

当初，起草委員は「期待権」を「条件付権利」と表現した。しかし，期待権自体は条件付で生じるものではなく，条件が付けられている権利の条件成就前に存する無条件の権利である[31]。そのため，議論の中で起草委員も「条件付権利」という言葉が期待権を表すには不正確であることを認め，その結果[32]，現行の「条件成否未定の間に於ける当事者の権利・義務」[33]という表現に改められた。従って，調査委員会は，「条件にかかる将来の権利」はもちろん，「期待権」についても「条件付権利」という言葉で表すことが不適当であると考えたわけである。

「条件付権利」の用語をめぐってこのような議論がなされたのは，その根底に「期待権」と「条件にかかる将来の権利」を全く別個のものとするとらえ方があったためである。例えば，穂積委員は，条件付法律行為をすれば直ちに権利が生ずるとする学者はいるがそれは極めて少数であると述べて，128条によってはじめて条件成就前の当事者の権利が生じると主張した[34]。つまり，期待権は法律の規定によって生じる権利であるとした。そのため，後になって学説の中にも，128条は不法行為責任の1類型を規定するものと解釈する考えが現れた[35]。

しかし，法律行為が存在する以上，契約の当事者が履行について相手方に負う義務は契約上の義務であって，一般の不法行為責任ではない[36]。さらに，期待権自体も法律の規定によって生じるものではなく，法律行為から生じる

---

31) 速記録3巻6回-1巻278頁の本野一郎発言，282頁の奥田義人発言，箕作麟祥発言。
32) 速記録3巻6回-1巻281頁で富井委員は，127条により条件付法律行為は条件成就のときから効力を持つのだから，それまでは本来の権利は条件付であっても存在しない。それ故条件付権利といえば128条の権利しかないことがわかるはず，とする。
33) 成否という言葉は，調査委員会の後で付け加えられた。
34) 速記録3巻6回-1巻277頁。
35) 穂積重遠『改訂民法総論』有斐閣（1933年）437頁。『注釈民法(4)』338頁〔金山〕。星野英一『民法概論1』良書普及会（1971年）241頁。現在では通説。
36) 四宮『民法総則』288頁は，債務不履行責任ないし不法行為責任であるとする。

ものである[37]。この点を認めない限り，「期待は無条件の権利であり，将来の権利も条件成就以降しか存在しえないから無条件の権利である。故に，条件付の権利なるものは存在しない」という結論に終わってしまう。更に，現在の通説は，期待が現在の無条件の権利であるとしながら，期待の侵害によって生じる損害賠償請求権は条件付で生じるという矛盾におちいっている[38]。

なお，以下の叙述において条件付権利という表現を用いる場合には，期待権と条件にかかる将来の権利を合わせて指すものとして用いる。

(3) 危険負担

立法者は，停止条件付双務契約において，条件成就前に契約の目的物が滅失・毀損した場合を，危険負担と考えたようにみえる[39]。事実，梅委員は原始的不能と危険負担を区別する基準時を，契約の効力発生時ではなく，契約の成立時に置き，条件付契約の場合には，契約の締結によって契約が成立しているから，以後目的物が滅失しても危険負担の問題であると述べている[40]。これに対し穂積委員は，目的物が滅失すれば法律行為は成立しないと主張し[41]，磯部委員も契約の成立に疑問を出している[42]。結局，調査委員会においては，「契約は成立しているから危険負担の問題である」とする意見と，「滅失の場合には契約は成立せず，従って危険負担の問題ではなく，原始的不能の問題である」とする意見の双方が存在した。それでも，危険負担が契約の成立後の問題である点では一致しており，現在の多数説のように契約の効力発生後の問題ととらえる考え方は存しなかった。

これに対し学説は分かれており，多数説は不能の原始的・後発的の区別の基準時を債権発生の時（契約の効力発生時）においている[43]。それによれば現行535条1項の場合は，危険負担の問題ではなく，契約成立上の牽連関係を処

---

37) この点については第4節**2**(1)のヴィントシャイトの箇所参照。
38) 『注釈民法(4)』339頁〔金山〕。四宮『民法総則』288頁は，損害賠償責任は条件成就前でも生じるとして理論の一慣性をめざしている。同書289頁参照。
39) 現行535条。原案では135条。起草委員はこれを総則の条件の規定の中に入れていた。
40) 速記録3巻7回-1巻329頁。
41) 前掲注40)321頁，条件付法律行為によって，すでに契約は成立しているのに，目的物の滅失によってそれを不成立とするのは矛盾している。
42) 前掲注40)328頁。

理するものとなる。[44] 反対に，不能の区別の基準時を法律行為ないし契約の成立に求める考え方も有力である。[45] しかし，この説は危険負担を契約上の債権，債務の存続上の牽連関係を処理するものとする原則からみて，[46] 条件成就によってはじめて債権が発生するとしながら，条件成就前に危険負担を認める点で疑問である。結局，条件付法律行為を締結すれば，条件成就前でも危険負担の問題になるとする考え方は，条件成就前でも契約の一定の拘束力を認めようとするものであり，この点では肯首できるが，それを「債権が成立していなくても，契約が成立していれば，危険負担の問題となる」として，債権の成立を全く認めなかった点に欠陥があったと思われる。なぜなら，条件付法律行為が締結されれば，一定の契約上の債権・債務は発生するのであり，前に述べた128条の権利はそれに他ならないからである。

3　小　　括

以上のように，立法者もその後の学説も，条件付法律行為の場合には，その法律行為の効力は条件成就によって始まり，例外的に当事者が遡及効を合意した場合だけ異なると考えてきた。そのために期待権の性質や，危険負担をめぐって論争が生じた。しかし，このような原則から説明が最も困難なのは，条件付譲渡人（条件付義務者）が，条件成就前に第三者に目的物を譲渡した場合（いわゆる中間処分）である。

（1）127条3項の，当事者が遡及効を合意した場合に，中間処分によって権利を取得した第三者は，その後の条件成就によって影響を受けるか。立法

---

43) 末川博『契約法（上）』岩波書店（1958年）91頁。山本進一「危険負担」『契約法大系Ⅰ』有斐閣（1962年）254，255頁。於保不二雄『債権総論〔新版〕』有斐閣（1972年）106頁。
44) 条件成就前に債務者の責により，目的物が滅失した場合には，原始的不能により無効となるわけではなく，①契約締結上の過失 culpa in contrahendo ②条件付権利の保護（128条）の問題が生じる。そして，これらの責任を契約責任ととらえる考え方が有力になってきている。五十嵐清「原始的不能と後発不能の峻別論の再検討」民商法雑誌60巻1号，於保『債権総論〔新版〕』106頁参照。
45) 我妻栄『債権各論（上）』岩波書店（1954年）106頁，柚木馨『判例債権総論〔補訂版〕』有斐閣（1971年）102頁。
46) 『注釈民法(13)』有斐閣（1966年）283頁〔甲斐道太郎〕参照。

者が参考にしたドイツ民法第1草案130条（第2草案129条，現行159条）は，合意による遡及効は債権的効力しか持たないと規定している。条件付法律行為の効力が条件成就によってはじめて発生するという考え方からすれば，首尾一貫しているが，日本では少数説である。[47]

立法者は，遡及効に物権的効力を認め，第三者が善意取得の要件を満たす場合であるとか，その権利を登記した場合を除いて，条件付権利者が取り戻すことができると考えていた。[48] 学説もこれが通説である。[49] しかし，合意による遡及効にそこまでの効力を認めることは，取引の安全を害することになる。しかも，権利の移転は第三者への移転が先にあって，その後，条件成就によって条件付権利者への移転があるのだから，いわば二重譲渡と同じ関係に立つ。そこで最近では，物権の遡及的取得をもって第三者に対抗するためには，あらかじめ対抗要件を具備することを要するとする見解が有力である。[50]

(2) 当事者が遡及効の合意をしなかった場合の中間処分の効力は，128条と結びつけてとらえられている。立法者が参考にしたドイツ民法第1草案135条，第2草案131条（現行161条）は，条件が成就すれば，中間処分が条件成就にかかる効果を滅失または毀損する限度において，その中間処分が無効であると規定しているが，日本の民法には，その規定は採用されなかった。にもかかわらず，日本の多数説は，そのような中間処分を無効としている。[51] しかし，条件付法律行為の効力は条件成就によって発生するとしている以上，このような多数説は疑問である。なぜなら，条件成就前に正当な権利者から権利を取得した第三者は完全な権利者であり，条件成就によってもその権利が左右されるはずがない。ただ，取得者と条件付権利者の間に対抗問題だけが残る，としなければ理論上一貫しないと思われる。[52]

---

47) 中島玉吉『民法釈義巻之一（総則）〔改訂増補〕』金刺芳流堂（1921年）756頁以下。
48) 速記録3巻6回-1巻268頁穂積発言。
49) 学説・判例については『注釈民法(4)』331頁〔金山〕参照。
50) 松坂佐一『民法提要総則〔第3版〕』有斐閣（1974年）306頁，我妻栄『新訂民法総則』416頁。
51) 『注釈民法(4)』340頁〔金山〕参照。
52) 同旨，四宮『民法総則』288頁。

(3) 結局，条件付法律行為の効力は条件成就によって始まるとしながらも，条件成就前に一定の効力を認めざるを得ず，しかも，その効力と「条件にかかる将来の権利」との関係は，「学理上の問題」[53]として残し，ひとまずその条件成就前の効力を法の規定によって生じるものとした立法者の態度に問題があったわけで，この残された点について検討する必要がある。なぜなら，「将来の権利」と「条件成就前の効力」の関係を明確にすることによって，「契約当事者間における期待の侵害が不法行為である」[54]とか「無条件の期待の侵害が条件付損害賠償請求権を発生させる」[55]といった見解の誤りを明らかにすることができるからである。[56]

条件付法律行為の効力としては，条件成就前の「期待権」と「条件にかかる将来の権利」の2つが存する。この両者の関係のとらえ方には，歴史的に3つの考え方が存在した。第1は，期待権は条件成就の場合に，本来の権利が遡及する効果であるとする，フランス民法の採用した考え方（遡及効理論と呼ぶ）であり，第2は，期待権は本来の権利そのものであり，ただその存在が十分明確に知られていないだけであるとする考え方（未確定 Pendenz理論と呼ぶ）であり，第3は，期待権を本来の権利の前段階効力（Vorwirkung）[57]とする考え方である。以下，このそれぞれの考え方について，ドイツにおける研究の成果を踏まえて検討する。

第2節　ローマ法における条件理論

1 ローマ法における条件付法律行為

条件（condicio）という言葉の歴史的期限は不明であるが，ローマの法生活においてよく用いられていたらしく，ユスチニアヌス法典の中に頻繁に現れ[58]

---

53) 速記録3巻6回－1巻274頁穂積発言。
54) 『注釈民法(4)』338頁〔金山〕参照。
55) 『注釈民法(4)』343頁〔金山〕参照。名古屋高判・1955年7月19日下民集6巻1529頁。
56) 四宮は，期待の侵害は債務不履行でもあり得るとし，また損害賠償責任も直ちに発生するとする。『民法総則』288頁以下。
57) 金山『注釈民法(4)』303頁〔金山〕は，Vorwirkungを前効果と訳している。

てくる。しかし，条件という概念が統一的な内容を持っていたわけではない。すでに共和制後期には，条件付遺言による奴隷の解放が盛んに行われていた[59]。奴隷は条件付遺言によって，遺言者が死亡すれば，直ちに候補自由人(statuliber)という地位を獲得し，自己の特有財産から遺言者によって決められた金額を相続人に支払えば，自らを解放することができた[60]。この条件は，ローマ法の伝統にみられるように停止条件であり，古典期に入ると遺贈以外にも，広くみられるようになった[61]。そこでは，停止条件成就前には，条件付義務者に権利を認め，条件付権利者には，条件成就の際に権利を得るという可能性を認めることが原則であったと思われる[62]。この条件成就前に条件付権利が有する可能性は，特に希望（spes）とも呼ばれていた[63]。

条件付法関係から生じる，条件成就前の「権利・義務」が相続され得るか，については，ローマ法は2つの態度をとっていた。生存者間の条件付法律行為（例えば売買）によって生じる法的関係においては，一般に条件付権利・義務の相続が認められていた[64]。この場合には，条件成就の可能性があり，法律行為の全効力が予想されており，しかもそのことが当事者の明確な合意として存するからである。反対に，条件付遺贈については，相続が認められていなかった[65]。つまり，受遺者が条件成就前に死亡すれば，条件付遺贈は消滅した。遺贈の場合には，法律行為が受遺者に対する遺言者の密接な人的関係に基づいているからである。更に，条件付受遺者は，相続人が遺贈対象を悪意

---

58) 本書で引用するローマ法大全の訳はすべて，Otto-Sch1ling-Sintenis, Das Corpus Iuris Civilis in's Deutsche übersetzt. 7Bd. 1830-1833 による。

59) 時代区分については共和制後期B. C. 202～A. D. 14，古典期A. D. 14～284とする。

60) 学説彙纂（Digesta〔略：D〕）第40巻7章第39（以下D. 40, 7, 39.のように表す）。Vgl. G. Schiemann, Pendenz und Rückwirkung der Bedingung 1973. S. 6. (以下，Schiemann. S. 6 のように表す)。

61) Jhering, Geist der römischen Rechts, Bd. Ⅲ Teil 1, 4Aufl. S. 166ff. は古典期に入って，法的取引が盛んになったため，条件付法律行為がより一層必要となってきたと述べている。

62) M. Kaser, Das römische Privatrecht, 1 Abschnitt. Das alt römische, das vorklassische und Klassische Recht, 2 Aufl, 1971. S. 255f.（以下 Kaser 1 Abs. 2 Aufl, S. 255f. のように表す)。

63) D. 40, 7, 9.

64) 法学提要（Institutiones），第3巻15章第4法文（以下，I. 3, 15, 4と表す）。

65) D35, 1, 59pr. 遺贈を条件付で与えられた者が死亡した場合には，遺贈は消滅する。

によらず処分した場合に，lex Aelia Sentia[66]に基づく債権者としての保護を受けることができなかった[67]。

条件付権利・義務の相続の問題は，条件付譲渡の問題と深くかかわっており，この点で学説彙纂第23巻3章第9法文の1（以下，D.23, 3, 9, 1のように表す）のウルピニアヌスの見解は参考になる。

D. 23, 3, 9　私が，ある者に，結婚した後に嫁資にするようにといって，物を引き渡した場合に，その者が結婚する前に私が死ねば，物は，その者が結婚した後に持参金となり得るか？　私は，その物が，物を与えられた者の所有物になり得ないのではないかと心配する。なぜなら，贈与は結婚の日まで未確定であり，私の死亡後には，所有権は私から分離するからである。結婚の条件が成就しても，その時には所有権は相続人のもとにあり，そして，物の所有権は，相続人の意思に反して彼から分離され得ないことを認めなければならないからである。

しかし，嫁資の優遇の故に，相続人に死者がなしたところのことに同意する必要性が課せられるということは正当であり，また，相続人が，死者がなしたところのものを妨げたり，不在になったりすれば，彼がそれを欲したか，あるいは不在の間であったかを問わず，所有権は法上当然に夫に移転し，妻は嫁資を持たないということがなくなるのである。

ここでは，第1に，所有権移転についての権利・義務は相続されないこと，第2に，嫁資の優遇（favor dotium）の場合には，条件状態維持の義務が相続人にあり，それ故，条件成就を妨害すれば条件成就が擬制されること，第3に，譲渡人の死亡後であっても，条件成就により，法上当然（ipso iure）に物

---

66) A. D. 4年の法で，債権者詐害の奴隷解放を無効とした。原田慶吉『ローマ法〔15版〕』有斐閣（1974年）233頁参照。
67) D. 40, 9, 27pr. 債権者をあざむくために解放される者は，解放されてはならない。たとえ，金銭が支払われるべき期日が既に過ぎており，またはその債務に期限または条件が付けられていても。条件付遺贈における関係の場合は違う。なぜなら，条件が成就する前には，この受遺者は，債権者とは全くみなされないからである。以下略。

が移転することが述べられている。この第3の,「条件成就により,法上当然に権利を取得する」という考え方は,ユリアヌスによっても主張され,条件付譲渡人が生きているか死亡したかに関係なく,譲受人に所有権取得を認め,それ故,条件付処分による取得者に,既に条件成就前に一定の法的地位を認めている。

信託遺贈 (fidei commissum) における条件付信託受益者の地位は,更に物権的に強化されたものであった。そこでは,相続人が,遺贈対象である土地を宗教上の理由で寄贈するとか,地役権を設定することは許されない。ただし,相続人に対するこの処分禁止命令は,取り消すことのできない行為についてのみであり,取り消し得る権利の設定の場合には,条件成就の時までという制限の下で,処分が可能であった。

更に,ヤボレヌスは,債権者がある条件の下で債務者に,第三者に対してその債務を履行せよと指図した場合を規定する。債権者は条件未定の間は,満足を受けられないが,指図した条件が不成就の場合には,最初の債権が存続する。その中間の期間においては,いわばその債権の清算が停止されているわけで,ヤボレヌスはその技術的手段として,債務者が悪意の抗弁権 (exceptio doli) を持つと考えたと思われる。

2 条件の効力について

(1) 未確定 (Pendenz) 関係

ローマの法律家達は,条件未定の間の不安定な法的関係を「未確定な」関

---

68) Vgl. Schiemann, S. 11f.
69) D. 39, 5, 2, 5. チチウスが私に,何かの問答契約なしに,金銭を与えたが,それは,セイユスが執政官になったらはじめてその金銭が私の所有物になるという条件の下であった。この場合,セイユスが執政官になれば,チチウスが生きていようと,また死んだ後であっても金銭は私の所有物となる。
70) Vgl. Kaser. 1 Abs. 2 Aufl. S. 255.
71) D. 35, 1, 105. 原田・前掲注66) 書369頁は,受遺者は目的物を取得する期待権を持ち,この期待権は相続が可能であるとする。
72) D. 12, 1, 36.
73) Schiemann, S. 13.

係と呼んだ。しかし，この「未確定関係」は，一定の法的効果を基鍵づけることを目的とするものではなく，むしろ，細かい論理的基礎づけがなくても，その法的効果を了解しあうために，その法的効果を呼びかえたにすぎない。

　この未確定（Pendenz）という表現は，条件付法関係においてのみ用いられたのではない。ユリアヌスは，用益権の設定されている土地から「木になっている」未収穫の果実が盗まれた場合をとりあげている[75]。この場合，果実は収穫までは，まだ用益権者の所有物ではないので，誰が窃盗に対して返還請求権（condictio）を主張できるか，という問題が生じる。これについてマルケルスは，収穫までの間は返還請求権は未確定であり，用益権者自身が収穫をした時に，はじめて返還請求権が彼に属するとしている[76]。

　パウルスは，ある者が監禁状態に置かれたときに，その期間が取得時効に算入されうるかをとりあげている[77]。

D.41, 3, 15 pr. 買主として（物を）占有する者が，使用取得（usucapio）前に，敵によって捕らえられた場合には，その時効が彼の相続人に継続するか否か，ということが問題になる。なぜなら，時効は中断され，時効が帰ってきた者にとってさえ役に立たないのなら，どのようにして時効が相続人の役に立ちうるのか？―否，次のことは争いがない。彼はなお，その生きている間において，占有を失っており，それ故，帰国権（ius postliminii）も彼にとっては，彼が使用取得をしたとみなされることには，役に立たない。

　敵に捕らえられている者の奴隷が買った場合，ユリアヌスは使用取得は不確定のままであると述べる[78]。なぜなら，彼の主人が帰ってきたなら，使用取得は生じたものとみなされるからであると。彼が，その地で死亡した

---

74) pendere, Suspendere, in pendenti esse, in suspenso esse, などの表現を用いている。Kaser, 1 Abs. 2 Aufl. S. 255 Fn. 27.
75) D. 7, 1, 12, 5.
76) D. 7, 1, 12, 5.
77) D. 41, 3, 15 pr. Vgl. Kaser, 1 Abs. 2 Aufl. S. 255 Fn. 27, S. 535.
78) D. 41, 3, 15 pr. …in pendenti esse usucapionem…, Otto-Schilling-Sintenis, Das Corpus juris civilis in's Deutsche übersetzt, Pandecten 6 Teil 1831. では sagt Julianus, bleibe die Ersitzung ausgesetzt; となっている。

場合には，次のことが問題になる。（使用取得は）コルネリウス法（lex Cornelia）によって，彼の権利承継人に帰属しないのか？──マルケルスによれば，それは法的虚構であるとした方が，よりよく理解され得る。なぜなら，彼の奴隷がなしたことを顧慮して，どのようにして，帰国権によって，帰ってきた者が，敵の捕虜になっている間に，彼自身によってまたは彼の奴隷によって占有していたもの以上の，多くの権利を持ちうるのか？（説明できないからである）しかも，相続財産は，若干の関係において，人の代わりになるものとみなされるにすぎない。それ故，使用取得は権利承継者に生じないのである。

以上のように，捕虜になれば物を占有し得ないので，この期間は算入されない。しかし，捕虜になっている者が，その物の占有を得れば，この障碍は克服される。これをユリアヌスは「未確定な」時効取得と述べた。

(2) 条件成就の遡及効

条件成就の遡及効は，現在まで，ユスチニアヌス法典における条件付法律行為の中心的論争点であった。[79] たしかに契約法（D.45 Buch）の若干の箇所が，条件の遡及効について触れているようにみえる。

パウルスは，D.45, 3, 26において，休止相続財産（hereditas iacens）に属する奴隷が用益権を約定し得るか検討している。これは，有効な用益権の約定のためには，用益権者の人格が，それ故，奴隷所有権者の人格が確定していなければならない，という点で否定される。それでは，相続人が相続した時（奴隷所有権者が確定した時）に，用益権が成立するという条件付契約としては有効であろうか。パウルスは，用益権の設定は，契約締結の時から有効でなければならないとして，否定する。その結果，パウルスは条件成就の遡及効を否定したようにみえる。だがよく見ると，この箇所は遡及効とは関係がなく，用益権の約定のためには，用益権者の人格が確定していなければならない，ということを述べているにすぎない。[80]

---

79) Schiemann, S. 15.

ポンポニウスはD.45, 1, 31において，条件成就の時に，目的物がもはや契約当事者に属していなくても，その物についての契約は有効であるとする。[81] このポンポニウスの立場はD.45, 3, 26のパウルスの立場と矛盾しない。D.45, 1, 31においては，給付自体は最初から確定しており，ただ条件成就の時に物が約束者になお属しているか否か，という不確かさが残っているにすぎない。これに対して，用益権の設定においては，用益権者の人格の確定が，契約締結にとって根本的に重要な要素なのである。[82]

D.45, 1, 78 pr. におけるパウルスの命題も遡及効と関係がない。

D.45, 1, 78 pr. 　ある条件の下で，ある問答契約をした家子が，家父の権力から解放され，その後，条件が成就すれば，訴権は家父に属する。なぜなら，契約においては，それを締結した時点が考慮されるからである。

現代では，この問題は代理の領域で解決されるであろう。パウルスのこの決定から言えることは，問答契約（stipulatio）締結という要式行為にとっては，それが条件付であろうと無条件であろうと，もっぱら法律行為がなされたときに存していた事情が決定的であるということであり，遡及効とは関係がない。[83]

勅法類集第6巻46章第5法文（以下，C.6, 46, 5と表す。CはCodexの頭文字）は，パウルスの命題と異なっている。ある女が，結婚すればという条件の下で信託遺贈を受け，その婚姻中に死亡した。訴えを受けた皇帝は次の決定を行った。この妻が結婚後でも父親の権力下にあった場合には，その父が信託遺贈を取得する。これに対し，その妻が結婚締結前に解放されていた場合には，

---

80) Beseler, Zeitschrift der Savigny-Stiftung für Rechtsgeschichte, romanistische Abteilung, 46 (1926) S. 90 Fn. 1 (v. S.89).
81) D. 45, 1, 31. 私が私の物について，ある条件の下で問答契約をすれば，その物が条件成就の時に，もはや私に属していなくても，問答契約は，法律上有効である。
82) Schiemann, S. 17.
83) 遺贈においては異なる。この場合には，到来する日（dies cedens）が法的有効性の開始を決定する。それ故，条件付遺贈においては，条件成就によってはじめて有効性が決定される。Vgl. D. 50, 16, 213 pr., D. 36, 2, 5, 2.

信託遺贈は彼女から相続人に移転すると。従って，この場合には，条件成就の瞬間の法状態が問題になるのであって，法律行為の瞬間が問題とされたD.45, 1, 78 pr.とは異なる。しかし，この相違には理由がある。なぜなら，信託遺贈の取得にとっては，契約締結と異なり，受益者の協力が不要だからである。

　D.46, 3, 16もよくとりあげられる法文である。[84] ポンポニウスは，債務者がある条件の下で，要式免除契約（acceptilatio）を結んだ場合に，既に条件成就前にその効力を認めている。もちろん，債務消滅の効力は，条件成就によってはじめて明らかになるのであるが。この命題についても，遡及効とは結びつかない。契約締結の段階で，既に効力は生じ，ただそれが明らかになるのが条件成就の時なのであり，いわゆる未確定な法状態を述べているにすぎない。

　D.20, 4, 11, 1におけるガイウスの命題も，ポンポニウスの命題に似ている。そこでは，条件付約定債務のために設定された質権が，条件成就までの間に，ある無条件の債務のために同じ物に対して設定された後順位の担保権よりも優先するか否か，が扱われている。ガイウスは，条件が成就した場合には，その約定が，あたかも契約締結の時に，無条件で有効であったようにみなすべきとして，条件付債務のための質権を優先させた。このガイウスの決定が，遡及効を意味するのか否か，は争いがある。[85] 私見を述べれば，将来の債権のために質権を設定し，それに順位保全の効力を認めることは，担保目的からして十分に承認し得るし，[86] このことは必ずしも遡及効と結びつかないと思われる。

　以上，条件成就の遡及効に関するものとして，よくあげられるローマ法の各断片を検討したが，結論を言えば，ローマ法源の中には，明確に遡及効を認めているものが存在しないのではないか，ということである。

---

84) Kaser, 1 Abs. 2 Aufl. S. 257 mit Fn. 47.
85) Kaser, 1 Abs. 2 Aufl. S. 256 mit Fn. 46.
86) Vgl. Mitteis, Römisches Privatrecht bis auf die Zeit Diokletians, 1 Bd., (1908) S. 177. わが国でも，このような論拠は有力である。柚木馨・高木多喜男『担保物権法〔新版〕』有斐閣（1973年）107頁以下参照。

(3) 物権的遡及効と所有権の復帰

ローマ法源の解釈において，中間処分の無効・取消しを説明する際に，「遡及効」は大きな役割を演じてきた。そして，この中間処分の無効の例として，よくとりあげられたのが，D.35, 1, 105とD.8, 6, 11, 1の条件付遺贈についての命題である。

D.35, 1, 105 ある遺言者によって，ある条件の下で遺贈された農地を，相続人が，その条件未定の間に他の者に遺贈した場合に，最初の遺言に規定されていた条件の成就の後は，所有権は最初の受遺者から分離しない。また，相続人は，宗教上の理由で，この土地に農地を設定したり，地役権を設定することもできない。例えば，地役権が設定されても，それは条件成就とともに消滅する。

D.8, 6, 11, 1 ある相続人が，条件付で遺贈された農地に地役権を設定した。この地役権は，遺贈の条件の成就によって消滅する。(では，この農地のために) 地役権が取得された場合には，それが受遺者に承継されるか？もちろん，承継される。

しかし，これらの命題をよくみれば，遡及効自体は述べられていない。むしろ，条件が処分者の処分権限の制限をなしているとみるほうがすっきりする。即ち，条件付処分によって，条件付取得者はある物権的保証を獲得し，それを妨げるような中間処分は無効となるのである。

ユスチニアヌス法源における売買の付款の物権的効力が，遡及効法理に基づいているという説も有力であるので検討する。lex commissoria（一定期間内に代価の支払いなき場合に売買を解除する約款）と in diem addictio（一定期間内によりよい条件の申込みがあった場合に，売買を解除する約款）は，当初は停止条件的に理解されていた[88]。即ち，「一定の事情が生じなければ売買は完了する」という条件が成就して，はじめて目的物の所有権が売主から買主に移転した。

---

87) Vgl. Schiemann, S. 20.
88) Vgl. F. Wieacker, Lex commissoria (1932) S. 21 ff., 原田・前掲注66) 書188頁以下。

なぜなら，このような売買の条件は，適法原因 (iusta causa)[89] の条件として，所有権取得に影響し得たからである[90]。従って，この場合には，売主を物権的に保証する必要はなく，更に，条件成就により買主が「ひとりでに」所有権を取得することも，当然とされていた。しかし，条件成就の前には，買主は売主に対して，売買契約から生じるいかなる抗弁も主張できず，また，第三者に対しても，占有保護権を持ち得なかった。逆に売主も，既に買主に物を引き渡していた場合であっても，条件成就までは目的物の滅失の危険を負担しなければならなかった[91]。更に買主は，lex commissoria において，一種の悔い返し権 (Reurecht) を持っていた。即ち，買主は売買代金を支払わなければ，売買契約を解消できたのである[92]。

やがて，売買の付款が解除条件的にみなされるようになり，以上のような弱点は克服された。しかし，解除条件的構成においては，売買契約の解除によって，最初は有効に買主に移転した所有権が，どのようにして売主に復帰するかが問題となる。この点について唯一明確な法源が次の命題である。

C.4, 54, 3 買主が一定期間内に売買代金の残りを支払わないときには，売られかつ引き渡された土地が売主に復帰すべきであるという条件の下で，土地を売った売主は，（買主が代金を支払わないので），占有移転を求めても得られないときには，所有権に基づく返還請求権 (rei vindicatio) を持つのではなく，売却に基づく訴権 (actio ex vendito) を主張し得る（にすぎない）。

ここでは，解除条件の成就による物権的復帰は，はっきりと否定されている。ところが，C.4, 54, 4では，lex commissoria における rei vindicatio の可能性を前提にしており，更にD.6, 1, 41 pr.では，in diem addictio について，条件成就後の対物訴権 (actio in rem) を認めている[93]。

---

[89] 周知のごとく，ローマ法では所有権の移転を伴う引渡し (traditio) には，売買や贈与のように iusta causa が必要であった。
[90] Vgl. F. Wieacker, Lex commissoria, S. 27.
[91] Vgl. D. 18, 6, 8, pr.
[92] Wieacker, Lex commissoria S. 24, 34.

結局，ローマ法源が売買における解除条件の成就に，物権的復帰を認めていたのか，それとも債権的請求権しか認めなかったのかは，不明確であり，とても遡及効を認めていたとは断言できない。[94]

以上のように，ローマ法源においては，法律行為に付加され得る，一般的な「条件」という概念自体が，明確なものではなかったし，「未確定」という表現も，それが条件の効力を指すのか，それとも条件が付けられた法律行為の存在自体を指すのか，も不明確であった。

第3節　1800年頃までの理論と立法

これまでみてきたことから，ローマ法源において，条件付法関係の構造について原則的な考え方がなかったことが明らかとなった。条件成就の遡及効についての命題とされてきたものも，よくみれば，遡及効を用いなくても十分に説明が可能である。それでも，条件成就の遡及効のドグマは，ドイツにおけるローマ法継受後の普通法学において，重要な地位を占めた。即ち，中世の法律家達が，ローマの条件法を，論理的作業によって変更したのである。

1　バルトルスの実体的遡及効理論

「法文化の再生」[95]以前は，条件という法技術的概念は一般に存在せず，[96]ローマ法源においても，一般的定義がなかったため，註釈学者達は，法律行為上の条件の正確な概念確定から始めなければならなかった。その際，註釈 (Glosse) は，条件に関するローマ法源の各命題を統一的にとらえようとはせ

---

93) Uwe Wesel, Zeitschrift der Savigny-Stiftung für Rechtsgeschichte 85. Rom. Abteilung(1968) S. 160f. によれば，C. 4, 54, 3とC. 4, 54, 4の矛盾を説明するために，前者がlex commissoria 以外の合意の場合であり，後者がlex commissoriaを扱ったものとする考え方が長い間，通説であった。現在でも十分に合理的な説明は見あたらない。
94) G. Schiemann は，従来，売買における解除条件の物権的効力とされてきたものは売買における iusta causa の解消ということで十分に説明できるとする。Schiemann, S. 21f., Wesel, aaO. S. 100ff. 169, 172.
95) ヴィーアッカー（鈴木禄弥訳）『近世私法史』創文社（1961年）56頁以下。
96) Vgl. M. Kaser, Das römische Privatrecht 2 Abs. 1 Aufl. S. 64.

ず，各場合に応じて解決しようとした。[97]そのため註釈から条件法の全体を見渡すことはできなかった。そこで，条件法における一般原則を立てようとしたのが註解学派 (Kommentatoren) のバルトルス (Bartolus) であった。[98]

彼は，D.41, 3, 15 pr.の註解の中で，「契約における条件は遡及する conditio in contractibus trahitur retro」という原則を立てた。[99]そして，このような遡及効の擬制を，移転的擬制 (fictio translativa) と呼んだ。それは，ある物または行為を，ある時点から他の時点へ移し変えるからである。彼は，このような擬制の例として，[100] D.41, 3, 15 pr., [101] D.18, 6, 8 pr., [102] D.20, 4, 11, 1 などをあげた。ところが，条件付遺贈に関する D.35, 1, 59 pr., D.44, 7, 42 pr., D.40, 9, 27 pr.[103]に対しては，異なった態度をとり，「遺贈の条件は成就しても遡及しない」[104]と主張した。バルトルスによれば，この区別の根拠は次の点にある。[105]

遡及効は法律行為によって合意される。ところが，所有権は契約ではなく，引渡しによってのみ移転し得るのであるから，合意による遡及効は，所有権の遡及的移転を当然には導かない。条件付遺贈においては，受遺者が引渡しなしに所有権者になるのであるから，条件付遺贈に遡及効を認めれば，条件付所有権移転の遡及効を認めることになる。しかし，ローマ法においては所有権移転に関して，いかなる遡及効も存在していなかったのだから，この結論は承認できず，それ故，遺贈の条件を遡及させることはできない。しかも，このことは遺言者意思にも適合する。[106]

更にバルトルスは，随意条件 (potestative Bedingung) においても，遡及効

---

97) G. Schiemann, Pendenz und Rückwirkung der Bedingung S. 26f. なお本節の内容はほとんどシーマンの研究によっている。
98) Bartolus (1314-1357). 彼については，寺田四郎「欧州大法曹の面影」法学新報44巻10号参照。
99) Schiemann, S. 30, D. 41, 3, 15 pr. については第2節 **2** (1)参照。
100) Schiemann, aaO.
101) 第2節 **2** (3)参照。
102) 第2節 **2** (2)参照。
103) 第2節 **1** 注65)。
104) 第2節 **1** 注67)。
105) Schiemann, S. 31.
106) Schiemann, aaO.

を認めない。権利者が最初から条件を成就し得る場合に，遡及効を認めることは，衡平（aequitas）に照して不法だからである。[107]

シーマンによれば，このようなバルトルスの見解は注目に値する。即ち，バルトルスは，ローマ法大全に含まれる諸命題から，任意に選び出したものを一般原則に高めたのではなく，各命題に含まれている論理から，結論を演繹した。しかも，あらゆる擬制が法において許されるわけではなく，衡平と論理的一貫性によって制限されていることを主張したからである。[108]

バルトルスの遡及効理論は，実際には，学説彙纂のどこにもそのドグマが用いられていないにもかかわらず，それまでの註釈学流に比べて大きな前進を意味した。第1に，彼は，条件をさまざまな法律行為の付随規定としてとらえ，一義的な条件の概念を確立した。第2に，「未確定 suspensio」が条件の内容ではなく，条件の効力を意味することを明確にした。即ち，条件付法律行為の存在は確定しているが，ただその効力が不確定であるにすぎない。従って問題は，条件成就によって生じる法律行為の効力が，どの時点から確定するのかという点にしぼられた。バルトルスによれば，生存者間の条件付法関係が相続されるのは，まさに遡及効に基づくものであり，条件付遺贈による法関係が相続されないのは，遡及効が認められないからなのである。このような考え方は，実体的（materiell）遡及効理論と呼ばれた。[109]

2 ドイツにおけるローマ法継受後の理論

バルトルスの死後，遡及効の規律は，D.45, 1, 78 pr.[110]の註解を中心に現れた。しかし，その後のイタリア的学風（mos italicus）[111]には，遡及効ドグマを，生存者間の条件付法律行為すべてに対して適用するという態度が欠けていた。[112]それ故，ドイツの各ラントの法学においては，遡及効理論が，バルトルスの

---

107) Schiemann, S. 32.
108) Schiemann, S. 32.
109) Schiemann, S. 61.
110) 第2節 **2** (2) 参照。
111) ヴィーアッカー前掲注95) 書60頁以下参照。
112) G. Schiemann, Pendenz und Rückwirkung der Bedingung, S. 36.

命題のようにすっきりした形で展開されなかった。

(1) ツァシウス

15世紀のドイツにおける法学の先駆者であるツァシウスは，D.45, 1, 78 pr.[113]について次のように述べた。条件付法律行為の判断基準となる時点は，契約締結の瞬間であって，条件成就の時ではない。しかし，このことから，彼がバルトルスのように生存者間の契約において，一般的に遡及効を認めるわけではない。むしろD.45, 1, 78 pr.の場合には，家子または奴隷の行為が，その行為の時点で妥当し得た法的効果を持つからであると説明した。[114]しかし，ツァシウスは遡及効を全く否定するわけではなく，ただ，その適用について慎重なのであって，遡及効が認められない場合を確定する。

遺贈と随意条件については，すでに註解学派も遡及効が妥当しないとしていたが，ツァシウスは更に「人格の取得に関する条件」[115]についても遡及効を否定した。例えば，ある家子（filius familias）が，完全な権利能力を持てばという条件の下で，契約を締結する場合である。その他にも，ツァシウスは，条件付契約の未確定の間の訴えが Klagekonsumption（訴えとして認められること）になるのに，条件付遺贈の未確定の間の訴えが，なぜ認められないのかを問題にした。[116]ここでも彼は，契約においては条件成就の遡及効により訴えが認められ，遺贈においては遡及効がない故に訴えが認められないというバルトレスの見解を否定した。ツァシウスによれば，遺贈においても Klage-Causa（訴えの原因）が強化される場合には，未確定の間でも訴えが認められる。更に条件付契約においても，遡及効に基づくのではなく，既に未確定期間において，あるcausa（原因）が存する故に，訴えが認められるのである。[117]

このように，ツァシウスは，契約における条件の遡及効を原則として認めるのではないために，条件未定の間の条件付法律行為の中間効を，遡及効を用いずに基礎づける必要が出てきた。彼は，それを当事者の合意によって説

---

113) Udalricus Zasius, 1461-1535. ヴィーアッカー・前掲注95) 書155頁以下参照。
114) Schiemann, S. 38.
115) conditio intrinseca, quae a Statu personae sumitur
116) Vgl. D. 44, 2, 11, 4.
117) Schiemann, S. 39f.

明した。条件成就前の未確定な法律行為の効力，即ち，債務への期待（spes debitum iri）も，条件成就後の法律行為の効力も，当事者の意思の一致によって生ずるのであり，条件成就という事件によって生ずるのではない。

ツァシウスは，当事者の合意に基づく条件成就前の拘束について，しばしば次のような表現を用いた。条件付法律行為は，条件が未確定の間に，既に「霧のとばり」を持っており，その背後から最後には，「太陽が顔を現す」のであると。我々にとっては，このような表現から，契約と遺贈の場合の中間効の区別を引き出すことは困難であるし，条件成就前の中間効を明確に理解することもできない。

(2) 16世紀のドイツの学説

ツァシウスの後には，バルドゥイヌスが現れて，De conditio nibus（条件について 1557年）の中で，条件の遡及効を主張したが，その内容はほとんどバルトルスに従っており，サヴィニー以外にはあまり評価されていない。

バルドゥイヌスと同じ頃，フィリベルト・フォン・ブリュッセルが De conditionibus libri quatuor を著し，この著作は百年以上にわたって，ドイツの条件法理論に影響を与えた。フィリベルトは，条件成就による遡及効を，その時代に主張されはじめたものであるとして，一般には妥当しないとしりぞけた。そして，条件付法律行為の未確定時の効力と条件成就後の効力を，それぞれ独立の法効果として明確に区別した。この「未確定の法律行為」と

---

118) Vgl. I. 3, 15, 4.
119) Schiemann, S. 40.
120) Schiemann, aaO.
121) Schiemann, S41によれば，Zasius は条件を accidens in subjecto（本体における事件）と accidens sine subjecto（本体のない事件）に分け，前者の場合には条件成就前でも法律行為が存在するが，後者の場合には，条件成就までは法律行為自体が存在しないとする。なお，このSubjectoとは，条件が付けられる法律行為の本体を指す。
122) Franciscus Balduinus. 彼については，Stintzing, Geschichte der Deutschen Rechtswissenschaft Bd. 1, S. 382f. 参照。
123) Savigny, System des heutigen Römischen Rechts. Bd. Ⅲ §116（S. 121）は，ドネルスと並べてバルドゥイヌスをとりあげている。
124) Philibert von Brüssel. 以下のフィリベルトの説の内容は，Schiemann, S. 44ff. による。
125) Lowen 1560年，再刊はFrankfurt 1700年。いずれも参照できなかった。

いう観念の独立により、条件付法律行為の効力を、条件の遡及効を用いずに考える可能性が生じた[127]。このようにして、フィリベルトは、条件付債務が未確定期においても既に生じていると主張し、条件付契約から生じる期待も、譲渡され、相続されることを認めた。ただ、条件付契約に基づく所有権の移転についてだけは、引渡しがあっても制限されるとした。

ドネルス[128]も、遡及効理論を批判したが、フィリベルトと異なり、条件成就前にはまだ約定が存在していないと主張した。彼は、自然の事件と法の関係において、法的規律は事実に基づかねばならないが故に、遡及効理論は論理の本性に反すると主張した[129]。更に彼は、ローマ法源において、遡及効についての統一的規律が存しなかったことを明確に証明した[130]。

フランスでは、クヤキウス[131]がドネルスと反対に、生存者間の条件付法律行為の全効力は、遡及効によって基礎づけられると主張していた。従って、彼はバルトルスに従っていた[132]。しかし、ドイツでは、そのような考え方は通説になり得なかった。

(3) 17世紀のドイツの学説

17世紀初頭に確立したドイツ普通法学、即ち、パンデクテンの現代的慣用 (usus modernus pandectarum)[133] において、条件法に関する重要な業績を残したのは、ツィーグラーと、コクツェーイである。

ツィーグラー[134]は、未確定関係を「いまだ母胎の中にいて、生まれていない

---

126) Schiemann, S. 45は、このような区別を行ったのは、法歴史においてフィリベルトがはじめてであるとする。
127) フィリベルトは、条件未定の間の当事者の法的関係は、暫定的に不完全な形態 (informis ac imperfectus) にすぎないととらえた。Schiemann, S. 48.
128) Hugo Donellus (1527-1591). 1573年ハイデルベルク大学教授。ヴィーアッカー・前掲注95)書、人名索引参照。
129) シーマンはドネルスのこの主張は、別に彼が法社会学的見地に立つことを意味するのではないとしている。Schiemann, S. 51.
130) Schiemann, S. 52.
131) Jacques de Cuiacius (1522-1590). Vgl. Stintzing. Bd. I, S. 375ff.
132) Schiemann, S. 54ff.
133) ヴィーアッカー・前掲注95)書221頁以下参照。
134) Casper Ziegler (1621-1690). 法学者、詩人、Vgl. Schiemann, S. 58ff.

子供」であると表現している。このような表現は，パンデクテンの現代的慣用の間を通じて頻繁に用いられていた。ツィーグラーは，条件付契約において，意思の拘束というモメントを強調する。そこでD.45, 1, 78 pr. は，法律行為の「受胎」の場合であり，条件付債務の相続は当事者の意思に基づくものとなる。ところが，同時に，未確定期間における法律行為の効力が，遡及効の結果であることも認めていた。従って，未確定期間における条件付法律行為の効力を基礎づける「胎児の」法関係という当事者意思の結果と，条件成就の遡及効との関係は不明確なままであった。

パンデクテンの現代的慣用とは別に，17世紀に入って登場した新しい流れに，理性法論がある。グローティウスと，その後継者達による，合意に基づく (konsensual) 契約理論の完成は，あらゆる条件の効力の本来的根拠として，法を形成する意思を強調させることになった。もちろん，既にツァシウスやツィーグラーも，このような意思を強調していたが，「実定的」ローマ法源の解釈を問題にする限りでは，より以上のつっこんだ検討は不必要であった。

理性法論の流れをくむ，コクツェーイは，条件付法律行為の全効力が，当事者の意思から生じるということを，明確に強調する。彼は，グローティウスに従って，人が自己の所有する物を処分する能力を，人の自然的権利であるとした。人がある物を所持しているか否かは重要でなく，ただ彼がその物について権利能力を持つか否かが，重要なのであり，この能力の一部を譲渡することは，権利の譲渡となる。人がある条件の下で義務を負うとき，彼は

---

135) 既に，Zasius や Philibert von Brüssel も類似の表現を用いているが，これを法学上のきまり文句の地位に高めたのは，Benedikt Carpzow (1595-1666) とされている」。しかし，Schiemann は Carpzow 以前にも，既に Rittershusius (1560-1613) が用いていることから，このような言い回しは，当時の文学的風潮によって，広く用いられていたと推定する。Schiemann, S. 58.
136) 第2節 **2** (2) 参照。
137) Schiemann, S. 59f.
138) Hugo Grotius (1583-1645). ヴィーアッカー・前掲注95)書332頁以下参照。
139) 代表的なのは，Samuel Pufendorf 1632-1694. ヴィーアッカー・前掲注95)書366頁以下。
140) ヴィーアッカー・前掲注95)書341頁以下および372頁以下参照。
141) Heinrich Cocceji (1644-1719). Vgl. Stintzing-Landsberg, Geschichte der Deutschen Rechtswissenschaft, Bd. 3, 1, S. 112f.

条件成就に拘束されるのであり，彼の物を処分する能力の一部を，条件付権利者に譲渡するのである。

　コクツェーイによれば，条件付契約においては，同時に2つの契約が存する。1つは，給付についての契約であり，もう1つは，条件による拘束についての契約である。この拘束を条件付権利者の権利とみれば，その結果として，条件付法関係が相続され得ることが引き出される。以上のことから，コクツェーイは2つのことを主張した。第1は，条件成就が遡及させられることは，もはや不必要であるということであり，第2は，条件付遺贈と条件付契約の間の区別は，自然法において根拠づけられないということである。このようにして，コクツェーイは，条件付契約の締結によって，既に契約上の拘束が成立し，しかも，その拘束が契約の対象に関係するのではなく，むしろ条件成就への期待に関係することを明らかにした。しかし，彼は，初期には遡及効ドグマを明確に否定したが，後期の論文や，実務上の鑑定書には，なぜか遡及効ドグマの否定が現れなかった。[142]

(4) まとめ

　かつては，バルトルスの実体的遡及効理論によって，条件成就前の条件付法律行為の諸効力を法技術的に説明できたが，ツァシウス以降のドイツの法律学は，バルドゥイヌスやフランスのクヤキウスを除けば，一貫してバルトルス理論から遠ざかってきたと言える。もちろん，ローマ法源に関して，個別的な遡及効に言及する者もあったが，それよりも独特な「未確定関係 Pendenz-Verhältniss」が説明の中心となっていた。しかし，この未確定関係についても，「胎児の」法関係という表現にみられるように，明確な理解がなく，さまざまな意味に用いられた。これに対し，理性法論の側からは，当事者の意思による拘束を基礎にして，理論的前進がみられた。しかし，それでも実務における法適用とは大きな隔たりがあった。

　その隔たりを端的に示していたのは，当事の商品信用の法形成において，停止条件ではなく，解除条件が一般に用いられていたことである。パンデク

---

142) 以上の Cocceji の説の内容は Schiemann, S. 71ff. による。

第2章 条件理論の歴史的考察　53

テンの現代的慣用においては，lex commissoria について，条件未定の間は，買主が所有権者であるとするのが通説であった。中には，D.18, 3, 1の文言から，停止条件説を唱える有力説もあったが[144]，当事者の意思が不明の場合には，常に解除条件とみなされた[145]。

この解除条件付売買契約においては，C.4, 54, 3 とD.6, 1, 4l pr.の間の二律背反[146]に対応して，解除条件の成就による物権的復帰と単なる債権的解除（Rückabwicklung）とが区別される必要があった。そこで言葉の上では売買の債権的解除を，「今に基づくex nunc」所有権の復帰として表し，物権的復帰を，「その時点に基づくex tunc」効力として表すというあいまいさにおちいった。しかし，物権的復帰の理由づけ自体は，ローマ法源の解釈において既に述べたように[147]，解除条件の成就によって所有権取得のために必要な原因（causa）が脱落する故に，物権的解除が生じると考えられていたのである[148]。そのため，普通法においては，物権的復帰を基礎づけるために，遡及効を伴う解除条件が成就するという考え方をとる必要がなかった。

その他の点でも，当時の実務はローマ法に従った売買の類型的付款に頼る必要がほとんどなかった[149]。例えば，買主破産の場合に，売主は無占有質権によるほうが lex commissoria における債権的解除条項によるよりも保護された。しかし，契約の物権的構成は同時に弱点も持っていた。即ち，それは訴訟における売主の完全な所有権の証明を前提にしており，しかもその証明はとても困難であった[150]。

以上のことから明らかなように，当時の実務が解除条件付売買という構成

---

143) D. 18, 3, 1. ある土地が，復帰の付随契約とともに売られた場合には，その売買はある条件の下で締結されたものというよりも，当然に，ある条件の下で，再び解消されるべきものとみなされるべきである。
144) Vgl. C. F. Glück, Ausfuhrliche Erläuterung der Pandecten nach Hellfeld, 16 Teil, §1006, Fn. 71, S. 274，（以下，Glück, 16 Teil, §1006, S. 274と表す）。
145) Vgl. Glück, aaO. S. 274f.
146) 前述第2節**2**(3)。
147) 前述第2節**2**(3)。
148) Schiemann, S. 74.
149) 前述第2節**2**(3)。

をとっていたといっても，条件の効力に関して明確な規律が存在していたわけではない。

　17世紀になると，無占有の動産抵当が広く行われるようになった。既に，継受以来，裁判所の文書によって，無占有の動産質権が創設されていたが[151]，17世紀に入るとそれが一層さかんになった。しかも，動産抵当の方式がなお不便なところでは，所有権留保の合意（pactum reservati dominii）に頼ることができた。もっとも，これは現代的意味における所有権留保ではない。例えば，クールザクセンの1622年の訴訟法においては，所有権留保は優先質権と同様に扱われた[152]。証明のむづかしい所有権は，相手方の破産において，物を取り戻すという優先性を事実上基礎づけず，むしろ質権類似の特別の合意である所有権留保の合意が，優先性を基礎づけた。

　以上のような実務の展開は，条件法の理論と立法に新しい刺激を与えることになった。

3　18世紀頃の立法

(1)　バイエルン

　実務においては，条件付契約が広く行われるようになったが，条件法の理論自体は既に述べたように混迷していたため，18世紀の立法者が条件法についてすっきりした決定を行うことは困難であったと思われる。バイエルン法の起草者であるクライットマイル[153]は，当時の文献を広く知っており，市民法の註釈においてコクツェーイを引用してさえいる[154]。しかし，マキシミリアン

---

150) Schiemann, S. 74.

151) Schiemann, S. 74f. 特徴的なのはフランクフルトにおける発展である。そこでは，真正の動産抵当が1495年から可能であったし，1509年の宗教改革においても引き継がれた。それについて詳しいのは，H. Coing, Die Rezeption des römischen Rechts in Frankfurt am Main. 2 Aufl. 1962, S. 133ff. 継受後の無占有質権の発展について詳しいのは，E. V. Schwind, Wesen und Inhalt des Pfandrechts, 1899.

152) Vgl. A. Cohen, Die geschichtliche Entwicklung des Eigentumsvorbehalts, Zeitschrift für das Privat-und Öffentliche Recht der Gegenwart (GrünhutsZ) 21 (1894) S. 695.

153) Wiguläus Aloysius Freiherr v. Kreittmayr (1705-1790). ヴィーアッカー・前掲注95)書408頁参照。

法典は，コクツェーイの理論には従わず，むしろ，ドイツの通説に従っている。条件付債務の根拠は期待であり，満たされた契約条件は遡及(retrotrahiren)させられる。しかし，悔い返し権(Reurecht)は排除されており，それ故，遡及効は限られた意味しか持たなかった。

(2) オーストリア

テレジア民法典の草案も，バイエルン法典と同じく，ドイツの通説を反映していた。そこでは，条件付法律行為が条件付権利者に当面与えるにすぎない希望が，法的に重要な効力を持つ。この希望は譲渡可能であり相続され得る。当事者は，合意した場合にのみ，この拘束から解放され得る。他方で，条件成就の遡及効が必要な場合については，独自の規定が設けられていた。

しかし，条件付法律行為の条件成就前の効力を希望，期待で基礎づける以上，もはや遡及効を持ち出す必要はなく，ホルテンも彼の草案から遡及効規定を取り除いている。彼の草案の第3部第1章36条は，中間効に関してテレジア法典の規律と異なっていないが，ただ中間効の基礎づけに，希望という不明確な概念を持ち出すことをやめ，次のように規定する。「契約締結者が，その合意を将来の不確かな事件の結果に制限する場合，この事件の結果が生じる前には，一方が拘束されることも，他方が，目的物についてであれ，そこから生じる利益についてであれ，権利を得ることもない。しかし，この事

---

154) Schiemann, S. 77はその箇所として，Anmerkungen über den Codicem Maximlianeum Bavaricum Civilem 1758, Theil 4, Cap. 1 §8 (Bd. 1, S. 30) を指摘する。
155) Codex Maximilianeus Bavaricus Civilis 1756, ヴィーアッカー・前掲注95)書408頁以下参照。実物は参照できなかったので，内容はシーマンによる。
156) Theil 4. Cap. 1 §8n. 6.
157) Codex Theresiinus juris civilis, 1753-66. このために，第2草案まで作られたが，あまりにも理解しにくく，詳細であったために，女帝はこれを裁許しなかった。ヴィーアッカー・前掲注95)書423頁以下参照。
158) Schiemann, S. 78 はなぜか，この希望を「将来の権利」と呼んでいる。
159) Ⅱ Entwurf, 3 Theil, Caput I §7n. 65. 実物は参照できず。
160) AaO. n. 67.
161) Johann Bernhard Horten (1735-1786). ヴィーアッカー・前掲注95)書423頁以下参照。
162) テレジア法典が難解なために，1772年に女帝が新しく設置した委員会の下で，ホルテンが中心となって1773-1787年にかけて作成した。その第1部は1786年に，Josephinisches Gesetzbuchとして公布された。

件が生じるか否か不確定の間，いかなる当事者も，他方の意思を無視して，この行為からはずれる権限はなく，更に条件付拘束も，条件付権利も相続人に移転されるし，条件付権利は由由に譲渡される。そして，債務者の財産に危険が存する場合には，その保証が要求され得る」。更に草案では，条件成就による法関係について，条件が成就すれば，行為はその完全な効力を持つ。それは丁度，条件不成就の場合に，行為が完全に崩壊するのと同じである，と規定するにとどまっている。

1811年の ABGB（Allgemeines Bürgerliches Gesetzbuch für die deutschen Erblande, ドイツ本国のための一般民法典）になると，この条件成就による法関係についての命題が脱け落ちている。ABGB900条は，契約上の条件について，条件付権利が相続され得ることを規定するが，ABGB702条は，遺言による処分について，それを否定する。更に，条件付法律行為の取消し不能（即ち，条件成就前でも拘束力があること）についても規定がない。このように，立法者は条件成就までの間における条件付権利者の保護に注意を払っていない。たしかに，ツァイラーは，ABGB900条の相続され得る条件付権利の例として，信託遺贈の補充相続人の指定（fideikommissarischen Substitution §§897, 707, 613ABGB）における後順位相続人の権利をあげている。しかし，遺言による条件付処分にも，条件についての規定が適用される（897条ABGB）といっても，それは，遺言による処分が，条件付契約による権利に適合する限りにおいてであるから，実際に，信託遺贈の補充相続人指定において，拘束力があるかは疑わしい。

以上のように，ABGBにおける条件の規定（§§897-900）はあまり明瞭でない。それ故に，18世紀の普通法における条件理論は，ABGBの形成にとっては役に立たなかったと思われる。

---

163) Schiemann, S. 78, Fn. 9.
164) Schiemann, S. 78, ホルテン草案 3 Theil, 1 Cap. §39.
165) Schiemann, S. 79 は，既にMartini草案（1794年）3 Theil, 1 Hauptstück §§29, 30でも，この命題がないことを指摘する。
166) Franz von Zeiller (1751-1828), Von Martini (1726-1800) の後継者としてABGBを編纂し，注釈を行った。ヴィーアッカー・前掲注95) 書424頁以下参照。
167) Schiemann, S. 79, Zeiller, Commentar über das ABGB. Bd. 3. 1. Anm. 6 zur §900ABGB.

(3) プロイセン一般ラント法

プロイセン一般ラント法（Das preußische Allgemeine Landrecht, 1794. 2. 5公布，以下，ALRと表す）の立法者もバルトルスの命題を受け継がなかった。ボルネマンによればスアレツは，次のように述べている。「学者達は，今でも，現存する未確定の条件が遡及させられるという命題を採用しているが，私は，このことが正しいとも，必要であるとも思わない」[170]。しかし，それでも，遡及効ドグマの伝統は終わらなかった。それは，ALR が普通法の原則に与えた影響が小さかったからである[171]。更に，ALRからは，条件付法律行為の中間効についてさまざまな解釈が可能であったために，ALRの下でも，遡及効の通用する余地が残っていた[172]。これは，立法者の課題が，条件付法関係の本質を規定することではなく，実際に生じるさまざまな場合を解決することにあったからである。それ故，ALRは，個々の場合について，カズイスティッシュなローマ法源の助けを借りて，条件の本質の正確な認識なしに解決することができた[173]。

(4) フランス民法

フランスの立法は，ドイツ語圏の諸法典とは異なった道をたどった。ロー

---

168) ABGBの規律があいまいであるために生じた隙間は，その後の理論的作業によって埋められている。例えば，今日では，条件付権利者の期待権は承認されている。更に，遡及効の問題は，現行法ではなく，完全にパンデクテンの議論の枠内で取り扱われている。Vgl. Ehrenzweig, System des österreichischen allgemeinen Privatrecht 1Bd. 1 Hälfte, §97 (2. Aufl. 1951) S. 245-247.

169) Carl Gottlieb Suarez (=Svarez) (1746-798)，ALRの起草者の一人，ヴィーアッカー・前掲注95)書412頁以下参照。

170) Schiemann, S. 79, W. Bornemann, Systematische Darstellung des preußischen Civilrechts, 2Aufl. Bd. 1, S. 167. 現物は参照できなかった。

171) ヴィーアッカー・前掲注95)書418頁以下参照。

172) 一般的な条件法を規定するのは，ALR I Theil, 4 Titel, §§99-144. そこでは，条件成就の擬制が大きな位置を占めている。中間処分については，103条「中間期間において，条件付義務者は，相手方に与えられた権利に不利益になるようなことは，何もしてはいけない」。相続については，161条「意思表示の対象をなす権利自体が，相続人に移転しうるすべての場合には，相続人は，条件又は目的を成就するという権限から考えて，被相続人の権利を行使し得る」。

173) ALRの評価については，まだ十分に定まっているとは思えない。ヴィーアッカー・前掲注95)書417頁以下。ミッタイス(世良晃志郎訳)『ドイツ法制史概説』創文社 (1954年) 340頁参照。

マ法の強い影響を受け，バルトルスとクヤキウスの伝統を受け継いだポティエは，条件成就の遡及効の先駆者として現れた。当時，フランスでも遡及効規律の重要性が後退していたが，ポティエは，遡及効規律を生存者間の条件付債務の相続の基礎づけに用い，更に，条件付質権設定の優先性の根拠，および，条件成就前の当事者の拘束全般の基礎づけに用いた。そして，これがフランス民法1179条の規定となっていった。シーマンは，これについて次のように述べている。18世紀のドイツ法学が，条件付法律行為の効力を納得できる説明なしに述べているのに対し，フランスでは，権威ある法律家が，その明快さによって，再びバルトルスの命題を条件法の指導原理に高めた。

第4節　19世紀における理論

1　担保法の変化

1800年頃には，既に述べたように，停止条件付法律行為の効力を説明する諸文献において，「胎児のような法関係」といった表現が，ひんぱんに用いられていた。プロイセンとオーストリアにおける立法は，条件付法律行為の効力について，原則的な説明を全くしておらず，個々の場合におこり得る法的効果の規律についても不完全であった。既に述べたように，ローマ法の現代的慣用の時代においては，条件の遡及効から実際的な結論が引き出されるべきであるということが，一般的に言及されるにとどまっていた。しかし，18世紀に入ると，条件法におけるこのような擬制（遡及効）が変化しはじめ

---

174) Josephh-Robert Pothier (1699-1772)，野田良之『フランス法概論・上（第2）』有斐閣（1955年）285頁以下，ヴィーアッカー・前掲注95)書400，431頁以下参照。
175) Schiemann, S. 81, und Fn. 17. そこでは，Domat, Les loix civiles dans leur ordre naturel 1689/97, 1ère p., 1. I tit. 1 sect. 2 n. 6. et7. を例にあげている。シーマンは更に，このドマの本も，1772年版では，遡及効命題が付加されたと指摘している。
176) Schiemann, S. 81, Pothier, Traité des Obligations (1761年初版) in Œuvres de R. J. Pothier, hrsg. v. Buguet, T. Ⅱ. Paris 1848, n. 220-222.
177) フランス民法1179条「成就したる条件は，契約の日に遡りて，その効力を生ず。債権者が条件成就の前に死亡したるときは，債権者の権利は，その相続人に移転す」。
178) Schiemann, S. 81. 彼は，ポティエが遡及効にこれほどの確信を持っていたのは，それがローマの法律家自身が作り出したものと思っていたからであろうと推定している。

た。それは，商品信用の法において，それまでの売買契約における解除条件的構成が，停止条件的構成に変わってきたことに現れている。信用保証の法における，この新しい発展は，法的取引の2つの重要な現象を背景にしていた。それは，占有質（Faust pfand）原則の再生と，生存者間の所有権移転における厳格な引渡し（Tradition）原則の実行である。

無占有質権が普及していた事に対する反作用は，すでに1724年の「注釈付ザクセン訴訟法（Erläuterten Sachsischen Prozeßordnung）」の時から始まっていた。[180] そこでは，1622年の古い訴訟法の第44章第2条についての注釈において，動産質は債権者に物を引き渡した場合にのみ，物権的な権利となるとされた。プロイセンの1722年の「抵当および破産法（Hypotheken-und Konkursordnung v.4. 2. 1722)」も，動産質の設定において，信用供与者への担保物の引渡しを要求した。[181] そして，19世紀に入ると，他の地方の立法者達もほとんどが同じ方向に従った。[182]

これらの改革により，信用保証制度と破産法は大きく見直されることになり，従来から質権類似のものとして理解されていた「所有権留保の合意（pactum reservati dominii）」にも，目的物の引渡しが要求されるようになった。[183] しかし，所有権留保の合意は，質権類似の担保権設定だけでなく，売買契約自体の条件として理解される可能性が残っていたため，ローマ法から引き継がれてきた lex commissoria（一定期間内に代価の支払いなき場合に売買を解除する約款）と重なるようになった。所有権留保の合意が，言葉の上では，売買代

---

179) Vgl. Glück, Ausführliche Erläuterung der Pandecten nach Hellfeld, 4 Theil (1796) §337 d, S. 497f.

180) Vgl. E. V. Schwind, Wesen und Inhalt des Pfandrechts (1899) S. 35f.

181) Vgl. W. Hromadka, Die Entwicklung des Faustpfandprinz im 18. und 19. Jahrhundert (1971) S. 51.

182) Bayern の Hypothekengesetz および Prioritätsordnung（ともに1822年6月1日）については，Vgl. Schwind. aaO. S. 87. Württembrg の Pfandgesetz（1825年4月15日）については Vgl. G. Luther, Rangordnung der Fahrnispfandrechte und des Zurückbehaltungsrechts im Handelsverkehr mit bsonderer Berücksichtigung des Frachtrechts. (1939) S. 32Fn. 1.

183) プロイセン，バイエルン，ザクセン，ヴュルテンベルクの各法は，部分的に所有権留保に対する明文の規定を持っていた。Vgl. A. Cohen, Die geschichtliche Entwicklung des Eigentumsvorbehalts, Grünhuts Zeitschrift 21 (1894) S. 714, 726.

金の支払いまでは売主が所有権者であることを意味するにもかかわらず，lex commissoria に近づいたことは，なによりも契約の解除条件的構成を認めたことを意味した。そのため，所有権留保の存在根拠は，物権的復帰が認められるか否かにかかってきた。

　この問題に対して，プロイセン一般ラント法は，売主への所有権の復帰のためには，常に買主から売主へ新たな引渡しが必要であると規定した。[184]この新たな引渡しの要求は，法的安全には役立ったが，そのために売買の債権的解除と物権的解除を区別しなければならなくなった。[185]それでも，動産信用の要請はまだそれほど大きくなかったし，プロセインの後期重商主義国家も，私的取引に関心を持ち合わせてはいなかったので，[186]このことが大きな問題点となるには至らなかった。

　普通法における無占有の抵当権の増大は，破産においても従来から存在する優先権の価値を減少させた。そこで，もはや実現され得ない優先権と，証明の困難な所有権に基づく返還請求権の間で，所有権留保が浮かびあがってきた。それは，解除条件的構成ではなく，売主の保証利益に有利な停止条件的構成の，いわば「真正な所有権留保」であった。19世紀の始めの10年間に，この所有権留保は停止条件付売買として普通法の領域においてさかんに用いられるようになった。[187]それでも停止条件的構成においては，売主は条件成就まで価格の危険（Preisgefahr）を負担しなければならなかった。この点がロー

---

184) プロイセン一般ラント法，第1部第11章　売買行為について，261条「一定の場合に，売買を解除することが条件付けられたときには，目的物の所有権は引渡しによって買主に移転する」。262条「条件成就後でも，所有権が売主に戻るためには，その物の新たな引渡しを要する」。

185) Glück, aaO. 16 Theil (1814) §1010, S. 296f. によれば，多数説は物権的解除を verba directa によって定義し，債権的解除をverba obliqua によって定義づけた。Vgl. U. Wesel, Zur dinglichen Wirkung der Rücktrittsvorbehalte des römischen Kaufs, Zeitschrift der Savigny-Stiftung für Rechtsgeschichte, romanistische Abteilung 85 (1968) S. 97f.

186) Schiemann, aaO. S. 84.

187) Vgl. Cohen, Grünhuts Zeitschrift 21, S. 722ff., Seuffert's Archiv für Entscheidungen der obersten Gerichte in den deutschen Staaten, 25. S. 363 によれば，Oldenburger Oberappellationsgericht は1869年に実務においては停止条件的構成が定着していると確定している。

マの古典期の学者達に解除条件を選ばせた理由であったが，普通法の学者の中には売買契約自体は条件にかからず，ただその実行（Vollzug）だけが，代金支払いという条件の下に置かれていると説明することで，この障碍を克服しようとする者が現れた。

しかし，ローマ法の現代的慣用の中で一般に承認されていた適法原因に基づく（kausal）所有権移転の理論の下で，どのようにして停止条件的構成が是認され得るのかは不明であった。それは，解除条件的構成において，物権的効力と債権的効力の区別が不明確であったのと同じであった。

いずれにせよ，普通法において，停止条件的構成は，売主を買主の転譲渡から保護し得たし，買主破産の場合にも売主に有利であった。誰も，停止条件的構成において譲渡人に物的効力があることを疑わなかったからである。これに対し解除条件的構成においては常に物的復帰をめぐって争いが残っていた。ただ，停止条件的構成においては，同時に買主にとっても，売主の中間処分から保護される必要があった。もちろん，それが起こり得るのは，売主に占有が残っている場合である。そこで，このような利益状況に合致するものとして，条件成就によって所有権が買主に遡及的に帰属するという考え方が台頭してきた。この時までは，条件成就による所有権の遡及的取得を認める考え方が，ほとんどなかったにもかかわらず，その後，サヴィニーの「今日のローマ法体系」第3巻（1840年）が現れるまでの間に，多くの学者達が中間処分の排除のために，さかんに遡及効を主張するようになった。

(1) プロイセン法における理論

実務において，停止条件が第三者に対してどのような効力を持つかが問題にされるようになったのに対応して，プロイセン一般ラント法（以下ALRと呼ぶ）の下においても，それが中心的な論争点の1つとなってきた。ボルネマンは，ALR第1部第4章103条から，条件付譲渡人が中間処分をした場合に，

---

188) Vgl. Wieacker, lex commissoria, S. 31f.
189) Vgl. Glück, aaO. 16 Theil §1000, S. 232f. そこではFn. 54 で Lauterbach や Stryck の名があげられている。
190) Vgl. Schiemann, aaO. S. 85f.

条件付権利者は条件成就の後で，譲渡人に対して損害賠償請求権を有するにすぎないと主張した。彼は，ローマ法および普通法においては条件が遡及効を持っていたので，条件付権利者が第三取得者から返還請求をすることができたと考え，ALRではその反対に条件が遡及しないとし，その証明として，売買法の各規定をあげている。そこでは，条件が第三者に対抗できるのは第三者が条件の存在を知っていたか，または条件が抵当登記簿に記載されていた場合だけであった。

　もっとも，ボルネマンがあげたALRの各規定は，物が買主に売られ，かつ引き渡されたことを前提にしているし，中間処分が有効であるためにも，物が第三者に引き渡されていなければならないものであった。なぜなら，プロイセン法においては，厳格な引渡し主義(Traditionprinzip)が行われていたからである。しかも，プロイセン法は，一般に着意取得を認めていなかった。従って，実際上は第1の買い主が解除条件付所有権者であった。それ故に，ボルネマンが行った普通法における停止条件付売買とALRにおける条件付売買との比較は，適切とは言えない。

　ボルネマンは，普通法における停止条件付売買において，条件付買主が第三者に優先する根拠を遡及効に置いたが，ローマ法の解除条件における譲渡人の返還請求の根拠にも，権原(titulus)の脱落ではなく，遡及効を置いた。従って，彼にあっては，停止条件においても，解除条件においても，条件成

---

191) Wilhelm Bornemann (1798-1864) ALR研究の大家。1848年3月以降プロイセンの法務大臣。
192) プロイセン一般ラント法，第1部第4章103条「条件付義務者は，中間期間において相手方に与えられることになっている権利を害してはならない」。
193) Schiemann, aaO. S. 86. シーマンは注19で，Bornemann, Von Rechtsgeschäften (1824) をあげているが参照できなかったので，ボルネマンの説についての紹介はすべてシーマンによる。
194) プロイセン一般ラント法，第1部第11章264条「物が一定の条件の下で売られ，かつ引き渡された場合，この条件は，この物についての権利を取得した第三者に対して，彼がその条件を知っていて取得したことを証明できる限りにおいて対抗し得る」。
195) Schiemann, aaO. S. 87.
196) Schiemann, aaO. S. 88. 4節1の注7にあげてあるALRI 11 §§261, 262 からもうかがわれる。
197) Schiemann, aaO. S. 87.

就の遡及効が第三者に対する直接的な優越の論拠であった。この点における彼の理解は，それまでの普通法の学者の見解に比べるとかなりすっきりしたものとなっている。即ち，普通法においては，条件の遡及効によって条件付権利者に「物的権利」があるのに対し，プロイセン法では，遡及効が認められないために「人的権利」しか存しないと解したわけである。

プロイセン法による条件付法関係の本質について，別の考えを主張したのがビーリッツである。彼は，条件付契約により契約の対象たる債権および物権は契約締結とともに直ちに発生するが，ただ権利の実行だけが条件成就まで停止されていると主張した。彼は，この理論構成に基づいて，ALRにおいても条件の遡及効を主張したが，ALRのこのような理解は，既にボルネマンが述べたように正しいとは思われない。それ故，ALRの条件法の解釈においては，ビーリッツの寄与は大きくなかったと言える。

(2) 普通法における理論

普通法において，第三者に対する停止条件の効力をとりあげたのはゼルで，1839年に「条件付引渡しについて」という大著を公表した。イェーリンクは，この著作が条件についての図式的理解と実際上の法効果を結びつけていないと批判したが，サヴィニーはゼルを高く評価し，条件法の説明において何度も彼に言及した。

ゼルは，ローマ法の停止条件において，条件付法律行為によって未確定の状態が生じ，条件成就によって遡及的にそれが確定するとみた。しかし，普通法の説明においては，未確定（schwebend）の条件の効力と，成就した条件

---

198) Vgl. Glück, aaO. 16 Theil §1000, S. 232f.
199) G. A. Bielitz (1769-1841) ALRの最初の注釈者。
200) Schiemann, aaO. S. 88. そこでは Bielitz, Praktischer Kommentar zum allgemeinen Landrechte, 1. Bd, (1823) S. 485f. をあげているが参照できなかった。
201) Wilhelm Sell, (1804-1848) チューリッヒおよびギーセンで教授。
202) Über bedingte Traditionen, zugleich als Revision der Lehre von den Wirkungen der Bedingungen bei Verträgen im Allgemeinen, Zürich, (1839) 実物は参照できなかったので，以下のゼルの主張の内容はSchiemann, aaO. S. 90ff. による。
203) R. von Jhering, Vemischte Schriften juristischen Inhalts, Leipzig (1879), Neudruck Aalen, (1968) S. 47ff.
204) F. C. von Savigny, System des heutigen römischen Rechts Bd. III. Berlin (1840) S. 120.

の効力（遡及効）を区別し，未確定関係を法的に独立させた。彼は，所有権移転の条件付合意において，債権的側面と物権的側面を区別する。この債権的側面とは，所有権移転を原因づける債務関係のことではなく，特別な「引渡しの義務」を指し，現代的に言えば物権的合意（Einigung）を意味する。この引渡しの義務を強調することは，停止条件付合意において，条件成就前に一定の拘束を認めるためである。この拘束は，債務者に対し，条件付で約束された物を，売却，質入れしたり，地役権を設定することなどを禁じる。この禁止を破れば，条件成就が擬制されるとともに，損害賠償義務が生じるのである。[205]

これに対し，条件が成就すれば物権的側面，物権的効力が生じる。ゼルは，条件の本性（Natur）と推定上の当事者意思によって，条件成就の遡及効を基礎づけ，この遡及効が中間処分を無効にすると考えた。[206]

前述のように，既にボルネマンが，プロイセン法に対するものとして，普通法においては遡及効が中間処分の無効を基礎づけると考えていた。ゼルもボルネマンに従って，未確定の効力に基づく二次的請求権（損害賠償請求）と，遡及効に基づく中間処分の無効を明確に対立させたが，更に一歩すすんで，条件付引渡しと無因原則（Abstraktionsprinzip）との関連まで指摘した。[207] 無因である処分行為において，条件成就が遡及し，原因たる債権関係において「未確定の効力」が損害賠償を引き出すのである。

この物権的法律行為の承認によって，売買法に分離主義（Trennungsprinzip）[208] が持ち込まれたことは，大きな意味を持つ。それまでは，物権行為の独自性が認められなかったために，条件成就までの間における買主の危険負担を基礎づけるため，売買契約において，契約は無条件に成立するが，その実行だ

---

205) Sell, aaO. S. 90-100. これに対する批判は，Jhering, aaO. S. 51.
206) Sell, aaO. S. 86f., 102f., 157ff.
207) Sell, aaO. S. 8ff. 無因理論については，1840年にSavigny, System des heutigen römischen Rechts Bd. Ⅲ（§140, S. 312f.）の古典的説明が出ているが，ゼルは1823年のL. Warnkönig, Bemerkungen über den Begriff der justa causa bei der Tradition, AcP6 (2Aufl. 1831) S. 111ff. の無因的処分行為理論を引用している。
208) 義務負担行為と処分行為とを区別する考え方を指す。例えば，F. Baur, Lehrbuch des Sachenrechts, 8Aufl. 5Ⅳ 1S. 40.

けが条件の下に置かれているといった説明をしなければならなかった。

ただし，注意しなければならないのは，物権行為の無因性を認めることが，必ずしも条件付物権行為において遡及効と結びつくのではない点である。事実，無因原則を認めながら遡及効を否定する学者もいた[209]。更に，当時はまだ，条件付処分行為の「第三者効」が，条件法の主要な問題として意識されていなかったようである。だから，ローマ法の現代的慣用の時代によく議論された，条件未定の間の果実の帰属などが中心的に論じられた。そこでは，遡及効命題は，例外的または制限的に適用されたにすぎない。

このような状況のなかで，ゼルを支持するサヴィニーは遡及効原則に従い，果実は一般には最終的所有権に帰属すべきだが，同時に，個々の場合においては，常にあり得べき当事者意思を考慮すべき，という妥協的見解を主張した[210]。この見解には，実際のまたは推定上の当事者意思による遡及効の新たな根拠づけの方向がうかがわれるが，それがどこまで条件付処分行為の第三者効を基礎づけるかは，不明であった。

2　19世紀後半のパンデクテン法学

(1)　ヴィントシャイト

ヴィントシャイトは，1851年の「成就した条件の効力[211]」という論文で，遡及効問題をとりあげた。彼はこの問題を，債権行為，物権行為の区別なしに，更に，生存者間の行為，遺贈の間も区別せずに，一般的に扱った。即ち，条件の一般概念と，その論理的性質を追求したのである。

彼は，条件付法関係における諸問題を，条件付法律行為の当事者意思によってのみ，決定すべきであると主張する[212]。当事者意思は，既にゼルやサヴィ

---

209) Schiemann, aaO. S. 92 は A. Schweppe, Das Römische Privatrecht in seiner heutigen Anwendung, 4Aufl. Bd. 1 (1828) §119 をあげている。
210) Savigny, aaO. §120, S. 152.
211) B. Windscheid, Die Wirkung der Erfüllten Bedingung, Basel, 1851. その後 Gesammelte Reden und Abhandlungen, Leipzig, 1904, に再録。以下，引用はこの Gesammelte Reden und Abhandlungen から行う。
212) AaO. S. 127f.

ニーが遡及効の基礎づけのために強調していたが，ヴィントシャイトの言う当事者意思は，「現実の当事者意思」ではなく，それが法生活に現れるときに伴う「論理的―文法的表現形式」を指していた。そこで，条件付意思表示の意味を確定するためには，「Wenn，～であるならば」という表現形式の二重の意味を明らかにすればよいと考えた。[213] 当事者が用いる wenn は，条件的意味と時間的意味の２つを持ち得る。条件的意味とは，当事者の条件充足の希望が中心であり，条件成就が遡及効を生じさせることはその論理的帰結であり得る。時間的意味とは，法律行為の効力に始期を付けることであって，遡及効とは結びつかない。

この二重の意味のうちいずれを選択すべきかは，法的構成の可能性において優劣がつけがたい。そこで，彼は次のような方法を主張した。生活は，そのありのままの関係が単純にその法的現象形態に置きかえられることによって法的に認識され，従って，そこにおける法的問題の正しい決定は，その法的認識によって達成される。そして，ローマ法が，既にこの方法を用いていたが故に，ローマ法源を概念的に正しく認識することで十分であるとした。[214]

その結果，ヴィントシャイトは，ローマの法律家達が条件について期限に類似した時間的な理解を主張していたと考え，停止条件はどのような遡及効も持たないという結論に達した。[215] それでは，条件未定の間における条件付法律行為の効力は何によって根拠づけられるのか。彼は，条件付契約を締結するという当事者の意思表示によって債権的拘束が完全に生じ，この拘束がいかなる解除も許さないと説くことによって，条件付法律行為の締結により，通常直ちに当事者の「意思拘束」が発生すると主張した。[216] さらに，この拘束

---

213) AaO. S. 128.
214) AaO. S. 129.
215) AaO. S. 130ff.
216) AaO. S. 147, 151, 153ff.
217) G. Schiemann, Pendenz und Rückwirkung der Bedingung, S. 97は，ヴィントシャイトの条件の論理的説明に比べると，条件成就前の法効果についての説明が貧弱であることを指摘する。シーマンは，その原因として，ヴィントシャイトが依拠したローマ法源において，ローマの法律家達の頭を悩ましていたのが，理論的説明ではなく，具体的結論であったことをあげる。

は，条件付法関係の相続をも基礎づけるとしている。[217]

このヴィントシャイトの見解は条件付処分行為の説明において難点があった。彼は，条件付処分行為をした者は最初から拘束されており，いかなる意思行為によっても，すでに条件付でなされた権利の設定，または譲渡を妨げることはできないと述べたが，[218] 次の点には触れなかった。即ち，停止条件付処分をした者は，なお有効な処分を二重に行えるが，条件が成就すれば，後の処分は条件成就の時点で無効になる。その場合，なぜ「拘束」が第三者（後の処分行為による取得者）にもおよび得るのか，ということである。[219]

それでも，ヴィントシャイトは，条件付処分の問題において１つの前進をもたらした。彼は，D.23, 3, 9, 1とD.39, 5, 2, 5との間には，条件付引渡より生じる権利・義務の相続性をめぐって，本来解決され得ない矛盾が存在すること，およびそれ故に，その問題を法源に基づいて議論しても意味がないことを，明らかにした。[220]

第4節 **1** (2)の終わりで述べたように，19世紀の前半には，遡及効がなぜ第三者に効力を及ぼすのかは明らかでなかった。その中で，ヴィントシャイトが，遡及効は単純にローマ法源の命題として引き出され得るといった考えの誤りを証明し，遡及効を否定したことは大きな成果であった。しかし，そのために，今度はローマ法源からはなれて，条件の遡及効，および第三者効が問題にされることになった。たしかに，ドイツ民法典の立法者が，総則の第１草案（1887年）において，ヴィントシャイトに従って条件の遡及効を否定してから，この問題は対象を失ったかのようにみえる。しかし，条件の本質や，条件成就前の条件付法律行為の効力を探究することは，法律の規定ができたからといって余分なことにはならなかった。それは，その後の学説の発展によっても明らかである。

---

218) Windsched, aaO. S. 153f.
219) ヴィントシャイトが条件付処分にあまり触れなかった理由として，シーマンは，ヴィントシャイトが依拠していた学説彙纂に，条件付処分を取り扱った箇所があまりなく，しかも不明瞭であったことをあげている。Schiemann, aaO. S. 97.
220) Windscheid, aaO. S. 148 N. 1. 本章の第２節１参照。

(2) フィッティンク

ヴィントシャイトの論文の5年後に発表されたのがフィッティンクの[221]「遡及効概念について[222]」であった。彼は伝統的な理解における遡及効(Rückwirkung)が不自然な擬制であることを認め[223]、それに代わるものとして遡及効(Rückziehung)の本来の概念を追求し、それを当事者意思の結果ではなく、1つの固有の法則であると主張した。[224]

フィッティンクによれば、条件成就は条件付法律行為の効力を発生させるのではなく、条件付法律行為によって発生した諸権利を認識させるにすぎない。即ちRückziehungにおいては、後の事件によって、はじめて先行する事情の「本来の真の性質(Natur)」が明らかになり、決定される。[225]後の事件は、それまでの法的関係を支配していた不確かさを、取り除くのである。従って、フィッティンクの主張するRückziehungは、法律行為によって直ちに権利が発生する点において明らかに伝統的な遡及効とは異なっている。

フィッティンクもヴィントシャイトと同様に、多数のローマ法源の検討から結論を導き出そうとしたが、2つの点でヴィントシャイトと異なっていた。第1は、条件付意思表示における「wenn、~であるならば」という表現について、ヴィントシャイトはそれを時間的なものと理解したが、フィッティンクはそれを条件的なものと理解し[226]、ヴィントシャイトが遡及効をしりぞけたことに反対したことである。第2は、ヴィントシャイトが条件付法律行為の条件成就前の効力と、条件成就後の効力を別のものとしたことに対して、フィッティンクが、それらを一体的なものと主張したことである。[227]

伝統的遡及効においては、条件付法律行為の締結によってもまだ法的効力

---

221) Hermann Fitting, 1831-1918, ハレで教授。
222) H. Fitting, Über den Begriff der Rückziehung, 1856. フィッティンクは従来、Rückwirkungで表されてきた遡及効を、すべてRückziehungと言う言葉で表現している。
223) Fitting, aaO. S. 3.
224) AaO. S. 54 Fn. 85.
225) AaO. S. 6.
226) Fitting, Über den Begriff der Rückziehung, AcP39 (1856) S. 336f. insbes. S. 337 Fn. 57.
227) Fitting, Über den Begriff der Rückziehung, 1856. S. 102f., Vgl. A. Blomeyer, Studien zur Bedingungslehre, S. 6.

は生じず，条件成就によって，後に生じた法的効力がさかのぼる。フィッティンクの Rückziehung においては，停止条件付法律行為によって設定される権利が行為締結の時から存在する。ただ，それは不確定の状態にあり，後の事件によってはじめて確定され，認識される。[228] そこで，フィッティンクの主張するRückziehung は，その意味からすれば「遡及効」と訳すと誤解される可能性があるわけで，「条件付法律行為自体の効力」と言うべきであろう。

更にフィッティンクは，条件成就までの不確かな状態に，Rückziehung が妥当する場合と，前段階効（Vorwirkung）[229] が妥当する場合の2つがあるとした。彼によれば，Rückziehung も前段階効も，後の確定した事件によって，それまでの不確かな状態が確定した状態になる点で変わりがない。[230] しかし，Rückziehung の場合には，後の事件によって，ある者が実は最初から債権者とか所有権者であったということが確定するのに対し，前段階効の場合には，後の事件によって，その事件の時から，ある者が債権者とか所有権者になるのである。[231]

この前段階効において最も重要な問題は，将来の所有権（例えば条件付遺贈）の前段階効において，中間期間になされた条件付義務者による所有権の処分が有効か否かである。前段階効においては，Rückziehung がない以上，条件成就前の所有権者の処分は完全に有効である。ところが，条件が成就すると処分は無効になる。フィッティンクは，それを次のように説明する。所有権者が処分した物自体は，後に他人の所有権に移転する「胚芽Keim」を含んでいる。時間的に制限されている所有権（有期的所有権）においても，何人も自分が有する以上の権利を他人に譲渡することはできない。[232]

---

228) Fitting, aaO. S. 51, 62f.
229) AaO. S. 21ff.
230) AaO. S. 21f.
231) AaO. S. 22. フィッティンクは，前段階効の例として，用益権者の果実に対する権利，夫婦間の死亡による贈与，条件付遺贈などをあげている。AaO. S. 23. しかし，後には，これを生存者間の条件付法律行為全般に拡張した。
232) AaO. S. 65f., 68f.

このように，ヴィントシャイトが「意思の拘束」によって説明しようとし，しかも十分にとらえきれなかった問題を，フィッティンクは，「物の拘束」[233]によって理解し，大きな前進をもたらした。ただ，前段階効に，この物の拘束[234]を持ち込むことによって，前段階効とRückziehungの区別の必要性はなくなったのではないかと思われる。

(3) イェーリンク

イェーリンクは，ローマ法源の中に，要件事実の存在とその法的効力の発生は同時でなければならないという，同時性原則（Grundsatz der Simultanität）を見出した[235]。彼は，この原則に立って，古代法において生存者間に可能であったのは条件付債務だけで，条件付所有権譲渡は不可能であったと考えた[236]。

彼によれば，法的効力が生じるためには，まず要件事実の存在が前提とされる。条件付債務においては，この要件事実が一度に発生するのではなく，順次に生じるのである[237]。そこで，要件事実が条件成就によって完成し法律行為が完了することによって，はじめて同時性原則が妥当し，法律行為の効力が生じる。このような考え方を，イェーリンクは，法律行為の順次的発生（sukzessiven Entstehung des Rechtsgeschäfts）理論と呼んだ。

法律行為の完了までの中間段階における法的効力については，イェーリンクは2つの説明を行った。第1は，条件成就の遡及効が中間効を生じさせるというもので，ローマ人達にとって遡及効原理を全く使わないことは不可能であったと主張する[238]。だが，この説明は，あまり説得力があるとは思えないし，イェーリンク自身もその後それほど言及しなかった。第2は，第1の説明の6年後に公表されたもので，法的関係の平穏な展開における妨害的侵害の法的禁止命令によって基礎づけた[239]。即ち，生成中の権利が，既に物の拘束

---

233) AaO. S. 102f.
234) 彼の評価については，Vgl. Blomeyer, aaO. S. 6, Schiemann, aaO. S. 102.
235) R. von Jhering, Der Geist des römischen Rechts auf den verschiedenen Stufen seiner Entwicklung, Ⅲ Teil, 1 Abteilung, 1 Aufl. Leipzig, 1865, §53 Ⅱ 3S. 164ff. (6, 7Aufl. 1924, S. 174ff.) 以下Geist des römischen Rechtsと引用する。
236) Jhering, Geist des römischen Rechts Ⅲ 1, 6, 7Aufl. S. 174f.
237) Jhering, Geist des römischen Rechts Ⅲ 1 §53 Ⅱ 2 (1Aufl. S. 160., 6, 7Aufl. S. 170).
238) Jhering, Geist des römischen Rechts Ⅲ 1, 6, 7Aufl. S. 171.

(die Gebundenheit der Sache）という消極的効力（passive Wirkung）を持つと考えたのである。この第2の説明が，後の条件論に大きな影響を残した。

彼の考え方は，中間効と条件成就後の効力の一体化をめざすもので，その点では，フィッティンクと同じ方向をめざしている。イェーリンクは，以下のように権利の積極的効力（aktive Wirkung）と消極的効力を区別する。

「いずれは誰かある権利者の権利となるような法的地位」が積極的効力であり，「権利者のための権利の効果」が消極的効力である。このうち，積極的側面は，権利にとって一時的になしですますことができる。その場合，権利主体が「無傷の客観的な権利」状態に登場することを可能にし，また保証することは，消極的効力の課題である。[241] 権利の消極的効力によって，将来の権利者にとっては，「権利の寝床はあらかじめ敷かれており，誰も彼に先んじることはできないことが保証されている。そこは空席だが，すでに予約済みである」ことになる。換言すれば，消極的効力とは，「権利主体の存しない，物の権利状態[243]」であり，物の「拘束の状態[244]」であって，物自体の中に権利の胚芽が存するのである。[245]

イェーリンクの消極的効力論が，法律行為の各構成要件事実の効力を統一的に理解するためのものであることは明らかだが，これに対する疑問もあった。エンネクツェルスは，積極的効力なしの権利などというものは，「力なしの力の表示と同じく，原因なしの結果というもの[246]」と批判した。しかし，この批判はあまりにも古い効果観にとらわれているように思われる。[247] イェー

---

239) Jhering, Passive Wirkungen der Rechte, Jherings Jahrbücher für die Dogmatik des Bürgerlichen Rechts, 10 (1871) S. 387-586以下，Jhering, JhJb. 10. と引用する。
240) Jhering, Geist des römischen Rechts Ⅲ1, 1Aufl. S. 160 (6, 7Aufl. S. 170) では，この生成中の法律行為を胎児（nasciturus）になぞらえている。本章3節 **2** (3)参照。
241) Jhering, JhJb. 10, S. 398, 580.
242) Jhering, JhJb. 10, S. 395.
243) Jhering, JhJb. 10, S. 398.
244) Jhering, JhJb. 10, S. 391.
245) Jhering, JhJb. 10, S. 494.
246) L. Enneccerus, Rechtsgeschäft, Bedingung und Anfangstermin, Marburg, 1888/89, S. 413f.
247) Vgl. Blomeyer, aaO. S. 7.

リンクにとって重要なことは，従来の原因・結果の観念を観察することではなく，目的と手段との関係を明らかにすることにあった。[248]

イェーリンクに対する第2の疑問は，消極的効力が全体的権利に対して，どのような関係に立つのか明らかでないということである。拘束された将来の債務者と将来の債権者との関係，拘束された将来の所有権と将来の所有権者との関係は，たしかに十分には明らかにされていない。[249]

(4) 後期パンデクティスト

今までみてきた3人の見解は，ドイツ民法典成立までの，条件付法律行為に関するすべての論争の基礎を形成した。[250] その後の論争の中で，学説は大きく3つのグループに分かれる。第1は，基本的にフィッティンクの「遡及効」理論に従うものであり[251]，第2は，遡及効を否定するものであり[252]，第3は，遡及効を否定しながらも，条件成就前に一定の要件事実の効力を認めるものである。[253]

---

248) Jhering, JhJb. 10, S. 415, bes. S. 458.
249) Blomeyer, aaO. S. 7f. ブロマイヤーは，条件成就前・後の効力を一体的にとらえようとするイェーリンクの試みを高く評価しつつ，この点を指摘する。なお，イェーリンクの条件論に対して，シーマンは，イェーリンクの法的表現方法が自然的傾向を持つが故に，あいまいであって，ブロマイヤーは過大評価をしていると主張するが，Geist des römischen Rechts と異なり，Jhering, JhJb. 10 では，そのような批判はあたっていないと思われる。Vgl. Schiemann, aaO. S. 109.
250) Windscheid-Kipp, Lehrbuch des Pandektenrechts, 1Aufl., Bd1, 1862, §91 Note 1は，多数の学説が，おおむね条件成就の遡及効を認めるか否かで区別されると指摘する。
251) このグループに属する主要な学者と文献は以下のとおり。
　K. A. von Vangerow (1808-1870), Zeitschrift für das gesamte Handelsrecht, 2. (1859) S. 255ff., Lehrbuch der Pandekten, Bd. 1, 7Aufl., §95（bes. AnmⅡ 1 pr. 2pr.).
　A. Köppen (1822-1898), Der obligatorische Vertrag unter Abwesenden, JhJb. 11 (1871) S. 139-393.
　A. Brinz (1820-1887), Lehrbuch der Pandekten, 2 Abtheilung, 2Hälfte, (1869)；2Aufl. 4Bd., (1892) §§ 536-544.
　C. G. A. von Scheurl (1811-1893), Zur Lehre von den Nebenbestimmungen bei Rechtsgeschäften, Beiträge zur Bearbeitung des Römischen Rechts, 2Bd,. 2Heft, (1871).
　B. Dernburg (1829-1907), Pandekten, 1Bd., 1Aufl. (1884), 2Aufl. (1888) §§ 109-111.
252) この時代には，フィッティンクの遡及効理論が通説であったため，遡及効を正面から否定する者は少なかった。例えばF. Eisele (1837-1920) Das Dogma von der rückwirkenden Kraft der erfüllten Suspensivbedingung, AcP 50 (1867) S. 253-327.

第1,第2のグループの主張には別に新しい点は見当たらないが,第3のグループは,順次的要件事実実現の理論をもとに,遡及効を否定した点で注目される。その中で代表的なのはヴェントである。

　彼は,その効力が過去に向かって始まるような事件はあり得ないと主張する[254]。そして,イェーリンクが提唱した法関係の順次的発生理論に従って,条件付契約は未確定 (Pendenz) なものではなく,その締結によって既に完成し,条件成就は,従来から存在する法関係から,新しい法関係を引き出して発効させると主張する[255]。イェーリンクにおいては,順次的に発生する要件事実の効力と,遡及効の関係があいまいであったが,ヴェントにおいては遡及効を否定する点で明快である。しかし,イェーリンクにおいては,中間効と条件成就後の効力の一体化のために順次的発生理論が用いられたのに,ヴェントにおいては,内容的に全く異なった法効力の基礎付けのために用いられている点は不十分さが残っている。ヴェントは,条件付行為は無条件の法効力として「保証された請求権」を持ち[256],完成された法関係は,その時点から「無条件の行為の類型的効力」を有すると主張するが[257],そのいずれも,イェーリンクが見抜いたように,1つの法律行為から生じ,互いに関連する効力であることは否定できない。ただ,条件付法律行為において,その締結の時点から,各要件事実に基づく法効力が生じるとした点は重要であろう。

第5節　ドイツ民法典の成立における条件理論

1　ドイツ民法典までの動き

　19世紀の中頃におけるドイツの各ラントの民法典やその草案には,条件法

---

253) O. H. Wendt (1846-1911), Die Lehre vom bedingten Rechtsgeschäft (1872), Karlowa (1836-1904), Das Rechtsgeschäft und seinewirkung (1877), Neudruck (1968), F. Adickes (1846-1915), Zur Lehre von den Bedingungen nach römischem und heutigem Recht (1876).
254) Wendt, Die Lehre vom bedingten Rechtsgeschäft, S. 100, 115.
255) AaO. S. 4, 22, 65.
256) AaO. S. 21ff.
257) AaO. S. 100.

に関して2つの大きな特徴があった。1つは，それまでのように，ローマ法大全に出てくる各法形象を説明し体系化するのではなく，当時の社会的・経済的事情の下で，それまで伝統的に形成されてきた諸形象をどのように新しく構成するか，という目的意識である。もう1つは，ローマ法の現代的慣用において氾濫していた先取特権や無占有質権への反作用である[258]。この傾向は，特に信用売買法の形成において強く，信用を供与する売主の保証のために，解除条件についての普通法の見解，とりわけ lex commissoria の規律が，一般に選ばれた。ただ，そこでは，条件成就による売主への物権的復帰は排除され，特別な裁判上のまたは債権的な逆戻し（Rückabwicklung）だけが認められた。

　ヘッセン民法草案（1845年公布）の第2巻1章1節64条は，信用を与える売主のための所有権留保が，所有権移転の解除条件として妥当する，という法律上の推定を行っている。

ヘッセン民法草案第2巻1章1節64条　買主が，その反対給付を履行しないときには，売買目的物の所有権譲渡がなされなかったものとみなすという，売主の買主に対する債権の保証のための売買の副次的合意は，所有権移転の停止条件としてではなく，解除条件としてのみ妥当する。

　しかし，条件が成就しても，売主は，買主または第三者から，物を単純に返還請求できるのではなかった。同草案第2巻1章1節の65条・68条によれば，売主に認められていたのは，裁判官が指定した競売において換価する権利だけであった。ただ，最高競売価格が，売買代金債権の満足に十分でないときに，はじめて，売主自身が，裁判官の指図によって，物を自分のものにできた。これと同じ規律は，バイエルン民法草案（1861年）にも採用されている。

---

258) 本章第3節 **2** (4) 参照。

バイエルン民法草案第2部370条　売主が，売買代金債権の担保のために買主に対してなした売買目的物の所有権留保は，所有権譲渡に付加された解除条件とみなされるべきである。

同371条　買主がしかるべき時期に義務を果たさない場合には，売主は彼の債権の満足のために，買主が占有する目的物を，その付属物も含めて補助的執行（Hilfs-vollstreckung）の方法で，競売する権利を有する。また，売主の債権を満足させる競落の申し出がなければ，売主は物の取戻しを要求する権利を有する。取戻しの場合には，362条1・2項および368条2・3項が準用される。

同373条　動産の所有権留保は，第三者に対して効力を有しない。

1863年のザクセン民法典は，古いザクセン法に従い，所有権留保を単なる質権の留保とみなした。同時に，真正な所有権留保，即ち停止条件付所有権移転も認めていたが，債権担保の場合には，真正な所有権留保は許されなかった。

ザクセン民法292条　債権担保のための所有権留保は，質権留保とみなされるべきであり，その成立は，質権に適用される諸規定に従って，判断されるべきである。

債権担保以外の目的のための所有権留保は，疑わしい場合には，他人への所有権移転が停止条件にかかっているとみなされるべきである。

1866年のドレスデン債務法草案は，所有権留保自体に反対した。草案の466条によれば所有権留保は，売買目的物が引き渡されている場合に，単なる解除権留保とされた。目的物が売主のもとにとどまっている場合には，停止条件付合意が認められたが，それは，物の所有権と占有が一致している以上，当然であった。

ドレスデン債務法草案466条　買主が代金を支払わない場合のために，

売買に付加されている所有権留保は，目的物が買主に引き渡されているときには解除条件として，その他の場合には，停止条件として妥当する。前者の場合には，権利失効（Rechtverwirkung）の留保に関する規定が，後者の場合には，停止条件についての規定が準用される。

結局，19世紀中頃のドイツにおける所有権留保の法形成は，外見的には停止条件的構成をとる所有権留保の合意を，法政策的に質権類似の担保設定の合意，または解除権留保の合意とみなす方向にあったことがわかる。そのため，信用保証の分野が条件法自体を掘り下げることはなく，条件法は，もっぱら思弁的に形成されたと言える。[259]

スイスでは，ドイツと異なった道をたどった。1855年のチューリッヒ私法典債務法編は，解除権留保だけでなく，停止条件付所有権移転も含んでいた。[260]

チューリッヒ私法典1452条　　買主が特定の支払期間までに代金を支払わないときには，売買が成立しないという取決めは，疑わしい場合には，解除条件とみなされるべきである。

同1453条　　条件成就の場合には，売主はそれを利用して売買を解除（aufheben）できるし，またそうしないこともできる。

同1454条　　代金が支払われるまで，目的物の所有権を売主が留保する場合には，信用売買における所有権の移転が，それによって条件成就まで延期される。

同1455条　　代金が一定時期までに支払われない場合に目的物の所有権が売主に復帰するという留保は，譲渡された物の所有権が解除条件の成就によって直ちに売主に戻るという効果を生じさせず，不動産の場合には官庁の書面によって，動産の場合には引渡しによって，買主が目的物の所有

---

259) Vgl. G. Schiemann, Pendenz und Rückwirkung der Bedingung, S. 122.
260) 立法書のブルンシュリ（Bluntschli）は，ドイツで学んでおり，サヴィニーの影響を受けたといわれている。彼は，信用売買の領域において，当時のドイツ普通法の理論を法典化した。

権を売主に返還する義務を負うという効果を生じさせるにすぎない。

　このチューリッヒ私法典の規律は，その後のスイス法の発展に影響を与え，1864年のシャフハウゼン私法典は，ほとんどチューリッヒ私法典の文言に従っている。[261]

　このように，ドイツの各ラントが所有権留保に反対する法政策的立場をとったのに対し，スイスの各カントンの立法は，所有権留保を認めた。しかも，当時のスイスにおいては，占有引渡しのない質権設定も広く行われており，例えば，1833年のルツェルン民法は，364条で単なる証書の作成による質権設定（Einsatzung）を認めていた。しかし，スイスの連邦法も，やがて所有権留保を認めない方向に進んだ。1864年と1875年の連邦債務法の両草案は，[262] [263]まだ売買における所有権留保に言及しなかったが，1879年の草案になると，所有権留保が詳しく論議された。この草案は，動産の所有権に厳格な公示を要求し，217条で派生的（derivativ）所有権取得の要件として，占有の移転をかかげ，219条で，債権者の不利になるような占有改定と所有権留保を禁止した。それは，所有権留保が動産質の原則に反するという理由からであった。[264]

　ところが，1881年のスイス債務法では，占有移転を要件とする動産質の原則は採用されたが，所有権留保についての草案の規定は削除され，そのために，所有権留保と動産質の間に矛盾が残された。この矛盾は，1911年のスイス民法典715条によって解決される。そこでは，所有権留保が，特別の公的記録に登記された場合にのみ，許されるとされた。

　条件法の形成は，所有権留保におけるような社会的要請とは無関係に，もっぱら思弁的傾向が強かった。それでも各法律，草案は，学説と異なり極め

---

261) Privatrechtlichen Gesetzbuch für den Kanton Schafhausen, §§ 1383-1386.
262) Der Entwurf für ein Handels-und Wechselrecht von Munzinger.
263) この草案には，次のような一般的規定が置かれただけであった。202条　特定の動産を譲渡しようとする法律行為は，物の引渡しや代金の支払いを必要としないで，直ちに所有権を移転させる。当事者の意思によって，所有権が後の時点ではじめて移転される場合は別である。Vgl. H. Oser, Eigentumsvorbehalt und Abzahlungsgeschäft, Zeitschrift für Schweizerisches Recht, neue Folge, Bd. 24, (1905) S. 465 Fn. 19.
264) Vgl. Oser, aaO. S. 465f.

て実際的な規律を置いており，その中で遡及効に対して，多様な態度がとられた。

　ヘッセン民法草案第1巻2章103条1項　条件の成就は，法律上，条件付契約の締結された日まで遡及する。
　バイエルン民法草案39条2項　ある行為からの権利取得に関して，あたかもその行為が最初から無条件で締結されたかのようにみなされ得るためには，締結の時に，その他のすべての権利取得の要件が備わっていることを要す。
　ザクセン民法112条　法律行為をした者の意図から他のことが推察されない限り，停止条件の成就は，法律行為が成就の時から完了するという効力を持ち，解除条件の成就は，法律行為が将来に向かって解消する (aufheben) という効力を持つ。
　ドレスデン債務法草案95条　契約内容，または周囲の事情から，法関係が以前の時点から始まるべきという契約締結者の意図が明らかでない限り，停止条件が成就すれば，合意された法関係は成就の時点から開始する。

　以上の法典，草案の中で最も重要なのは，ザクセン民法であり，ドレスデン債務法草案もザクセン民法に従ったものである。ザクセンの立法者は，遡及効が条件法にとって実際的でないことを知っていた。同時に，中間効の基礎づけにも不要であると考え，契約当事者は条件付法律行為の締結とともに直ちに義務を負うと説明した。ザクセン民法の内容を簡単に紹介すると，行為締結後は，いかなる当事者も条件付契約の目的に反する行為を行ってはならない (871条)。条件付権利者が，不動産に対する条件付権利に基づいて権利保全 (Verwahrung) を登記すれば，第三者に対抗できる (143条・224条)。条件付債権，債務は相続可能であり (889条)，条件付債権の譲渡 (964条)，条件付債権のための質権設定 (370条) も認められる。条件付権利者は，将来の権利を保証する請求権を持ち (871条)，彼の行った処分は，条件成就とともに有効になる。

ドレスデン債務法草案も，ザクセン民法に従い，条件付義務者は条件付権利を侵害するような行為をしてはならないと規定し (98条)，条件付法関係を債権的なものとした。そして，これらのザクセン民法，ドレスデン債務法草案が，ドイツ民法典 (BGB) の立法者に大きな影響を与えた。[265]

スイスも同じ方向に進んだ。1855年のチューリッヒ私法典では，まだ遡及効を認めており，その他の点でも説明不足であった。

チューリッヒ私法典977条　その下で契約が締結されたところの条件が成就すれば，通常，法律行為はあたかも最初から無条件であったかのように，有効なものとして取り扱われる。

1881年のスイス債務法になると，条件について，はじめて詳しい規定が置かれ，原則として遡及効が否定された。

スイス債務法171条（現行151条）　その成立が不確かな事実にかからしめられている義務は，条件付義務である。当事者の意図が別なものでない限り，効力の開始にとって，条件成就の時点が基準となる。
同172条（現行152条）　条件未定の間，条件付義務者は適切な義務の履行を妨げる行為をしてはならない。条件付権利者は，彼の権利の危殆の場合に，無条件の債権におけると同様，その権利の保証措置を要求する権利を有す。[266]

2　ドイツ民法第1草案

パンデクテン法学の体系と先行する諸立法に従って作成されたドイツ民法（以下BGBと呼ぶ）の第1読会草案（以下第1草案と呼ぶ）は，条件について13カ

---

265) ドレスデン債務法草案のBGBに対する影響については，ヴィーアッカー・前掲注95)書558頁以下参照。
266) Schiemann, aaO. S. 188 によれば，この172条は第3文があったようであるが，見つけ出せなかった。

条，期限について3カ条の詳細な条文を設けていた。最大の特徴は遡及効を否定したことである（128条）。[267]

　第1委員会は，条件法において統一的な解決を保証するために原則的な規定が必要であると考えた。そして審議の結果，遡及効を否定した。この態度決定に影響を与えたのは，ヴィントシャイト[269]とBGBに先行する各立法者達の作業であった。[268] 第1草案は，もちろん130条で当事者間の合意による債権的に制限された遡及効を認めているが，実際に重要なのは物権的遡及効を否定していることである。[270] 第1委員会が物権的遡及効を必要としなかったのは，条件にかかる法状態の侵害を禁止すれば，条件付権利者が十分に保護されると考えたからである。[271] しかも，物権的遡及効を認めれば，条件付権利者の保護という目的以上のところにすすんでしまうと考えた。即ち，遡及効は条件付の権利に対する条件付権利者にとって不利な処分だけでなく，有利な処分も無効にしてしまうからである。このような条件付権利に対する第1委員会の考え方を草案の条文ごとにみてみよう。

第1草案132条　　条件付権利・義務は無条件の権利・義務に妥当する諸規定に従って相続される。

　第1委員会は，条件の成否未定の間における「条件付権利・義務」が，条件成就によって作り出される権利・義務と内容上どのような共通点を持つのか疑問であると認めながらも，「条件付権利・義務」という用語を選んだ。[272]

---

267) 第1草案128条　法律行為に停止条件が付加されている場合には，条件にかからしめられた法的効力は，条件成就の時から開始する。
268) Vgl. Motive, Bd. 1, S. 252.
269) Vgl. Planck, Deutscher Juristentag (1909) Sp. 951-954, Erik Wolf, Große Rechtsdenker, 4 Aufl. S. 613.
270) 第1草案130条　法的効力の開始または終了が以前の時点に遡及させられるべきであるということが，法律行為の内容から明らかな場合には，条件が成就すれば当事者は，法律行為の法的効力があたかも既に以前の時点から開始しまたは終了していたかのように互いに権利を有し義務を負う。
271) Motive, Bd. 1, S. 252.
272) Motive, Bd. 1, S. 255f.

そして，この条件付権利・義務を「権利の見過ごすことのできない見込み」とか「拘束」と呼んでいる。このような留保にもかかわらず，相続によるこの条件付権利・義務の取得は「無条件の権利・義務に妥当する諸規定に従って」なされるべきであるとして，条件付権利・義務と無条件の権利・義務の間になにか内容上の共通点があるようにみなした。更に，第1草案には相続に関する規定しか置かれなかったが，生存者間における譲渡については，無条件の権利が譲渡され得るように条件付権利も譲渡され得るのは当然であると考えられた。ここで我々にとって興味があるのは，この1887年に公開されたBGBの第1草案が，日本の民法の立法者に与えた影響である。1894年（明治27年）から始められた法典調査会の調査委員会における起草委員会案（民法修正原案）にその影響が現れている。起草委員会案129条は，「条件付権利義務は無条件の権利義務に関する規定に従い之を処分，相続，保存または担保することを得」と述べて，条件に関する規定がBGB第1草案の強い影響のもとに作られたことを示している。

第1草案の133条は，条件付義務者が破産した場合に，条件付権利者に担保（Sicherheitsleistung）の請求を認め，仮差押え・仮処分申請の権利を与えている。担保請求権は，条件付権利書が仮差押え・促処分を申請することが可能である場合に認められる。従って133条は，条件付権利が現在の財産的価値を有するとみなされるほど十分なものである場合に，はじめて担保請求を認めるのである。

第1草案134条　条件付義務者が条件未定の間に，故意または過失によって条件にかかる権利を侵害した場合には，条件が成就すれば，侵害によって権利者に生じた損害の賠償の責を負う。義務者が責を負うべき過失とは，法律行為によって生じた法関係によって決定される。

第1草案135条　ある条件の下で，権利が譲渡もしくは廃棄されたり，権利もしくは物が負担付けられた場合に，条件未定の間に条件付義務者ま

---

273) Motive, Bd. 1, S. 256.
274) この条文をめぐる調査委員会の議論については，本章第1節(2)参照。

たはこの者に対してなされた強制執行もしくは仮差押えによって，この権利もしくは物が処分されたとき，条件成就によって始まる法的効力を侵害する限りにおいて，この処分は条件成就により無効となる。（この場合に）非権利者からその権利を継承する者のための規定は準用される。

　この2つの条文は，条件の成否未定の間における条件付権利の保護のためのものであり，事実上の処分に対しては134条が，法的処分に対しては135条があてはまると考えられた。事実上の処分として第1委員会が念頭に置いていたのは，条件付債務の客体である物の滅失・毀損であった[275]。また，中間処分が後で無効となる理由として，第1委員会は条件付法律行為より生じた拘束が義務者の処分権を制限すると考えた[276]。このように，遡及効を否定しつつ，条件未定の間における条件付権利者の保護をはかろうとする方向は，既に述べたザクセン民法からの流れであるが，注意しなければならないのは，ザクセン民法では中間処分に対する条件付権利者の保護として認められていたのが損害賠償請求権にとどまっていた（ザクセン民法871条）のに対し，BGBでは中間処分自体を無効としたことである。第1委員会は，条件付法関係をザクセン民法やドレスデン債務法草案のように単に債権的なものとするのではなく，一定の限度において物権的効力を認めた。即ち，条件付法律行為によって目的とされた権利は縮小され得ないのである[277]。

　BGBの第1草案においては，ザクセン民法やドレスデン債務法草案と異なって，中間期間における果実が誰に帰属すべきかという問題に対する規律が存在しなかった。草案の起草者達は，この問題の決定を契約当事者達の合意に委ねた[278]。第1委員会の討議のもとになった予備草案の総則部分の起草者であるゲープハルト Gebhard も，果実の分配は債権的問題であって所有権の規律に属するものではないとみていた。それでも彼は，疑わしい場合には最

---

275) Motive, Bd. 1, S. 258f.
276) Vgl. Motive, Bd. 1, S. 260f.
277) Motive, Bd. 1, S. 261.
278) Motive, Bd. 1, S. 254f.

終的な所有権者に属するという規定を置いていたが，第1委員会はこれを不要とみた。[279]

　第1草案の条件法に対して寄せられた批判は，大部分が形式的な事柄に関するものであり，内容面ではほとんどが賛成であった。とりわけ，物権的遡及効の否定は歓迎された。[280] シーマンによれば，ギールケ，ヘルダー，シリンク等の学者は，BGBの条件法の規定を理論にこだわりすぎると見たようであるし，マイヤーはBGBの文章が難解で理解しにくく，しかも不必要であると考えたようである。[281] しかし，このような批判意見は全体としては少数であった。

　132条の相続の規定は強く批判された。[282] ゴールトシュミットは，条件付権利と無条件の権利の類似性を強調することは誤解を招くと主張し，[283] マイヤーは，条件付権利が相続されると規定しても，条件付権利が重要な役を果たす遺贈の場合には妥当しない（遺言者の死亡以前に受遺者が死亡したときは遺贈は効力を生じない）以上，行き過ぎであると批判した。[284] 133条の担保請求権ならびに仮処分の認可の規律は，多数の学者によって破産法および訴訟法の中に移されるべきとされた。[285] これらに対し，134条および135条の条件付権利の保護についての規律は，ほとんどの学者によって賛成を得た。[286]

　以上の第1草案における条件法に対して，実質的な批判を与えたのは，売買における所有権留保の規律の問題であった。第1草案は，所有権留保売買

---

279) Gebhard, Vorentwurf, §135Abs. 2.
280) Vgl. Zusammenstellung der gutachtlichen Äußerungen, Bd. 1, S. 200, Bd. 6, S. 169.
281) G. Schiemann, S. 132, Otto v. Gierke, Der Entwurf eines Bürgerlichen Gesetzbuchs, S. 171f., Hölder, AcP 73 (1888) S. 128, Schilling, Aphorismen zu dem Entwurf eines Bürgerlichen Gesetzbuchs für das Deutsche Reich, S. 53, F. Meyer, in：Gutachten aus dem Anwaltsstande, S. 937, 943.
282) Schiemann, aaO. S. 132 によれば，132条の削除を主張したのは，L. Goldschmidt, Kritisehe Erörterungen zum Entwurfe, S. 73, S. Jocoby, Annalen für Gesetzgebung (1889) S. 694 Note 4, Zitelmann, Die Rechtsgeschäfte im Entwurf, S. 131.
283) L. Goldschmidt, aaO.
284) F. Meyer, in：Gutachten aus dem Anwaltsstande, S. 941.
285) Vgl. Zusammenstellung der gutachtlichen Äußerungen, Bd. 1, S. 202.
286) Schiemann, aaO. S. 132f.

について多くの問題を残していた。起草者は物権契約においても法上当然に有効な条件を認めていたが，それにもかかわらず，停止条件付所有権移転が売買において引き起こす法的紛争に対処する手段を用意しておかなかった。

　普通法の領域において，長い間，実務は所有権留保売買を停止条件付所有権移転で構成してきた。それでも，所有権留保売買の法的効果をめぐっては，争いが続いていたため，既に1851年以前から契約において買主は所有者でないという明示の合意が行われるようになっていた。[287]また判例においても，所有権留保売買は事実上，停止条件付所有権移転を内容としていることが何度も確認された。[288]そして，このような法的構成から生じる利益衝突をうまく処理する方法も考え出されていた。例えば売主の過剰保証を避けるためにオルデンブルク上級控訴院は1869年の判決で，「目的論的縮少 teleologischen Reduktion」を主張した。[289]そこでは所有権留保の意味が質権類似の担保にあることから，留保所有権者の取戻権は未回収の債権額の部分に限定され，取り戻した物の価額が残代金を超える場合には，その超過額を返還せねばならないとされた。

　19世紀には，所有権留保売買のような合意の必要が増大しており，所有権留保契約が法律上，債権的解除権に制限されていたところでも例外ではなかった。そこで法律上の制約を回避するためにザクセンでは，割賦払い売買は賃貸借契約の形をとっていたし，プロイセンでは「家具賃貸借契約 Möbelleihvertrag」などの形をとっていた。[290]所有権留保に関する草案の規定に対する批判の中には，このように現実に用いられている法形式を認めるのではなく，経済的弱者を救済するための規律を設けるべきとするものがあった。「ドレスデンの貧困者・乏食に対する協会 Vereins gegen Armennot

---

[287] Vgl. OAG Dresden v. 5. 3. 1851, Seuff Arch. 6 Nr. 147 ; OAG Celle 1839, Seuff Arch. 1Nr. 188 ; OAG München v. 13. 9. 1848, Seuff Arch. 2 Nr. 10 ; RG v. 24. 4. 1883 RGZ 9, 169 ; RG v. 30. 9. 1885 RGZ 14, 260.

[288] Vgl. OAG Lübeck v. 31. 1. 1851, Seuff Arch. 7 Nr. 151.

[289] Seuff Arch. 25 Nr. 241-243. ここには所有権留保についての文献と判例の詳細な一覧が記されている。

[290] G. Schiemann, aaO. S. 134.

und Bettelei zu Dresden」の理事が，営業警察の取締りで十分であると主張
したのに対し，ケムニッツの商業会議所 Handelskammer Chemnitz は，割
賦払いを用いた契約による高利貸的搾取を規制する規定をBGBの中に設けよ
と提案した。

　他にも，所有権留保を禁止し動産抵当を許容することにより，法的取引を
明確化し経済的弱者を保護すべきであるという意見が出された。ハッヒェン
ブルク Hachenburg は買主を二重の損失から保護するために，ある強行規
定を提案した。それは，所有権留保の主張は契約の解除となり，売主は既に
受け取った部分の売買代金を返還する義務を負うというものであった。以上
の提案にみられるように，経済的に弱い立場にあった割賦買主の保護という
問題は，80年代の末には緊急のものとなり，ドイツ法律家大会 Deutsche
Juristentag 21および22会議では，この問題がとりあげられた。その結果，
ライヒの立法者は割賦制度の濫用を規制するために特別法を設けることに決
定し，その草案は1892年12月23日にライヒ議会に送られ，1894年6月4日に
施行された。BGB第1草案の留保売買をめぐって議論された社会的問題は，
これによって少なくとも部分的にはBGB成立以前に解決された。

3　ドイツ民法第2草案

　第2委員会も，既に確定していた所有権留保の下での売買の慣行を変更し
ようとしなかった。そこで第1草案の中の試味売買と再売買の規定の間に，
475条aとして所有権留保の下での売買についての規定が挿入された。この規

---

291) Schriften des deutschen Vereins für Armenpflage, Heft 8 (1889) S. 76.
292) 1889年12月20日のケムニッツ商業営業会議所，委員会報告，Zusammenstellung der gutachtlichen Äußerungen, Bd. 6, S. 371.
293) Vgl. Bähr, Kritische Vierteljahrsschrift für Gesetzgebung und Rechtswissenschaft. Bd. 32 (1890) S. 370ff., Zusammenstellung der gutachtlichen Äußerungen, Bd. 6, S. 585.
294) Gutachten aus dem Anwaltsstande, S. 147. この考え方は英米法のコモン・ローの原則を思い出させる。第5章参照。
295) Vgl. Verhandlungen des 21 DJT (1891) Bd. 2 mit Gutachten von Ph. Heck S. 131ff., Verhandlungen des 22DJT (1892) Bd. 1, S. 265ff.
296) RGB 1. S. 450, Vgl. Lazarus, Das Recht des Abzahlungsgeschäftes, S.12-26.

定は第2読会草案（以下第2草案と呼ぶ）の編纂過程において394条として体系化され，当初のBGBの455条の文言となり，その後2002年1月に施行された「債務法の現代化」によって449条となった。第2委員会は，この種の紛争が実際に頻繁に生じることから明文の規律を必要と考えたのである。[297] 契約当事者間における欠陥の多い合意については，この明文の規定によって排除されるべきとされた。[298] このような目的のためには債権的解除権を規定するだけで十分であるとする提案はしりぞけられた。第2草案の趣旨は，条件付所有権移転は可能であり留保売買については物権的効力を認める必要があるというものであった。

停止条件付譲渡を必要とする点についての第2委員会の説明をみると，社会的事実関係に対する一種の諦めがうかがわれる。第2委員会は特にザクセンの経験に基づいて，もし売主に彼の利益のために法律上所有権を認めなければ，「取引」というものはいずれ逃げ道を見出すであろうと考えた。[299] それに第2草案の規定は経済的に弱い立場にある買主に，少なくとも所有権取得の見込みを与えるものであるし，また売主が代金完済まで所有権を維持することは，売主の正当な要求でもあるとみた。[300] ただこの第2委員会でさえも，所有権留保が大きな役割を果たしている商人間の信用取引においては，所有権留保が破産手続を回避する手段になってしまうから，破産においては所有権留保の主張は禁じられるとしている。以上の第2委員会の立場は，経済的弱者保護の必要を認めながらも，客観的には売主の側に片寄っているように思われる。わが国では19世紀の末にはまだ所有権留保売買があまり用いられていなかったようであるが，現在では自動車，建設機械等に頻繁に用いられるようになっている。そして，その所有権留保売買の法的構成をめぐって，最近さまざまな主張がなされているなかで，買主保護の立場を明らかにしながら留保売主の権利を動産抵当として扱おうとする有力な提案も出されてい

---

297) Protokolle, Bd. 2, S. 1759 (amtl. Ausg. S. 80f.).
298) Protokolle, Bd. 2, S. 1755f. (amtl. Ausg. S. 78f.).
299) Protokolle, Bd. 2, S. 1760 (amtl. Ausg. S. 81).
300) AaO. (Fn. 90).

る。このような提案が，ドイツでは，立法者によって採用こそされなかったが，既に19世紀の末には前述のように出されていた。

　留保売買に対する規律が総則における条件法にどのような影響を与えたかは，第2委員会の審議の中では明らかでない。条件法については，第1草案は若干の条文を削除され，文章表現が簡素化されたにすぎない。条件の不成就（第1草案131条）と不真正条件の概念的定義（第1草案137条・140条）はあまりにも空論的であるとして削除された。停止条件と解除条件はすべて各条文において対置された。

　第1草案に対する批判に答えるために実体的な規定を改善するにあたっては，第2委員会は苦労したようである。担保請求権および未確定期間中の仮差押え・仮処分の認可（第1草案133条・137条）については，BGBから除かれ手続法に移すのが正当とされた（ドイツ民事訴訟法ZPO796条，ドイツ破産法KO60条・142条・144条・158条）。条件付権利の相続に関する規定（第1草案132条）も削除された。この規定は，譲渡可能性，差押え可能性等の規律が同時に置かれなければ，誤解を招きやすいとみなされたのである。この点では，これらを含めて明文化した日本の民法129条と極めて対照的である。

　しかし，他方で第2委員会が次の点から出発していたことは明確であった。それは，条件付法律行為の締結の時から，条件成就までの間に，ある「期待Anwartschaft」が存在し，それは既に財産的価値を有していて，譲渡，相続が可能ということである。この「期待」という表現を用いることにより，第2委員会は用心深く「見込みAussicht」とか，「拘束Gebundenheit」とか呼んでいたそれまでの先行者達よりも，一層明確な「期待観念」を採用した。この点でも，第2委員会はより実務に近い立場をとっていた。即ち，学説がいつまでも条件の成否未定の間の条件付権利者の地位について満足のいく構成を見出せないなかで，第2委員会は実務に従って権利と内容的に同じもの

---

301) Protokolle, S. 366-368 (Bd. 1, S. 181-183).
302) Protokolle, Bd. 1, S. 181.
303) AaO. (Fn. 93).
304) Vgl. Motive, Bd. 1, S. 255f.

である「期待」を承認したわけである。しかし，この期待がどのようにして譲渡されるべきかは議案書（Protokolle）からは明らかでない。そこで，すべての処分および譲渡について第2委員会は第1草案の見解に従っていたと考えるしかない。つまり，譲渡は，「無条件の権利・義務に妥当する諸規定に従って」なされ得ると。

中間処分に対する損害賠償義務および中間処分の無効についての規定は，本質的に変更されなかった。第1草案が，個々の場合に過失とみなされるそれぞれの行為を指定したことは余分なこととみなされた[305]。BGB 161条となった第1草案135条については，内容的にはそのまま認められたが，大きな問題が残された。第1に，停止条件の効力は条件成就によってはじめて開始するとしながら，なぜ中間処分の効力が物権的に無効となるのかということであり，この点をめぐってその後のドイツの学説において「期待権」に関する論争が続けられることになった。第2に，中間処分について重要な場合が欠けていた。即ち，条件付売買においては通常は売られた目的物は買主に引き渡され，その結果，売主は買主の負担において物を処分することがほとんどできない。従って逆に，中間期間において停止条件付所有権者である買主が処分する場合の方が実際には起こり得るのであるが，それをどう判断するかについては立法者は述べていないのである。

以上のような過程を経て，現在のBGBにおける条件法が成立した。残された問題点をめぐっては，その後の学説によって重要な検討がなされ，所有権留保売買について重要な判例も出されている。これらについては，第**3**章，および第**4**章で述べる。

---

305) Protokolle, Bd. 1, S. 184.

第3章　日本とドイツの条件理論の比較

　本章は，内容的に，第2章と重なる部分があるが，日本とドイツの近代から現在にかけての条件法の規定と学説に重点をしぼって論じたものである。

第1節　はじめに

　法律行為の成立と効力の発生とは別のものであって，効力発生のためは有効要件を備えなければならない。従って，法律行為がなされたからといって，一般に直ちにその効力が発生するわけではなく，時間的な隔たりが存在し得る[1]。その代表的なものが，条件・期限の付けられた場合である。

　日本の民法は，法律行為の当事者が法律行為に条件・期限を付したときは，条件の成就，または期限の到来が，その効力発生要件になると規定する（127条・135条）。この規定は，ローマ法からの沿革や諸外国の法典，草案を参考にして作られ，なかでも，ドイツ民法（以下ではBGBと表す）第1草案，第2草案から強い影響を受けた[2]。そこで，日本民法とBGBの条件法の異同を押さえたうえで，その前後の学説の発展をみることにする。その際，注意しなければならないのは，日本では最近になって，条件法や期待権が問題にされる場合として所有権留保売買が浮かびあがってきたが[3]，ドイツでは既に19世紀

---

1) 於保不二雄『財産管理権論序説』298頁以下は，このような成立要件と有効要件の区別は，イェーリンクが法律行為の Sukzessive Entstehung を唱えて以来，認められているとする。
2) 起草にあたった穂積陳重委員は，ローマ法においては遡及効が存在しなかったという現在の通説を既に知っていた。法典調査会民法議事速記録3巻6回，法務図書館版1巻262頁（以下，速記録3巻6回－1巻262頁と略記）以下。
3) 所有権留保に関する日本の学説については，新田宗吉「所有権留保における法律関係」上智法学論集20巻1・2号に詳しい。

から所有権留保の規律が条件法の中心課題であって，BGBにも規定（現449条，旧455条，第2草案394条）が置かれたことである。ドイツの立法者は，条件法の立法にあたって，信用売買の規律をどのように形成すればよいかということを常に念頭に置いていた。以下の叙述は，もっぱら停止条件についてである。

第2節　日本民法典とBGBにおける条件法の比較

　条件法の規律を形成する際に，日本の立法者はBGBの第1草案，第2草案（以下，EI，EIIと表す）を参考にし，内容だけでなく文言上でもかなり従った。例えば，民法129条は，法典調査会の調査委員会に出された起草委員原案では，「条件付権利・義務は無条件の権利・義務に関する規定に従い，これを処分，相続，保存又は担保することを得」であったが，BGB，EI132条では「条件付権利・義務は，無条件の権利・義務に妥当する諸規定に従って，相続されうる」であった。このように，日本の立法者は，BGBの条件法から強い影響を受けていた。

　条件付法律行為の効力は，条件成就によって開始する（民法127条1・2項，BGB，EI128条・129条，EII128条，現行BGB158条）。条件付義務者は，条件にかかる権利を侵害してはならず，侵害すれば損害賠償義務が生じる（民法128条，EI134条，EII130条，BGB160条）。条件成就前の当事者の権利・義務は，処分，相続，保存，担保が可能である（民法129条，EI132条・133条）。当事者が条件成就

---

4) BGB449条1項　動産の売主が所有権を売買代金の支払いまで留保したときは，疑わしい場合には，所有権の移転は，完全な売買代金の支払いという停止条件の下になされたものと認められる。

　同条2項　売主は，所有権留保に基づき，売主が契約を解除した場合にのみ，物の返還を請求できる。

　同条3項　所有権留保の合意は，所有権の移転が，買主が第三者，とりわけ売主と提携した事業者の請求権を履行することに依存させられている限り，無効である。

5) Vgl. Protokolle zu dem Entwurfe des BGB. Bd.2 S.1755-1759. ただし経済的弱者救済のための，割賦販売の規制については，既に第1草案をめぐって，強い要求が出され，1894年6月4日に特別法が施行されたことは既に述べた。

6) 速記録3巻6回－1巻2278頁。

7) 明治23年法律第28号のいわゆる旧民法とは，内容上もつながりはみられない。

を妨害すれば，条件が成就したものと擬制される（民法130条，EⅠ136条，EⅡ132条，BGB162条）。これらの規律の中には，他の法典にも共通するものがある。例えば，フランス民法でも，条件成就前の債権者の権利は相続が可能であるし（1179条），条件成就の擬制も認められている（1178条）。しかし，根本的な点において，日本やドイツと異なり，成就した条件は契約の日から遡及して効力を生じ（1179条），条件未定の間の当事者の処分は，すべて遡及効によって解決される[8]。

以上のように日本の民法の規定は，BGBによく従っているが，異なる点もある。まず第１に，民法127条３項では，BGB159条（EⅠ130条，EⅡ129条）のように，合意による遡及効を債権的なものに制限することが明記されていない。第２に，BGB161条（EⅠ135条，EⅡ131条）は，条件未定の間における条件付義務者の，目的物に対する処分（以下，これを中間処分と呼ぶ）は，条件が成就すれば無効であると規定するが，日本の民法にはこの規定がない。第３に，条文上からは必ずしも明らかでないが，条件成就までの当事者の権利は，日本では法律の規定により生ずるものとされている[9]。しかし，ドイツでは，この期待権の性格をめぐって，今だに論争が続いている。最後に，これは始期についてであるが，日本では，始期付法律行為は，期限まで履行を請求できない（履行期限，民法135条１項）としているが，ドイツでは，期限まで効力が発生しない停止期限（EⅠ141条，EⅡ133条，BGB163条）とされている[10]。

このように，日本の条件法の規律については，合意による遡及効の効力と，中間処分の効力について，第三者との関係で法欠が存在した。そのために，さまざまな学説が展開されることとなった。

---

[8] イタリア民法1360条も，条件成就の効果は当事者の意思が異ならない限り，契約の締結された時まで遡及するとしている。
[9] 速記録３巻６回－１巻275頁穂積発言。
[10] この日本の規定は，フランス民法1185条に従ったものであるが，期限前に弁済した場合を有効と認めるために，こう規定された。速記録４巻８回－２巻４頁参照。

第3節　日本の学説

1　合意による遡及効

　日本では，合意による遡及効に物権的効力を認め，条件成就までに目的物を譲り受けた第三者に対する関係においては対抗問題になるとするのが通説である。民法176条が意思表示のみによって物権変動が生ずるとしていることから，当然の帰結であるようにみえる。しかし，遡及効の場合には，事実に対応した物権変動ではなく，擬制による物権変動であって，176条がそのままあてはまるものではない。そのため，取消し（96条3項）や解除（545条1項）の場合には，結果として遡及効が債権的なものに制限されている。従って，合意による遡及効の場合にも，通説のいうところが必ずしも合理的なわけではなく，遡及効が第三者に対抗し得ないとする説も，十分に可能ではないだろうか。もちろん，その場合に第三者の悪意，善意を問題とする立場もあり得る(遡及効の合意を知っていた第三者は保護されないという理論構成は可能であろう)。

2　中間処分の効力

　ドイツではBGB161条によって，中間処分がなされても，条件が成就すれば無効になる。そのため，この点についての争いはないが，その代わり，この規定があるために，期待権の性格をめぐって論争が続いている。日本ではそれにあたる規定がないため，まず中間処分の有効・無効が問題となる。BGB161条にあたる規定を置かなかった以上，中間処分は条件が成就しても有効であり，ただ128条違反により，処分者（条件付義務者）が損害賠償責任を負うというのが最も明快である。ところが，通説はそれ以上に中間処分が無効になるとしている。しかし，直ちに無効とするのは疑問である。なぜな

---

11)　『注釈民法(4)』331頁〔金山〕，我妻『新訂民法総則』416頁，幾代『民法総則』459頁。
12)　中島玉吉『民法釈義巻之一（総則）〔改訂増補〕』金刺芳流堂（1921年）756頁。
13)　我妻『新訂民法総則』416頁以下，於保『財産管理権論序説』327頁以下，川島武宜『民法総則』有斐閣（1965年）262頁，幾代『民法総則』460頁以下。

ら，通説の認めるところからすれば，停止条件付法律行為の効力が発生するのは，条件成就の時からであり，それまでは，条件付義務者のなした処分は有効だからである。しかも，フランス民法などと異なり，条件成就の遡及効を採用しない日本の民法においては，中間処分の後で条件が成就しても，中間処分の無効を導くことはできない。従って，この場合には，対抗問題を生ずるにすぎないと考えるのが一貫している。[14]

3　期待権

立法者は，期待権（128条・129条）をひとまず法定の権利と考えて，その学理上の根拠・性質は，その後の学説に残された。[15] その際，注意すべきは，一般に使用される条件付権利という言葉が，調査委員会では，期待を指すのかそれとも将来の権利を指すのか不明確であるとしてしりぞけられたことである。[16] しかし，その後の学説は，この条件付権利という言葉がいずれを指すのか明確に区別しないで使っている。[17] そこで，本章では，「期待権」と「条件にかかる将来の権利」を区別し，条件付権利と呼ぶ場合には，この両者を合わせたものを指すことにする。

学説は，期待権を現在の権利とする点では一致しているが，その根拠や条件にかかる将来の権利との関係については明確でない。[18] 期待が法律によって保護されているということは，法律の規定が期待権を創設したことを意味するのではない。期待自体は，条件付法律行為によって生じるのであり，また現在の権利である。従って，期待権は，将来，権利を取得すべき期待または法律上の地位そのものが，権利にまで高められたものであり，将来に権利が発生すれば，必然的にそれを吸収すべき運命になっているものとする於保説が説得力を持つようにみえる。於保は，期待権と将来の権利との関係におい

---

14) 同旨，四宮『民法総則』168頁。
15) 速記録3巻6回－1巻274頁穂積発言。
16) 例えば，現行129条の「条件未定の間における当事者の権利・義務」は，原案では「条件付権利・義務」とされていた。
17) 四宮『民法総則』289頁参照。
18) 於保『財産管理権論序説』314頁以下参照。

て，条件の成否未定の間における法律の保護と条件の成就によって権利を取得する関係を区別し前者を期待権とされる[19]。たしかに128条は法律が特に条件未定の間の利益を保護するものであるから，そのように理解され得る。しかし，これは，条件未定の間の利益が権利にまで高められるか否かに争いがあったから置かれたもので，この規定によって期待権の存在が確定されただけであり，生じたわけではない。実際，法律が明文で期待権を保護しなかったドイツ普通法においても，条件未定の間の当事者の利益は保護されるべしというのが通説であった[20]。それ故，期待権は，条件未定の間の当事者の利益を保護する為に法律によって与えられた権利ではなく，あくまでも条件付法律行為によって生じた条件未定の間の当事者の権利と解したい。

更に，通説は期待を現在の権利としながら，それを侵害することによって生じる損害賠償請求権が条件付で生じるという矛盾におちいっている[21]。例えば，甲が乙に対して，結婚すれば与えると約束した時計を，丙が壊した場合に，通説は，乙が結婚すれば（条件成就）丙に対する損害賠償請求権が発生するとしている。しかし，条件付で発生するこの損害賠償請求権は，明らかに条件にかかる将来の権利に対応するものであって，現在の期待に対応しない。この点で，通説が期待は現在の権利であるとしながらも，その実体把握において常に将来の権利を念頭においていることが露呈されている。期待を現在の権利とする限り，その侵害は将来の権利の侵害ではなく，そのような権利を得ることに対する現在の期待の侵害であって，損害賠償請求権は直ちに発生するはずである[22]。

---

19) 於保『財産管理権論序説』320頁参照。
20) Vgl. Windscheid, Gesammelte Reden und Abhandlungen. (1904) S.147, 151, 153ff., Fitting, Über den Begriff der Rückziehung, S.65f., 68f.
21) 『注釈民法(4)』339頁〔金山〕参照。
22) 四宮『民法総則』288, 289頁参照。四宮は，直ちに発生する場合と条件付で発生する場合を分け，本文であげた乙の場合には，慰謝料請求権は直ちに発生するとしながら，損害賠償請求権は，一応，条件付で発生すると言えるとしている。

第4節　ドイツの条件理論

　本節の最初の部分は，第2章の第4節と一部重なるが，ドイツの条件理論を概観するうえで必要なので，繰り返す。従って，イェーリンクまでは，注を省略する。

　BGBにおいては，原則として条件成就の遡及効は認められず，合意による遡及効にも債権的効力しか与えられていない。それにもかかわらず，条件未定の間の中間処分は，条件が成就すれば無効になる（BGB161条）。ここにドイツ条件法の大きな問題があった。即ち，BGB158条によれば，停止条件付所有権移転においては，条件成就までは譲渡人に所有権が存在する。その譲渡人が第三者に対してなした有効な処分（中間処分）が，なぜ条件成就によって無効になるのかという問題である。BGBの起草にあった第1委員会の見解によれば，この161条（EII35条）は，普通法の通説に従ったものであり，中間処分が後で無効となるのは，条件付法状態において譲渡人の処分権に，一定の拘束が存するからである。[23] 従って，問題はそのような拘束が存する，条件成就までの条件付法関係とは，どのようなものかということになる。

　この問題についてのドイツの学説は，大きく2つの流れに分かれている。1つは，期待と条件にかかる将来の権利を別個のものととらえる立場であり，もう1つは，期待を，条件にかかる将来の権利の条件成就前の形態としてとらえるものである。ここでは便宜上，前者を2分説，後者を一体説と呼ぶ。更に，同じ2分説または一体説の論者の中においても，義務負担行為と処分行為の扱いは異なっている。

1　普通法における理論

　今日では，成就した条件が遡及するといった考え方が，ローマ法には存在せず，バルトルス（Bartolus, 1314-1357）の作り出したものであることが承認さ

---

23) Motive zu dem Entwurfe eines BGB. Bd.1 S.260f.

れている。しかし，普通法の時代には，遡及効がローマ法源から引き出せると広く信じられていたし，また，当時さかんに用いられていた無占有質権や所有権留保売買において，中間処分を排除するためにも，便利なものとして使われていた。このような状況の中で，遡及効理論という古い一体説を破ろうとしたのが，ヴィルヘルム・ゼル（Wilhelm Sell, 1804-1848）であった。

　ゼルは普通法の説明において，条件成就の遡及効を認めたが，条件成就前の条件付法律行為の効力を，すべて遡及効で説明するのではなく，条件成就前の未確定の条件付法律行為の効力と，条件成就後の法律行為の効力を区別する2分説を主張した。彼は所有権移転の条件付合意において，債権的側面と物権的側面を区別した。債権的側面とは，所有権移転の原因たる債務関係ではなく，特別な引渡しの義務であって，いわば物権的合意（Einigung）を指す。この債権的側面が条件成就前に一定の拘束を生み出し，相手方が約束された物を処分すれば，損害賠償義務を生じさせる。物権的側面とは，条件成就によって生じる所有権移転の物権的効力のことであり，中間処分がなされても，この物権的効力たる遡及効によってそれを無効にする。

　このように，ゼルは原因たる義務負担行為と無因の物権行為を分けることによって，売買法に分離主義（Trennungsprinzip）を持ち込んだ。ゼルの考え方は，サヴィニーによって高く評価されたが，イェーリンクはゼルの図式的理解が実際上の法効果にうまく結びついていないと批判した。

2　ヴィントシャイト（Bernhard Windscheid, 1817-1892）

　ヴィントシャイトも2分説の立場に立ち，彼の考え方がBGBの規律に繰り入れられた。彼は，条件の規律は，論理的に表現された当事者の意思によってのみ決定されるべきであるとして，当事者のwenn（〜であるならば）という表示意思の内容確定が重要であるとした。彼によれば wenn は2つの内容を持ち得る。第1は条件的意味であって，条件を充足させるという希望が中心にあり，遡及効と結びつき得る。第2は時間的意味であって，法律行為の

---

24) Vgl. G. Schiemann, Pendenz und Rückwirkung der Bedingung (1973) S.29ff.

効力に期限を付けることが内容であり，遡及効とは結びつかない。2つの意味のうち，どちらを選ぶべきかは，ローマ法源の正しい認識によって決まる。ヴィントシャイトがこのように唱えたのは，彼が，ローマ法源こそ生活のありのままの関係を単純に法的現象形態によって認識していたと考えたからであった。彼は，ローマの法律家達は，条件を期限に類似した時間的意味でとらえていたとして，停止条件はいかなる遡及効も持たないという結論に達し，これがBGB158条になった。

遡及効を否定すれば，あらためて条件未定の間の条件付法律行為の効力を説明しなければならない。ヴィントシャイトは，契約当事者の意思表示によって，直ちに債権的拘束が生じ，これによって解除も許されなくなるとした。この「意思の拘束 Gebundenheit des Willens」によって，条件付法関係の相続も可能である。しかし，この意思の拘束からだけでは，条件付処分において，条件が成就すればなぜ中間処分が無効になるのかは，説明できない。実際，ヴィントシャイトもこの問題を掘り下げることができなかった。その理由は，彼が依拠した学説彙纂（Digesta）に，条件付処分を扱った箇所がほとんどなく，あってもあいまいなためであった。それでも彼は，それまでローマ法における数少ない条件付処分の法源とされてきたD.23, 3, 9, 1と，D.39, 5, 2, 5との間には，条件付処分より生じる法関係の相続をめぐって，矛盾が存在することを見抜き，条件付処分の規律がローマ法からは引き出せないことを明らかにした。

D.23, 3, 9, 1　私がある者に，結婚した後に嫁資にするようにといって，物を引き渡した場合に，その者が結婚する前に私が死ねば，物はその者が結婚した後に持参金となり得るか？　私は，その物が，物を与えられた者の所有物になり得ないのではないか，と心配する。なぜなら，贈与は結婚の日まで未確定であり，私の死亡後には，所有権は，私から分離する。結婚の条件が成就しても，その時には所有権は相続人のもとにあり，そして，物の所有権は，相続人の意思に反して，彼から分離し得ないことを認めなければならないからである（原則として，相続を否定）。

しかし，嫁資の優遇（favor dotium）の故に，相続人に死者がなしたところのことに同意する必要性が課せられる，ということは正当であり，また，相続人が，死者がなしたところのものを妨げたり，不在になったりすれば，彼がそれを欲したか，あるいは不在の間であったかを問わず，所有権は法上当然に（ipso iure）夫に移転し，妻は嫁資を持たないということが，なくなるのである（例外として，相続を柔認）。

D.39, 5, 2, 5　チチウスが私に，何かの問答契約なしに金銭を与えたが，それは，セイユスが　執政官になったら，はじめてその金銭が私の所有物になるという条件の下でであった。

　この場合，セイユスが執政官になれば，チチウスが生きていようとまた死んだ後であろうと，金銭は私の所有物となる。

3　フィッティンク（Hermann Fitting, 1831-1918）

　ゼルやヴィントシャイトが，遡及効という擬制を打破するために2分説を唱えたのに対し，フィッティンクは，伝統的遡及効（Rückziehung）が不自然な擬制であることを認めたうえで，新たな遡及効概念（Rückziehung）を追求し，それを当事者の意思の結果ではなく，1つの法則であるとした。彼によれば，条件成就は条件付法律行為の効力を発生させるのではなく，条件付法律行為によってすでに発生した諸権利を認識させるにすぎない。遡及効とは，このように，条件成就という後の事件が，それまでの法的関係を支配していた不確かさを取り除くことを指すのである。このように，停止条件付法律行為によって設定される権利が，法律行為の締結の時から既に存在し，ただ条件成就まで不確かな状態にあるとすることによって，彼はヴィントシャイトとは異なり，条件成就前の条件付法律行為の効力と，条件成就後の効力が，一体的なものであることを主張した。

　フィッティンクは更に，遡及効（Rückziehung）に似た前段階効（Vorwirkung）という概念を創設した。これも条件成就前に，条件付法律行為に一定の効力を認めようとするものである。遡及効の場合には，条件付法律行為は行為締

結の時から直ちに効力を発生させるが，前段階効の場合には，条件が成就してはじめて効力が発生する。しかし，後者の場合でも，条件成就前に「物の拘束 Gebundenheit der Sache」が存在し，それが中間処分を無効にする。彼は，最初，前段階効が生じる場合として，用益権者の果実に対する権利，夫婦間の死亡による贈与，条件付遺贈を考えたが，後には，これを生存者間の条件付法律行為全般に広げた。従って，遡及効と前段階効は重なり合うことになった。

　フィッティンクの理論全体をみれば，前段階効は，条件にかかる将来の権利と別のものではなく，まさに条件付権利の条件成就前の姿である。また，彼のいう遡及効も，普通に用いられる遡及効ではなく，後で述べるエンネクツェルスの「未確定理論 Pendenz Theorie」と異ならない。従って，フィッティンクこそ，条件付法律行為の効力を遡及効という擬制を用いずに一体的にとらえようとした先駆者であると言えるし，「物の拘束」を唱えた点で期待権理論の開拓者であると考えられる。

4　イェーリンク　(Rudolph von Jhering, 1818-1892)

　イェーリンクは，ローマ法源の中に，要件事実の存在と法的効力の発生は同時でなければならないという，同時性原則（Grundsatz der Simultanität）を発見し，条件付債務においても，この原則が貫かれていると考えた。即ち，条件付債務においては，要件事実が一度に発生するのではなく，順次に生じるのであり，条件成就によって全要件事実が完成し，そこで法律行為が完了し，法的効力が生じるのである。彼は，これを法律行為の順次的発生（sukzessiven Entstehung des Rechtsgeschäfts）と呼んだ。

　同時に彼は，全要件事実が完成するまでの中間段階においても，条件付法律行為の一定の効力を認めた。彼によれば，権利は一般に，積極的側面と消極的側面を持つ。積極的側面とは，いずれ権利者のための権利となるような法的地位であり，権利者にとってのその諸効力が権利の積極的効力となる。消極的側面とは，権利者のための権利の効果である。積極的側面は，一時的になくてもよいが，その場合に無傷の権利の存続を保証し，後に権利者がその権利を取得することを可能にさせることは，権利の消極的側面の役割であ

る。従って，積極的効力のない消極的効力とは，いまだ権利主体の存しない，物の拘束の状態である。イェーリンクは，生成中の権利が，権利の消極的効力（物の拘束）を持つと考え，中間効と条件成就後の効力の一体化をめざした。[25]

イェーリンクに対しては，エンネクツェルスが，積極的効力のない権利などは，原因なしの結果と同じであってあり得ない，と批判しているが[26]，将来の権利取得に関して，何らかの拘束が存在する以上，権利の１つの側面は現実に存在するのであり，イェーリンク自身は，古い因果律よりも，目的と手段の関係の分析が重要であると考えていた[27]。ただ，権利の消極的効力と，条件成就後の権利との関係については，あまり明らかにされていない[28]。

5　エンネクツェルス（Ludwig Enneccerus）

1896年に施行されたBGBは遡及効を否定したが，未確定の法的効力については明確な説明を与えなかった。たしかに，条件成就についての取得者の期待保護と，その期待の処分可能性を認め，それを信用売買にも適用すること（§455BGB）によって，条件付権利者の持つ，現在の財産価値を承認したが，その法的内容は決定されておらず，その後の学説と判例の発展にまかされた[29]。

このBGB成立期において，イェーリンクがめざした中間効と権利の一体化をよりすすめたのがエンネクツェルスの未確定理論（Pendenz Theorie）であった。彼は，フィッティンクの遡及効理論をもとにして，義務負担行為において，この理論を主張した。彼によれば，条件付法律行為は直ちに法的効果を発生させるが，その法的効果の本来の性質はまだ不確かであって，条件成就によってはじめてそれが確かなものとして認識される。取得された権利は，その時までは未確定である[30]。このように，条件成就は法的効果の存在を明ら

---

25) Jhering, JhJb.10, 493ff., 526.
26) Enneccerus, Rchtsgeschäft, Bedingung und Anfangstermin (1888-1889) S.413f.
27) Jhering, JhJb.10, 458.
28) Vgl. Blomeyer, aaO. S.8.
29) Vgl. Schiemann. aaO. S.138.
30) Enneccerus, aaO. S.379-384, 247ff., 条件が不成就の場合は，法的効果がはじめから不存在であったことを明らかにさせる。

かにすると説く未確定理論によって，拘束とか前段階効という不明瞭な観念をしりぞけた。

彼の理論は，2つの前提を持っていた。それは，法律行為の発生と，その法的効果の発生は同時でなければならないという同時性の原則と，法的効力の原因を意思ととらえる見方である。彼はこの2つの前提を，ローマ法の分析によって掘り下げた。その結果，法的効力の原因が，ローマ法では意思ではなく，法律であったと確定し[31]，現代でも，当事者意思による法律行為上の効果の排他的な効力は，実定法に基づくと考えた。それ故，条件付法律行為において，行為締結と法的効力の間に拘束力のある中間期間が存在するのは，意思または物の拘束によるのではなく，法律上の規定の結果となる[32]。彼は，条件付処分行為において，このことを説明するために，取得権（Erwerbsberechtigung）理論を展開した。

彼は，ローマ法において必ずしも同時性の原則が貫徹していたわけではなかったという分析から出発する。ローマ法において，遺言による処分には同時性の原則が適用されず，従って，そこにおいては法律行為の時から効果発生までの間に，Pendenzではない，内容の確定した法関係が存在し得た[33]。そこでは将来の権利者である受遺者の権利（期待権）は，相続人の中間処分に対して保護されていた。この法関係は，将来の取得を決定する規律と同時に，現在の取得権の規律にも服するのである[34]。エンネクツェルスは，ローマ法より見出したこの取得権という新しい概念をすべての法関係に適用した。

取得権は，ある権利の取得が特定の人にとって確実であるが，ただ取得の時点だけが不確実な場合に発生し[35]，物権的権利と債権的権利の間の独自の地位を占める[36]。しかも，停止条件付所有権譲渡における権利の取得という希望が，停止期限付所有権譲渡におけるそれと異ならないが故に，双方の場合に

---

31) Enneccerus, aaO. S.154.
32) Enneccerus, aaO. S.164,170. この点で逆の見解をとるのが E. R. Bierling である。
33) Vgl. D.50, 16, 213pr.
34) Enneccerus, aaO. S.416f.
35) Enneccerus, aaO. S.600ff.
36) Enneccerus, aaO. S.601.

おいて同じ取得権が存在する[37]。

6 期待権の浮上

以上の学説の展開，およびBGBの規律を踏まえて，20世紀始めのドイツ条件法を次のようにまとめることができる。停止条件法律行為は，§158BGBによって条件成就の時から確定した効力を有するが，それ以前であっても法は一定の効力（§§160, 161, 162 BGB）を予定している。有力な学説は義務負担行為において，条件成就前の効力を単に法律の規定があるから生じるというのではなく，条件付法律行為自体の効力とみていた[38]。ただ，それらの効力は，条件成就までは存在が確定しておらず，未確定効力なのである[39]。

処分行為においては，条件成就の時点で目的たる権利が移転すると考えられていたため，条件付権利者の条件成就前の権利と条件成就後の権利は二元的に考えられ，フィッティンクの「物の拘束」，イェーリンクの「消極的効力」，エンネクツェルスの「取得権」という形で中間効が構成されてきた。このような流れのなかで，BGBの作成にあたった第2委員会が，理論上の基礎なしに，経済的現実から期待という概念を用いたため[40]，この問題は，期待権とは何かという形で進められるようになった。この期待権について，古典的説明を与えたのが，フォン・トゥールである[41]。

7 フォン・トゥール (Andreas von Tuhr, 1864-1925)

フォン・トゥールによれば，法律行為と条件は統一的な全体的要件事実を構成し，それは多くの法的事実からなる[42]。これらの事実の各々は，発生すれ

---

37) Ennecerus, Allgemeiner Teil des Bürgerlichen Recbts, 3Aufl. (1908) S43.3.
38) 前述のフィッティンク，イェーリンク，エンネクツェルスなどである。
39) この裏返しにあたる未確定無効については，日本でも民法119条をめぐって，多くの研究の蓄積がある。例えば，於保『財産管理権論序説』243頁以下。
40) Protokolle der Kommission für die zweite Lesung des Entwurfs des Bürgerlichen Gesetzbuchs, Bd.1, S.181.
41) すでに，Zitelmann, Internationales Privatrecht 2Bd. 1Hälfte, S.50-53, Strohal, Festschriftf für Dogenkolb, S.137ff., RGZ.67, S.425, 430. などが期待について言及していた。

ば直ちに同時性の原則に従って法的効力を得る。同時に，それぞれの要件事実部分は，全体的要件事実の1つの発展段階であり，それ故その要件事実部分は将来の完全な効力の1つの前段階効力を生じさせる。この前段階効によって生じる期待は，消極的側面として，その時々に該当する客体の拘束を持つのである。

　トゥールの説明は，順次的要件事実実現理論と前段階効を結びつけることによって，フィッティンクやイェーリンクの説明よりも，すっきりしている。更に，彼は条件付および期限付権利移転において重要な分析を行った。

　トゥールは，権利の譲渡を移転的（translativ）譲渡と設定的（konstitutiv）譲渡の2つに区別する。移転的譲渡においては，権利は終極的に完全な形で取得者に移転し，設定的譲渡においては，当該権利よりも内容的にせまい権利が発生し，それが移転する。トゥールは，停止条件付権利移転において，条件成就によって権利の移転的譲渡が生ずるが，その前でも，条件付法律行為によって，権利の内容が両当事者に分割されるとした。譲受人は，直ちに譲渡人の権利から分かれた期待を得る。その期待は，条件成就の際に完全権に変わる。他方，譲渡人の権利は期待の分離によって縮少された権利であって，条件成就により法上当然（ipso iure）に消滅する。

　このように，トゥールは条件付処分行為において，権利の設定的譲渡と同様に，期待と期待の移転によって縮減された権利とに分裂するとしたが，重要なことは，原則として時間的に制限されない権能こそ，所有権の本質に属するとしたことである。この点をつきつめていけば，停止条件付および停止

---

42) von Tuhr, Der Allgemeiner Teil des Deutschen Bürgerlichen Rechts,2 Bd.2Hälfte (1918) S.291, 2Bd.1Hälfte (1914) S.18f.（以下，von Tuhr, 2Bd., 1Hälfte, S.18f. と表す）。
43) von Tuhr, 2Bd., 1Hälfte, S.19, 1Bd (1910) S.180.
44) von Tuhr, 1Bd., S.183, 2Bd., 1Hälfte, S.19, 2Bd. 2Hälfte, S.292.
45) von Tuhr, 1Bd., S.183, 2Bd., 2Hälfte, S.291.
46) von Tuhr, 2Bd., 1Hälfte, S.59.
47) von Tuhr, 2Bd., 1Hälfte, S.62.
48) von Tuhr, 2Bd., 1Hälfte, S.89, Fn.1.
49) トゥールは以下で，期限付権利移転について述べているが，彼によれば期限付権利移転も条件付移転も同じに扱ってよい。
50) von Tuhr, 2Bd., 1Hälfte, S.68.

期限付所有移転において，この本質が期待の中に見出されるはずである。ただ，トゥールの説明には，設定的譲渡によって分離した取得者の期待が，どのようにして，条件成就または期限到来によって移転的権利承継へすすむのかについての分析が欠けていた。[52]

8 ブロマイヤー (Arwed Blomeyer)

ブロマイヤーは，条件付法律行為の条件成就前の効力と，条件成就後の効力の一体性を徹底して主張した。彼の「条件理論研究」[53]は，その後現れたライザーの「物権的期待」と並んで，ドイツにおける条件付権利分析の最もレベルの高いものである。

ブロマイヤーは，遡及効を否定すると同時に，前段階効とか期待といったものが，それだけでは不十分であるとし，フィッティンクの「物の拘束」やイェーリンクの「権利の消極的効力」，エンネクツェルスの未確定理論を更におしすすめた。詳細は次章で説明するので，ここでは，概略だけ述べる。

彼はまず，義務負担行為において，期限付債権と条件付債権が期限到来前または条件成就前に有する効力が同質であるとし[54]，それが本来の債権の効力に他ならないとした。即ち，期限付債権は法律行為のなされた時点で発生し，期限到来の際の支払いを目的とする。このように法律行為における場所や時間の定めは，債務の存在を変更するのではなく，その内容にかかわるのである。それ故，従来，期限前の拘束とされてきたものは債務自体に他ならない[55]。ただ期限付債権と異なり，条件付債権の場合には，条件とされている要件事実の実現が未確定，即ち，当事者にとって知られていないが，条件が成就すれば，あらかじめ開始していた法的効果が明らかになるのであるから，条件付法律行為においても，行為の時点で債務が発生することには変わりがない。[56]

---

51) AaO.
52) Vgl. Blomeyer, Studien zur Bedingungslehre, (1938/39) S.129.
53) Blomeyer, Studien zur Bedingungslehre.この内容を紹介するものに，船越隆司「期待権論」法学新報72巻4号51頁以下がある。
54) Blomeyer, aaO. S.47f.
55) Blomeyer, aaO. S.14, 31., Vgl. Enneccerus, Rechtsgeschäft, S.307ff., 311, 334.

ブロマイヤーは，この未確定理論（Pendenz Theorie）が，処分行為にもあてはまると考えたが[57]，条件付所有権移転については更に重要な分析を行った。通説は，停止期限（または条件）付処分における譲渡人，解除期限（または条件）付処分における取得者を，期限到来（または条件成就）まで権利者とするが，期限（または条件）付所有権移転においては，これは有期所有権（Eigentum auf Zeit）を認めることになる。ブロマイヤーは，この有期所有権は中世では存在し得たとしても，現代では認められないとする。なぜなら，現代の所有権の本質的特徴は，その内容が負担によって縮められることがあっても，存続期間は無制限である点に存するからである[58]。条件付所有権移転における所有権の分割という考え方は，既にイェーリンクやブレヒトが主張していたが[59]，彼らは時間的に分割されたそれぞれを所有権と認めていた。これに対し，時間的に存続の限られたものはもはや所有権と言えないと考えたのがプリューガーであった[60]。ブロマイヤーはプリューガーの説をとりあげ，条件付所有権移転に持ち込んだ。停止条件付所有権移転においては，法律行為がなされた時点で，所有権は2つの物的権利，所有権と負担に分かれる。所有権の本質が時間的に無制限である事を考えれば，通常の展開においては停止条件付譲受人が所有権者でなければならない[61]。このブロマイヤーの見解は通常と逆であるが，理論的には一貫しており，期待権という概念すら不要としている[62]。このブロマイヤー説と通説の間に位置するのが次に述べるライザーの説である。

---

56) Blomeyer, aaO. S.54ff., ブロマイヤーによれば，未確定とは要件事実の一部が当事者によって主観的に認識されていないことを指し，この点では，条件と，過去または現在の事実に関する条件（Unterstellung）を区別する必要がないとする。
57) Blomeyer, aaO. S.167.
58) Blomeyer, aaO. S.133.
59) Jhering, JhJb.10, S.508ff., 523, A.Brecht, Bedingung und Anwartschaft, JhJb.61 (1912) S.275.
60) H. H. Pflüger, Über den Begriff des Eigentums, AcP.78 (1892) S.397f.
61) Blomeyer, aaO. §10, S.166ff., insbes. S.172f.
62) Blomeyer, aaO. S.169.

9 ライザー (Ludwig Raiser)

　ライザーは，条件付または期限付物権処分と物権の原始取得の期待（§§ 900, 937, 950, 954, 955, 956, 973 BGB），および法律行為による物権取得（引渡し，または登記がなされるまでの間）の3つの場合をあげて，物権的期待が生じるとする[63]。彼は，期待概念からでなく，期待が生じる法現象の分析から出発して，その内容を確定し，現在の法体系の中での位置づけをめざした[64]。

　物権法定主義においては，私的自治による新たな権利の創設は困難であるから，期待も法定の枠内で消極的に内容を決定するしかない。判例は，期待権の論じられる代表的場合である所有権留保買主の期待が，物権的であるか否かについて一定しておらず，あまり参考にならない[65]。学説は，トゥールに従って，留保買主の期待権を物権的権利とするのが通説であるが，その内容の確定がなされていない[66]。

　以上の状況のなかで，ライザーはブロマイヤーの見解を評価したが，留保買主＝所有権者説に対しては，留保売買における留保買主の権利を所有権と認めるか否かは利益考量によってのみ決定されるとして，留保売主の所有の意思をあげ批判した。更に，実定法上も§§158, 1Abs., 455BGBの文言に反するし，占有改定による質権設定を禁じた§§1204ff., 流質禁止の§1229にも反すると主張した[67]。法論理上，有期所有権があり得ないとするブロマイヤーの主張に対しても，上級―下級所有権や時間的前―後所有権が共有形式で存在し得る以上，一個人にとって有期であるか否かは重要でないとした[68]。しかし，ライザーの批判は，念頭に置く所有権概念が前近代的である点で不十分である。そもそも，ブロマイヤーの有期所有権否定論の主眼は，一個人にとって期限の制約がないという点ではなく，停止条件付所有権移転において，

---

63) L. Raiser, Dinglicbe Anwartschaften, (1961). この詳細な紹介は，山田晟，法学協会雑誌79巻4号119頁以下。
64) Raiser, aaO. S.46f.
65) Vgl. Raiser, aaO. S.48f.
66) Vgl. Raiser, aaO. S.50 mit Fn.117.
67) Raiser, aaO. S.52f.
68) Raiser, aaO. S.53f.

条件成就により法上当然に（ipso iure）所有権が移ることの矛盾を指摘する点にあった[69]。従って，ライザーの批判は，論理的には疑問に思われる。

ライザー自身は期待をどうとらえたであろうか。彼は，今日の社会が要求する新しい物的権利を創設することは物権法定主義に反しないとして，物権的期待の承認を説く[70]。停止条件付所有権移転においては，所有権（E）は所有権の期待権（A）と所有権から期待権を差し引いたもの（E－A）に分裂する。この期待権は，将来一本化する所有権の前段階であり，中間時において譲渡人を物権的に拘束する。取得者は，すでに固有の支配権能を有し，従って（A）も（E－A）も所有権と言える[71]。ライザーは，このような性質が，すべての物権的期待にあてはまると考えた。

10 元在の学説

元在の通説は，義務負担行為において，ブロマイヤーのような大胆な見解をしりぞける[72]。停止条件付法律行為の効力は，BGB158条1項によって，条件成就により開始する。それまでは，条件が成就するか否かは客観的に不確かである[73]。条件成就前の条件付権利者を保護するBGB160条1項は，債権本体の効力でなく，契約上または法定の付随義務を規定したもので，その義務は本来的給付義務に対する準備義務または保護義務である[74]。

条件付処分から生じる期待については，通説・判例は元在の期待権として認めている[75]。しかし，その内容は不明確で，権利の「前段階」[76]とか，「本質的には権利と同じだが，ただマイナスであるにすぎない」[77]などの説明が行わ

---

69) Vgl. Blomeyer, Studien zur Bedingungslehre, S.123ff., AcP.153, 248.
70) Raiser, aaO. S.55f., 彼の権利論については，aaO. S.57f.
71) Raiser, aaO. S.66f.
72) Werner Flume, Allgemeiner Teil des Bürgerlichen Rechts, 2Bd. 2Aufl. (1975) §39, 40, 42, Karl Larenz, Allgemeiner Teil des deutschen Bürgerlichen Rechts, 3Aufl. §25.
73) Larenz, aaO. §25 I S.422.
74) Larenz, aaO. S.428.
75) BGHZ 20, 88 (93f.).
76) Vgl. Raiser, aaO. S.6ff.
77) BGHZ.28, 16 (21), Enneccerus-Nipperdey, Allgemeiner Teil des Bürgerlichen Rechts, §197 II 4.

れている。これに対し、ラーレンツは、物権的期待権概念を否定して、次のように主張する。

条件付処分においては、条件成就までは譲渡人が権利者である。従って、中間期間においてなされた譲受人の更なる処分は無効であるが、BGB185条2項の追完によって有効となり得る。譲渡人の中間処分を無効にする161条1項は、譲渡人の処分権を制限する規定にすぎず、「期待権」は譲渡人が服する法的拘束の裏返しにすぎない。それは、期待が目的とする権利の帰属を準備し保証することを内容とし、現在の物に対する支配権限は何も有しない。

第5節 ま と め

ドイツの条件論をめぐる学説、判例はまだまとまりそうにない。日本においても、所有権留保の効力をめぐって、今後、変化が予想される。特に期待権については、最近になってよく用いられるようになっているが、その内容は論者によって異なっている。従って、期待権という概念の有用性および内容を確定することが必要であろう。

条件付義務負担行為については、最近になって、債務の内容は給付義務だけでなく、さまざまな付随義務も含むという見解が強く主張されるようになった。その流れのなかで、条件成就前の条件付義務（民法128条）が、内容の不明な法定義務などでなく、付随義務として認められてくると、エンネクツ

---

78) このような説明に対する批判としては、Flume, Acp161, 408.
79) Larenz, aaO. S.430.
80) Larenz, aaO. S.432.
81) Larenz, Schuldrecht Ⅱ, 11Aufl. §43Ⅱ S.97. ラーレンツは、期待を取得権または帰属権（Anfallsrecht）と定義する。Vgl.Allgemeiner Teil, §13 Ⅰ S.177ff.
82) 判例は、所有権留保において、依然として留保売主＝所有者という構成をとっている。最1小判決1974年7月18日民集28巻5号743頁。東京地判1975年2月27日金法753号36頁。東京高判1975年3月26日判時787号72頁。
83) 船越隆司「期待権論」法学新報72巻4号51頁、神崎克郎「所有権留保売買とその展開」神戸法学雑誌14巻3号483頁以下、竹下守夫・法曹時報25巻2号207頁以下、川井健『担保物権法』青林書院新社（1975年）13頁以下。
84) 北川善太郎『契約責任の研究』有斐閣（1963）参照。

ェルスやブロマイヤーのような一体説が有効になると思われる。

---

85) Vgl. Larenz, aaO. S.428. ラーレンツの主張は，彼の意図とは異なって，一体説に近づくものであると思われる。

第4章 ブロマイヤーの条件理論

　本章では，条件理論を綿密に分析し，そのうえで独自の理論をうち立てようとしたブロマイヤーの「条件理論研究」[1]を紹介するとともに，現在までの学説の動きもみながら条件理論を検討してみる。ブロマイヤーは，主にドイツにおける学説を対象にして，義務負担行為における期限と条件および処分行為における期限と条件を分析した。

第1節　期限付義務負担行為

　ドイツ民法典（以下BGBと呼ぶ）第1草案は，始期付の義務負担行為は，法的効力を直ちに発生させ，ただその主張（Geltendmachung）が始期まで延期されているのであるとし，条件にも同じことがあてはまるとしている[2]。ところが，処分行為においては，始期の合意が，法的効力を始期が来てはじめて開始させる意味を持つことも珍しくないとしている[3]。この「延期された効果の主張」と「延期された効果」の区別が，実際にいかなる意味を持つのかは，今でも論争があるが，始期付権利者が，BGB163条により，法律行為の締結とともに，一定の期待，即ちあらゆる関係において既に権利として扱われる一定の「保証された見込み」を獲得することについては意見が一致している[4]。

---

1) Arwed Blomeyer, Studien zur Bedingungslehre (1938/39). Kaiser Wilhelm-Institut für auslandisches und internationales Privatrecht, Beitrag zum auslandischen und internationalen Privatrecht Heft 14, 15.
2) Motive, I §141 S.269.
3) AaO. ドイツでは，始期も停止期限（BGB163条）も同じ意味で，期限まで効力が発生しないとするが，日本の民法は，このような停止期限を採用せず，フランス民法1185条に従って，期限まで履行を請求できないとする履行期限（民法135条1項）を規定した。もちろん停止期限の合意も可能である。

では，この期待はいかなる内容を持つのか。

既に普通法において，エンネクツェルスは法律行為による期限付債務につき，その主張の停止されている間の債務（期待）と，期限到来後の本来の債務が同質のものであることを指摘した。彼によれば，期限付で設定された債権は常に「既に現存する」債権であり，「期限到来の際の支払い」を目的とする。従って，時期の定めは，支払い場所の定めと同じく，債務の存在を変更するのではなく，その内容を構成する。このように解さなければ，債務者が期限前に弁済し得ることや，誤って債務者が弁済期前に支払った場合の返還請求権（condictio indebiti）の否定などが説明できない。

これに対し，エルトマンは，期限付債権（Befristete Forderung）と満期付債権（Betagte Forderung）を区別し，前者は後の時点まで債権の発生が延期される場合であり，後者は給付時期が時間的に後の時点であるという特徴を持つ債権が，法律行為によって直ちに発生する場合であるとした。しかし，始期付債権の効力が始期の到来によって始まるという考え方は，BGB163, 158条と調和しても，始期到来までの間の債務を保護するBGB163, 160条とは調和し得ない。そこで，現在のドイツでは，このような区別はほとんど意味がないとされている。

フォン・トゥールは，エルトマンの言う意味での期限付債権の場合として，継続的債務関係およびそこから発生する個々の債権をあげている。賃貸借や雇傭などの縦続的契約のように，その存続につき始期・終期を定め得る場合には，始期の到来により債務関係が発生すると同時に，債務関係から派生す

---

4) Larenz, Allgemeiner Teil des deutschen Bürgerlichen Rechts. 3Aufl. §25 Ⅲ b S.428ff.; Flume, Allgemeiner Teil des Bürgerlichen Rechts Ⅱ Bd. 2Aufl. §39, 2 S.702f.; Enneccerus-Nipperdey, Allgemeiner Teil des Bürgerlichen Rechts 15Aufl. Bd. Ⅱ §199 Ⅰ 2 S.1205.
5) L. Enneccerus, Rechtsgeschäft, Bedingung und Anfangstermin (1889) S.307ff.
6) Enneccerus, aaO. S.311.
7) Oertmann, Kommentar zum Bürgerlichen Gesetzbuche und seinen Nebengesetzen, Bürgerliches Gesetzbuch Erstes Buch, Allgemeiner Teil, 4C zu §163.
8) Vgl. Flume, aaO. S.729f. フルーメは，現在では賃貸借の場合を除いては始期が来てからはじめて効果を生じる債権など意味がないとしている。
9) A. von Tuhr, Der Allgemeiner Teil des Deutschen Bürgerlichen Rechts, Ⅰ Bd. (1910), Ⅱ Bd. 1Hälfte (1914), 2Hälfte (1918) Ⅱ 2. S.327.

る債権，例えば賃借物引渡請求権も始期とともに発生する。また，貸料債権は全体としての債務関係が始まった後，各時期が到来するごとに発生する。このトゥールの見解に対して，ブロマイヤーは疑問をなげかける。即ち，継続的債務関係において，各債権，例えば貸料債権が一定時期になって発生するようにみえるのは，債務関係に期限が付けられているからだけではない。賃料債権が，利用という対価と双務関係（Synallagma）に立っていることが決定的なのであると。[10]

賃料債権が，期限付債権の例として適切でないということになれば，満期付債権と期限付債権の区別は，ジーベルの言うように給付対象の区別としてしか意味を持たない。[11] 一定の時点での履行を約束された金銭の給付，物の譲渡，労務の提供は，債権をすぐに満足させることを義務づけられるのではないが，その時以前になされた履行もたしかに履行として認められ，ジーベルはこれを満期付債権とする。一方，祝祭日の調理品，花の供給，衣装の賃貸，賃貸家屋の引渡しのように，期限前の給付では本来の義務の履行にならないものは，期限付債権であるとする。[12]

このジーベルの言う期限付債権は，わが国では定期行為（民法542条）と呼ばれているものである。[13] この場合には，時間の定めこそ，債務の本質的内容なのであり，ある債務に期限が設定されているという場合とは異なっている。従って，賃料債権や定期行為を除けば，期限付債権が約定された時点以前に効力を生じないとするのは疑問であり，むしろ期限以前にも効力が生じているからこそ，BGB813条 2 項（期限以前になされた給付の目的物の返還請求の排除）の規定が置かれているのである。

では，始期付義務負担行為によって生じた期待は，どのようにして完全な債権へと変容するのか。エンネクツェルスは，普通法について既に次のように述べた。期限付債権を期限前に侵害しない義務は，満期付債権における不

---

10) Blomeyer, aaO. S.19.
11) Siber bei Planck, Bürgerliches Gesetzbuch, Ⅱ 1 3a α zu §271, S.161.
12) Vgl. Henle, Lehrbuch I, §51 Ⅰ 2 S.367.
13) 我妻栄『民法講義Ⅴ1』岩波書店（1954年）169頁参照。

作為義務と同種のものである。従って、期限付債権について、債権がまだ完全に存在していないからというだけで、「前段階効 Vorwirkung」[14]という特別の概念を用いる必要はない。債務者が期限前に拘束されるということは、彼が実際に準備義務を負っていることに他ならない。この場合、債権および義務が、期限前に存在するという法的判断にとって重要なのは、期限前の債権の法的保証が、期限後のそれと同質のものであるか否かである。この点では、BGB163、160条が始期前に満期付債権におけると同じ保証を期限付債権にも与えているので、債務者の義務は法律行為の締結によって直ちに発生するとみなされ得る。[15]このように考えれば、ヴィントシャイトが述べたように、期限付債権において、債権は完全に存在しており、法律行為の法的効果は即座に発生するが、ただその主張がなされ得ないだけであるとみなし得る。[16]ライヒ裁判所も、始期の存在が争われた事件で、この見解を主張した。

RG. 3. 2. 1902, Gruchots Beiträge zur Erläuterung des deutschen Rechts 46, 366.

この事件では、被告が自分の特許によって収入を得たら直ちに借金の返済をすると約束した。訴えに対して彼は今までそのような収入は全く得ていないと抗弁した。ライヒ裁判所は期限の合意を次のように解釈した。この場合の時期は「一般に、期限の到来によってはじめて有効な権利を発生させるか、それとも権利は直ちに発生するが、ただその行使だけを期限まで延期させるか」そのどちらかである。前者の場合には条件の合意であり、後者の場合には期限の合意であると。

それでは、法的効果の主張の延期とは何を意味するのか。エンネクツェルスは、期限を債権の内容とした。たしかに、給付が、その性質または契約目

---

14) この言葉を用いるのは、例えば von Tuhr IS.183.
15) もちろん、期限前では契約の効力が弱められ得る。相続契約の効力は、被相続人の悪意の侵害行為に対してのみ保護される。BGB2287、2288条。
16) Windscheid, Pandekten I §96 S.427ff.

的から，期限時においてのみ意味がある場合には，期限は債権の内容をなす。オーストリアでは，これを原則として，オーストリア民法1413条に，債権者は彼の意思に反する時期に給付の受領を強制され得ない，と規定する。しかし，金銭債務の場合には，期限前の給付も認められるし，BGB271条2項においては，オーストリアとは逆に，給付の時期が定められている時に，債務者がその時点以前にも給付をなし得るものと推定している。

以上の点からして，期限を債務内容とするだけでは十分ではなく，債務者が期限前に給付を行う可能性も期限の中に認めなければならない[17]。このことから，ブロマイヤーは，期限付義務負担行為から生じる債権者の期待と呼ばれるものは，法律行為の締結によって生じる債権的権利自体に他ならず，期待概念を用いる必要さえないとの結論を出した[18]。なお，終期は，継続的給付の終了にしか意味がない。実際には，個別の債権にとって，終期が用いられることはほとんどない。

第2節 条件付義務負担行為

1 想定 (Unterstellung)

条件付法律行為の場合には，期限付法律行為と異なり，債権の取得が条件成就にかかっており，それが決定されるまでは権利取得は不確かである。そこで，条件付法律行為においては，債権の発生が条件成就まで延期され，その時点までは期待が存するにすぎないという考え方がある。しかし，ブロマイヤーはそれを否定する。

彼によれば，モデスティヌスの命題 (Digesta45, 1, 100)「現在および過去についての条件は，義務を直ちに消滅させるか，または直ちに発生させるかのいずれかである」が，現在でも通用する[19]。この過去および現在の事件についての条件は，将来の事件についての本来の条件と異なり，法律行為の有効・

---

17) Vgl. Blomeyer, aaO. S.27.
18) Blomeyer. aaO. S.31.
19) 日本の民法131条も同旨である。

無効が既に着手の瞬間に決定されているが、この条件も本来の条件も、法律行為の結果が行為の締結の時には、両当事者にとって不知の事情にかかっている点では共通する。このことは用語のうえでも、ラテン語のCondicioが両種の条件を含んでいること[20]、フランス民法も、両種の条件を区別せずに条件付義務について規定している（1181条1項）[21]ことに表れている。

ドイツでは、過去の事件についての条件を「排他条件 Exklusivbedingung」[22]とか、「前提 Voraussetzung」[23]と呼ぶ者がいる。しかし、排他条件という表現はその意味がわかりにくいし、前提もヴィントシャイトの前提と混同されるおそれがあるので、ブロマイヤーはヘンレの提唱した「想定 Unterstellung」[24]の表現を用いる。現代のドイツでは、この想定について商法（HGB）785条[25]および保険契約法（VVG）2条[26]に規定があるが、BGBには規定がない。BGB第1草案137条では、想定の場合には法的効果が直ちに開始するとしていたが、そのような取扱いはすでに一般原則から引き出されているという理由によって、後に削除された。従って、想定の有効性について疑問はない[27]。

想定の法的効果が法律行為によって直ちに発生するということは、債権が直ちに生じることを意味する。従って、ある想定のもとで給付を約束した者は、想定が成就していた場合には完全に義務を負い、想定が不成就であった

---

20) Vgl. Blomeyer, aaO. S.32.
21) フランス民法1181条1項「停止条件付に約したる債務とは、将来かつ不確実なる事実、又は現に発生したるも当事者のいまだ知らざる事実にかかる債務を言う」現代外国法典叢書（16）フランス民法Ⅲ財産取得法2、131頁を参照した。
22) Rudolf Leonhard, Irrtum 2Aufl. (1907).
23) v. Tuhr, aaO. Ⅱ1S.199, Ⅱ2S.279f.
24) Rudolf Henle, Unterstellung und Versicherung (1922).
25) ドイツ商法785条〔保険利益の欠缺〕1項「契約締結の時に、補償されるべき損害の生じる可能性がすでになくなっていたり、または既に補償されるべき損害が生じていても、そのことは保険契約の有効性に影響を与えない」。
26) ドイツ保険契約法2条〔遡及保険〕1項「保険は、それが契約締結以前の時点から始まるように契約され得る」。2項「この場合、契約締結時に保険業者が保険事故の生じる可能性が既にないことを知っていれば、彼は保険料請求権を有しない。保険契約者が契約締結時に保険事故が既に生じたことを知っていれば、保険業者は給付義務を負わない。保険業者が契約締結時に保険事故の生じたことを知らない限り、彼がそれを知る保険終了期まで保険料を請求し得る」。
27) Vgl. v. Tuhr, Ⅱ1S.199f., Blomeyer, aaO. S.33.

場合には全く義務を負わない。そして想定成就の場合に，その成就を知らなかったという理由で履行の準備を怠った者は責を免れることはできない。このように，法的効果が当事者の知・不知に関係なく発生し得るということは，明らかに法秩序が諸効果を法律行為のあった時点で知られていなかった諸事情の存否にまで結びつけることを意味する。想定が成就している場合はすべて，債権は法律行為によって直ちに発生し，この法的効果を整序するためにいかなる擬制も要しないのである。[28]

債務者は，債務の準備をしなければならないが，更に彼は想定の成就を知る前にも履行の義務を負うだろうか。もちろん，そうではない。その理由として，債権者は想定成就の証明を負担していると考えられる。しかし，債権者の権利主張が直ちにできないのは，証明の問題だけによるのではなく，想定成就を知るまでは，債務者が給付をしなくてよいとする合意に付加された想定の目的によるものである。[29] そこで債務者は，想定成就が明らかにされる前には履行義務を負わず，債権者の権利には想定成就の解明まで満期が付けられていることになる。[30] この見解は，プロイセン一般ラント法（ALR）でも採用され，想定付で与えられた権利は，条件とされた過去の事件が明確に証明される以前には，主張され得なかった。[31]

2 本来の条件付義務負担行為

BGBにおける停止条件の規律は，「条件にかかっている効力が，条件成就

---

28) Blomeyer, aaO. S.35.
29) Blomeyer, aaO. S.36.
30) Henle, aaO. S.199f. 彼はこのように満期が付けられていると解し得るためには一般に想定解明が困難な場合でなければならないとしている。
31) Allgemeiner Landrecht für die Preusischen Staaten vom 5. 2. 1794. Ⅰ4 §141. 想定が解除条件とされた時のプロイセン一般ラント法の規定「過去の事件が解除条件とされた場合に，その実現が証明されたときには，与えられた権利は最初から存在しなかったものとみなされる」（Ⅰ4 §143）について，ヘンレは，この場合の法律行為は想定実現の証明までは直ちに実現されるべきである（Henle, aaO. S.206）としながら，それは実体法的には存在しない権利を訴訟上行使できる可能性を与えているにすぎないと主張する。その意味で債務者に負わされた証明負担の問題としている。これに対してブロマイヤーは，給付義務が想定実現の証明まで実体法的にも存在すると批判する（Blomeyer, aaO. S.38）。

とともに始まる」(158条) ことを明らかにし，債権は条件成就の時に発生するとしている。また306条によれば，債権はその対象が可能な給付である限りにおいて発生し得るとし，条件成就の時にその対象が不可能になった場合には，債権の発生は妨げられる。そこでBGBは160条によって修正する。即ち，停止条件付権利を有する者は，条件未定の間に相手方の過失によって条件にかかる権利を侵害された場合には，条件が成就した時に相手方に対し損害賠償を請求できる。従って，160条の効果をみれば，条件付義務負担行為から生じる債務者の責任が，無条件の義務負担行為から生じる責任と同質であることがわかる。キューネは，構成要件効の分析の中で次のように述べている。「同様の要件事実の付加物（例えば債務者が責を負うべき不能）が，両方の場合において一次的法効果（条件付の場合には構成要件の効果，無条件の場合には完全に成立した債務）の全く同質な内容的変更（損害賠償請求権の発生）を呼びおこすのである。ただ条件付の場合にはこの変更が潜在的に生じ，無条件の場合には実際に生じるにすぎない。キューネは，条件成就の場合には，無条件の義務負担行為におけると同様に，債務者が給付の準備義務を負うとする。

　しかし，通説は債務者は条件成就までは給付義務を負わず，ただ債権者の条件付権利を侵害しないという消極的義務だけを負うとする[33]。この義務は，条件成就後の義務と密接に関連するものではなく，「前段階効（Vorwirkung）」にすぎないとされる[34]。それ故，条件付の主債務は条件成就前には存在せず，これとは別に主債務の発生を目的とする別の条件付債務が存在することになる。債務者は，主債務とは異なり，この債務を侵害することはできる。このような通説に対して，ブロマイヤーは，条件が不成就のときにこの債務が侵害されても法的効果がなにも生じないことを通説では説明できないと批判した[35]。

　前段階効説には，債権の発生延期を維持しつつ160条を説明し得る長所があったが，給付の準備（前段階効）と給付（本来の債務）の間の密接な関係をみ

---

32) Eberhard Kühne, Tatbestandsteilug, S.29.
33) v. Tuhr, II 2S.294; Werner Flume, Allgemeiner Teil II S.714.
34) v. Tuhr, II 2S.292 N.8.
35) Blomeyer, aaO. S.40.

ないという致命的弱点もあった。160条による義務違反が条件不成就の際に効力を持たないのは，この準備義務が給付義務と一体的なものであることを示していたのであり，ブロマイヤーの批判もこの点に立っていた。

　従来，この両義務を一体的なものと説明するのに2通りの方法があった。条件成就の「遡及効」と未確定（Pendenz）理論である。しかし，今日ではほとんどの学説が遡及効という擬制を用いることに反対する[36]。法律行為の効力が，その諸要件事実の完全な充足によって発生するなら，条件付法律行為も条件成就という要件の充足によってはじめて効力を持つ。しかし，条件成就の場合に160条の義務を本来の給付義務と一体的なものとして説明するために，効力発生の時点をその前にずらすのが遡及効である。そこで，実際には結果（債権発生）が原因（条件成就）に先行することはあり得ないのに，法律的には考え得ると主張されることになる[37]。だが，この考え方には疑問がある。ある法的取扱いは，その法的対象に対応しているのであり，法的対象自体は客観的存在である。客観的な原因と結果という対象が，法律面においてひっくり返ることはあり得ないはずである[38]。

　では，どのようにして本来の給付義務と準備義務を，擬制なしに一体的にとらえ得るのか。ブロマイヤーは次のように述べている。

　法がある事実に対してある効果を与える場合に，その効果が生じるために必要な前提が諸要件事実である。これらの要件事実は，必ずしも効果の生ずべき一時点のみに存するのではない。例えば，日食の来る1週間前にその無害性について注意報を出すべしという法命令は，日食という後の事実を要件として，1週間前に当該官庁に対して効力を持つ。従って，条件付法律行為において制裁規定（160条）がある以上，準備義務があり，この準備義務違反の法的効果が給付義務違反の効果と同じである以上，これらの一体的義務は制裁規定に対応して，後の条件成就という要件を持って法律行為締結の時に有効に発生する。法的効果が，その時点ではまだ明確にされていない事情を

---

36) Kühne, aaO. S.18, 30; Blomeyer, aaO. S.42ff.; Flume, aaO. S.723f.
37) Vgl. Enneccerus, aaO. S.193.
38) Bekker, System des Heutigen Pandektenrechts, II S.307.

要件として発生し得る例は，想定が提供している。ある局面において，法的効果がその制裁 (Sanktion) とともに始まり，たとえ当事者がそれによって存在する権利または義務を認識し得なくても，現実に法的効果が存在し，当事者達がその準備をしなければならないと認識することはあり得る。故に，条件付権利は期限付権利と同じく，法律行為の締結によって直ちに発生する。ただ，前者は後者と違って，それが確実に存在するか否かが，知られていないだけである。[39] このように法的効力が即座に発生すると考える場合，その効力は法律の規定だけによって生じるのではなく，当事者の意思とそれに対する法律の承認によって生じるのである。[40] ただ，効力が生じるのは，あくまでも後に条件が有効に成就する場合だけであるため，効力の発生は当事者の意思ではなく，条件の成就によって決定されるのではないか，との疑問が常に出される。これに答えるのが未確定理論 (Pendenz Theorie) である。[41]

未確定理論によれば，条件成就が明らかにするのは，あらかじめ開始していた法的効果であって条件付法律行為の存在ではない。条件成就までは，当事者達にとって法律行為の有効性が不確かなのであり，この点では将来の事件についての条件も想定も同じである。重要なのは，条件とされた事件が当事者にとって不確かであることであり，客観的にも不確かである必要はない。

未確定理論に対しては，条件付法律行為において，ある人間の行為（例えば弁済）が条件とされる場合には，人間の意思は自由に決定され得るのだから，条件成就前にすでに法的効果が発生するとするのは疑わしいとする反論があり得る。しかし，行為者が意思を決定するにあたって，彼は自由ではあるが気ままに決定するのではない。彼は合理的かつ可能と考えたように決定するのであり，この意味において彼の決定には必然性があり，それは法律行為の時点において十分に予測可能なのである。

またキューネは，未確定理論に対して，法的効果の擬制を行うものと批判する。[42] 条件成就前の法的効果は中間効で十分に把握され得るので，それ以上

---

39) Blomeyer, aaO. S.44ff.
40) Enneccerus, aaO. S.159.
41) AaO. S.232ff., 249ff., 335ff., Blomeyer, aaO. S.50f.

具体的に説明しようとすればどうしても擬制を用いることになるとする。しかし，今まで述べたように，条件成就前の権利は本来の債務と異なる中間効ではないし，未確定理論自体も「具体的に説明する」のを目的とするものではない。未確定理論は，要件事実の一部が将来明らかにされる事情にかかるときでも，法的効果が直ちに発生する場合を体系的に位置づけるものである。ブロマイヤーは，そのような場合として，契約の申込み，選択債務，双務契約，そして所有権留保売買をあげて，順次検討している[43]。

ブロマイヤーの考え方は現在でも通説ではなく，通説の側からさまざまな批判がなされている。その中でも代表的なのがラーレンツの見解であり次のように述べている。

我々の法体系において，BGB160条1項を整序するために，ブロマイヤーが主張するような，債務契約において条件が成就すれば契約上の給付は既に最初から負わされていたのだ，といった見解は必要でない。なぜなら，今日の市民法ドグマーティクは，債務関係の本来的給付義務から，給付が侵害されず他の契約部分も損傷から保護されることを保証する，契約上または法定の付随義務として，その他の行為義務（Verhaltens Pflicht）を区別しているからである。特にこれに属しているのが，契約にかなった給付を可能にするために適時に必要な準備を行う義務（準備義務）であり，給付を不能にしたり危殆化したり債権者にとっての価値を減少させるようなあらゆる行動をつつしむといった義務（保護義務）である。それ故，この160条1項が意味することは，給付義務が停止条件付であっても，この準備義務・不作為義務は契約の締結とともに直ちに発生するということである。このような理解こそ法律行為の意味に最もよく対応している[44]。

債務の内容が給付義務と準備・保護義務に区別されることはラーレンツの言うとおりであるが，停止条件付債務において給付義務は条件付で発生し，

---

42) Kühne, aaO. S.30f.
43) ブロマイヤーは「条件理論研究」の第5章で「契約の申込み」，第6章で「選択債務」，第7章で「双務契約」を分析し，その後，処分行為から所有権留保へと検討を進めている。
44) Karl Larez, Allgemeiner Teil des deutschen Bürgerlichen Rechts 3Aufl. (1975) §25Ⅲb S.428f.

準備・保護義務は無条件で発生するという考え方には賛成できない。条件未定の間に債務者が条件にかかる権利を有責に侵害した場合，そこで生じるのは準備・保護義務違反による損害賠償義務であるとしても，条件が成就する場合にはそれは結局，キューネが言うように一次的法効果の内容的変形物であって，給付義務違反による損害賠償と異なるものではない。従って，準備・保護義務と給付義務を切り離す必要はなく，まして給付義務は条件付で発生するという必要などどこにもない。

このように，義務負担行為においては，条件付債権と無条件の債権の間に，原則的な構造上の差異が存しないと考えられるが，処分行為においては，条件付諸権利と完全権との関係はより複雑なものとなる。

第3節　期限付処分行為

BGBの始期付権利について，エンネクツェルスは，即座の支配ではなく満期時の支配を内容とするものであるが，現在の権利であるとした。しかし同時に，このことは債務行為と質権設定についてのみ妥当し，その他の場合には取得権または期待が発生するにすぎないと述べた。[45] そこで，始期付処分における譲渡人および終期付処分における取得者は，期限到来までは権利者であることになり，この両者において期限までの限られた期間内の「有期権利保有 Rechtsinnehabung auf Zeit」という現象が生じる。これは中世初期のドイツ法に存在したものであり，所有権についても「有期所有権 Eigentum auf Zeit」[46] があった。この時代には用益権の利用と並んで，所有権を一生の間，移転することが行われていた。このことは，所有権概念に現れる権利保有のドイツ的思考と密接に結びついていた。それは，制限物権に対し，所有権を権利の範囲が異なるだけであるとみなし，[47] 制限物権を支配権能として所

---

45) Enneccerus, Lehrbuch des bürgerlichen Rechts, IBd. 3Aufl. (1908) §43; Enneccerus, Rechtsgeschäft, S.307ff.
46) Otto Gierke, Deutsches Privatrecht, IIBd. (1905) S.352 und N.13.
47) AaO. S.355, 359.

有権と質的に対等なもの,[48] 即ち分割された部分的支配権能とみる考え方であった。そこでは,所有権は他の諸物権と並ぶ1つの物権にすぎなかったのである。[49]

ギールケによれば,ドイツでは所有権という概念でもって物権的支配の他の諸形式をカバーすることが行われていた。[50]中世を通じて所有権が他の物権的権利から一層区別されるようになっても,有期所有権の概念は依然として存在した。ギールケは終期付所有権移転について,終期が来るまでは取得者が所有権者であり自主占有者である。しかし譲渡人には,期限到来の時に所有権が復帰するという期待が残されている。そして所有権は,期限到来とともに法律上当然に (ipso iure) 復帰する」と述べた。[51]しかし,「法律上当然に復帰する」という説明だけで十分でないことは明らかであった。[52]

普通法の学説においても,終期付権利の最も重要な場合として,取り返し得る所有権 (dominium revocabile) という終期付所有権が扱われていた。そこでははじめに完全な所有権が移転されるが,後に一定の事情が生じることにより,その所有権は有期所有権者の意思から独立して彼から離れ,他の者に取得されることが確定されていた。[53]この有期所有権者の所有権帰属の時間的制限は,「既に最初から存在する将来の所有権の帰属,特に復帰を目的とする確定的権利」によってなされた。[54]この点で,ドイツ法も普通法も同じ考え方に立っていた。

しかし,所有権 (dominium) と他物権 (ius in re aliena) との区別については,ロマニステンとゲルマニステンの間に対立があった。ヴィントシャイトは,所有権を「物についての豊富な権利 (Fülle des Rechts an der Sache)」ととらえ,「この豊富さの単なる表出」としての個々の権能と区別した。[55]ロマニステン

---

48) AaO. S.348 N.2.
49) AaO. S.359.
50) AaO. S.353.
51) AaO. S.551 N.28.
52) Vgl. Blomeyer, aaO. S.128.
53) Vangerow, Pandekten, 7Aufl. (1863) §301, S.555; Windscheid-Kipp, Pandekten, §165 N.8.
54) Vangerow, aaO. S.557 Nr.3.

の学説は，負担が付着している場合でも所有権はそのまま存続するとしたが，このような裸の所有権（nuda proprietas 負担が付くことによって各権能が失われている所有権）という概念こそ，ゲルマニステンの批判の対象となったのである。ゲルマニステンは，一時的に内容の空になる場合でも，それ自体同じものとして残る」権利を，抽象的形象にすぎないと批判した。従って，所有権と他の物権的権利との間には，ヴィントシャイトのとは別の区別が，求められなければならなかった。

　ブルンスは，制限物権の設定によって一定の権利が所有権から完全に分割されるが，その結果，所有権者がその権利を失ってしまうのではなく，物の一定の支配権限のみが制限物権者に与えられると考えた。それ故，制限物権者がこの権限を実行する限りにおいて所有権者を制限するが，他方で所有権者はすべての第三者に対して所有権の全範囲を主張し得るのである。しかし，この見解には弱点がある。負担となっている権利の所有者（用益権者）は，他人の権利を実行する権限を持つのではなく，彼自身の権利を実行するのであり，所有権者はまさにこの権利を持っていないのである。

　ノイナーは，所有権とその他の物権は権利の対象において違っているとした。物権はその特定の対象に対する完全で排他的な支配であるが，その対象は所有権においては物自体であり，制限物権においては「特定の利用自体」であるとした。この理解は納得できるが，所有権と制限物権の関係を明らかにするうえでは決め手とならない。例えば，所有権が終期付で移転された場合，譲渡人の復帰権と取得者の終期付所有権の，どちらが物の利用を対象とするかと言えば，それは後者である。しかも，前者も明らかに物権である。問題を解く鍵は「所有権に付着している制約が抜け落ちれば，所有権が直ち

---

55) Windscheid-Kipp, aaO. §167. 彼は所有権を「個々の権能の総体」ととらえることに反対し，所有権を論理以前のものとしている。そして，所有権の個々の権能は所有権の力によってのみ与えられていると考えた。

56) Gierke, aaO. S.360f.

57) C. G. Bruns, Pandektenrecht, in Holtzendorffs Encyklopädie, §33, 2, 6Aufl. (1904) Bd. 1 S.340.

58) Blomeyer, aaO. S.125.

59) C. Neuner, Wesen und Art der Privatrechtsverhältnisse, (1866) S.55f.

にその完全な豊かさを取り戻す」点にある。つまり，所有権はその負担よりも存続期間が長い。プリューガーは所有権と制限物権の区別を権利の内容ではなく権利の存続期間に求め，所有権の定義として「永遠の権利」とした。所有権は相続され得るものであり，権利者の生涯を超えて対象が存在する限り存続する権利である。これに対し，制限物権，例えば用益権は権利者が生きている間の権利であって相続され得ない。故に用益権者は目的物の保管義務を負っている。プリューガーの定義の正当性は，所有権が時間を限って帰属させられ得るかを検討することによって与えられる。古典期のローマ法は有期所有権を否定したが，ユスチニアヌスは有期所有権を承認した。そこで，期間を区切って帰属する有期所有権は，果たして「所有権」の概念に含まれ得るのであろうか。

　BGBについての学説は，始期付の物権的権利および終期付で処分を行った者の権利を，期待とみることによって，それぞれの相手方の有期所有権を完全な所有権とみており，有期所有権が「所有権」概念に含まれることになんらの疑問も出していない。しかし，フォン・トゥールは，始期または終期付権利移転が移転的（translativ）譲渡であるのか，それとも設定的（konstitutiv）譲渡であるのかを問題にした。移転的譲渡においては権利は終局的に取得者へ完全に移転し，設定的譲渡においては元の権利より内容の狭い権利が発生し，それが移転する。トゥールによれば，停止条件付（または始期付）譲渡において移転的譲渡が生じるのは条件成就（または期限到来）によってである。しかし，権利は既に処分行為によって両当事者に分割されている。譲受人は直ちに譲渡人の権利から分割された期待を持ち，この期待は条件成就（または期限到来）によって完全権に変わる。譲渡人の権利は期待が分割されること

---

60) Windscheid-Kipp, §167 bei N.6.
61) H. H. Pflüger, Über den Begriff des Eigetums, AcP78 (1892) 389ff., 397f. 所有権が無制限の存続期間を持つことは前から認められているが，プリューガーはそれを定義として用いた。
62) Fragmenta Vaticana 283.
63) Codex.8, 54, 2; Codex.6, 37, 26.
64) v. Tuhr, Allgemeiner Teil, II 1 S.59ff.
65) AaO. S.62.
66) AaO. S.59 N.1.

によって縮少された権利であり，条件成就とともに法上当然に（ipso iure）消滅する。反対に解除条件付（または終期付）で譲渡する者は，彼の権利全部を手離すのではなく，権利の復帰について期待を保持する。譲受人の終期付所有権は「所有権の本質に属するところの，原則として時間的に制限されない権能を有するものではなく，むしろ完全な所有権と比べて弱められた物の支配」なのである。トゥールは正当にも条件または期限付処分によって生じた，期待と，期待によって削減された権能との分割を，設定的譲渡に類似した現象ととらえた。終期が到来すれば，中間期間において期待とみられていた譲渡人の権利が，あらゆる設定的譲渡におけると同じく，元の完全な権利に戻ることは明らかである。

ブロマイヤーは，フォン・トゥールの分析のうえに立って，始期付の所有権移転において設定的譲渡による取得者の期待が，期限到来によってどのようにして移転的譲渡による完全な権利へとすすむのかを検討する。ここでも問題は，有期所有権が果たして所有権としてとらえられることができるのかということであり，そのためには所有権と制限物権という概念の内容を明確にすることが必要である。なぜなら，有期所有権は，このどちらかへ位置づけられなければならないからである。

所有権，用益権，その他の物権は物についての権利として同種のものであって，物を直接にとらえる。両者の差はフックスの言うように，所有権は物について特に禁じられていないすべてのことを行う権利であり，他の物権は物について特に許されたことのみを行う権利である点に存するようにみえる。他にも所有権を，物についての「豊富なすべての法的に可能な諸権限」とか「物について可能な支配権の総体」「無制限の支払い」「完全な法的支配」

---

67) AaO. S.68.
68) v. Tuhr, Allgemeiner Teil. II 2S.312 N.133.
69) Blomeyer, aaO. S.129ff.
70) Wilhelm Fuchs, Unendlichkeits probleme im Recht, Logische Studien 2Heft (1920) S.43ff.
71) Windscheid-Kipp, §167 S.857.
72) Gierke, aaO. S.358f.
73) Savigny, System des heutigen Römischen Recht, I Bd. S.367.
74) Puchta, Pandekten, 11Aufl. (1872) §144 S.218.

第 4 章　ブロマイヤーの条件理論　127

「物について考え得る諸権限の一体となったもの」と主張する者も，フックスと同じ考え方に立っている。所有権に負担が付いている場合，所有権者は負担との関係で彼に禁止されている事を除いて，すべての事を行い得る。負担たる権利の保有者は特定の事のみを行い得る。しかし，所有権＝抽象性，負担＝特定性という定義で，果たしてある権利が所有権であるのかそれとも負担であるのかを理解し得るであろうか。例えば所有権に最も強力な負担が付いている場合には，その所有権にはもはや特定の権限しか残っておらず（例えば約定期限後における所有権に基づく返還請求権），反対に負担には豊富な諸権限が属する（例えば占有・利用・収益）ということになる。この場合に所有権＝抽象性，負担＝特定性をあてはめることができるだろうか。もちろんそれは無理である。ではなぜ，この場合に所有権がなお所有権として存続し得るのであろうか。

　ブロマイヤーは，所有権における実体（Substanz）と偶有性（Accidens, Akzidenz）を問題にした。即ち，所有権においてはどのような権限の分離が非本質的なもの（偶有性の分離）であるのかということである。例えば不動産所有権は通行地役権が存在しても，その本質に影響を受けない。物の実体はなお所有権者が処分し得るからである。所有権者はその所有権を保持し続けるなかで，物の実体については無傷のままで保持している。一時的に負担が付けられても，このことは変わらない。即ち，物の所有権は時間の経過という連鎖の中の各時期において，その度ごとに無限の多数の所有権に分解するのではなく，その対象の全存続期間にわたって一体的な（einheitlich）権利として存続する。用益権についてもこのことはあてはまる。それ故，権利の実体は，その存続期間のモメントを含まなければならない。ここでプリューガーの指摘の重要性が明らかになる。即ち，所有権だけが時間的に無制限であり，用益権は有期的な権利にすぎないということである。用益権に無制限の期限を認めれば所有権は実際には意味を失う。従って，所有権から一時的に

---

75)　Windscheid, Pandekten, §167 (bis zur 4Aufl.).
76)　なお，所有権概念については，川島武宜『所有権法の理論』岩波書店（1946年）1－4頁参照。
77)　Blomeyer, aaO. S.132f.

諸権限が取り去られても，それは所有権にとって非本質的な縮少にすぎない。この見地から，所有権者が期間経過後に完全な支配を得ることを保証する諸規定を考察すれば，これらの規定（例えばBGB161条）は単なる期待を保護するのではなく，現存する所有権を保護するものであることがわかる。[78]

　以上，所有権とその負担との間の質的差異をみてきたが，まだ普通法とドイツ法の間の見解の対立が残っている。普通法の見解によれば他物権（ius in re aliena）を有する者は他人の物の権利を持つにすぎないが，ドイツ法の見解によれば彼の諸権限が十分なものであれば，その物は彼の所有物になる。この問題は数年間位の用益権では全く意味がないが，非常に長期の不動産の用益権の場合には大いに意味を持つ。

　今世紀のイギリス法が，その具体的な例を提供している。1925年の財産法（Law of Property Act, 15 Geo.5., c.20）の第1条1項は，所有権（無条件相続土地所有 estate in fee simple）の他に，「数年の間絶対的な土地貸借権（term of years absolute leasehold）」をも不動産物権（estate in land）と呼んだ。この leasehold の存続期間はさまざまであるが，99年とか999年といった期間の leasehold もしばしば合意される。しかし1925年の財産法149条6項は，現在のこのような契約を90年間に制限した。1922年以前には賃借人が絶えず延長できる貸借権（永遠に更新できるlease）も存在した。このような契約は1922年の財産法以来2000年間のものと推定され，借地人（lessee）だけが解約告知権を持つようになった（145条および付表15）。土地の所有権者（lessor）は期間経過後の復帰権（reversion）を持つが，しかし彼は，賃借権が存続している間，絶対的な estate in fee simple を有していると言えるであろうか。伝統的なイギリス法の考え方に立てば，法的不動産所有権として存在するのは，借地人の権利だけであり，賃貸人には復帰の利益があるにすぎない。現代のイギリス法学では，借地人の権利は他物権であり，所有権に固着し他人所有の財産を利用する不動産上の負担とされる。たしかに所有権の永続性・負担の有期性からすれば，2000年間の利用権も他物権と言える。しかし，2000年もの利用

---

78) AaO. S.134.

権ということになれば、もはや所有権となんら変わるところがなく、法的実体についての権利とみなされるだろう。[79] 従って、このような極端な場合には、所有権の永続性・負担の有期性という考え方はあてはまらない。結局、所有権と負担（他物権）とは、ある対象についての権利を分割しあう関係に立つ。負担が短期間のものである場合には所有権は実体を奪われず存続し得るが、他物権が極めて長期のものとなり、権利の実体を奪うようなものになるときは、他物権が所有権となり、所有権者であった者は逆に負担となる復帰権を持つにすぎなくなる。[80]

BGB以前のドイツ法は分割された所有権の1つの形式を認めていた。それは、上級所有権・下級所有権という一組の形式であり、そこにおいては2人の者に所有権が与えられた。土地を耕し、利用し、その相続人に引き継がせる者は、その土地を所有しているのであって、一生の間、他人の土地を耕しているわけではない。他方で、土地の占有を耕作者に引き渡す者も、その土地の所有者であった。[81] しかし、現代ではもちろん、このような形式は認められない。[82]

我々が対象にする期限付処分においては、2000年間もの用益権の設定などは無視してよく、その意味で、永続的権利としての所有権と、その他の有期的制限物権の区別が最も重要である。そこで、終期付所有権移転においては、譲受人の権利が負担であり、譲渡人の権利は負担を負った所有権である。期限到来による復帰についての譲渡人の期待は所有権に他ならない。この期間を区切られた取得者は所有権を取得したのではなく、物の実体に影響を与え

---

79) Blomeyer, aaO. S.136f.
80) ブロマイヤーの所有権概念については、Außerpositiven Grundlagen des Privateigentums (1929) および、その要約である Archiv für Rechts-und Sozialphilosophie 31 (1938) 352ff. を参照。
81) ドイツにおける上級・下級所有権の歴史については、Heinz Wagner, Das geteilte Eigentum im Naturrecht und Positivismus (1938), Untersuchungen zur Deutschen Staats- und Rechtsgeschichte, Heft 149 参照。ローマ法における類似の形式については、Koschaker, Zeitschrift der Savigny-Stiftung fur Rechtsgeschichte Rom. Abt. 58, 252ff. 参照。
82) ライザーは、彼の所有権分割論の根拠として、上級・下級所有権や時間的に前・後の所有権という共有形式をあげているが、現在の法理論の根拠とはなり得ないと思われる。Vgl. Raiser, Dingliche Anwartschaften, S.54.

てはならない制限された物権を取得したのである。始期付処分においては，譲渡人の期限までの「所有権」は，実はその所有権の負担にすぎない。始期付処分によって権利は直ちに譲受人に取得され，ただ期限まで譲渡人の権利による負担がついている。このことはちょうど，停止期限付義務負担行為において，債権者がまだ給付を請求できないにもかかわらず，直ちに債権者になるのと同じ関係である。[83]

第4節　期限付権利移転

　債権の停止期限付譲渡は原則として認められる。[84] しかし実際上はあまり用いられない。というのも利子付債権においては，期限までの利息を留保した債権の譲渡か，用益権を設定したうえでの債権譲渡で十分だからである。それでも一応，停止期限付債権について検討する。この場合，譲受人（取得者）は譲渡人の他の処分に対してBGB163，161条によって保護される。それ故，譲渡人の債権からは既に取得者の「期待」が分離されており，この期待は期限到来によって債権へと変身する。

　債権においては，この期待が譲渡された権利の実体を有することは特に明らかである。譲渡された債権の債務者は，期限到来時に譲受人に支払わねばならない。彼は譲渡人に支払っても免責されない。なぜなら，譲渡人が受領することは，BGB161条によって譲渡人に禁じられている，期限時の債権の移転を妨げる処分だからである。[85]

　だが譲受人が債権の実体を有するということは，債権者と債務者の間のすべての関係にあてはまるわけではない。債権がその本体において直ちに移転したとしても，本体から切り離され得るすべての権利は，一般に譲受人が期限まで留保しているからであり，特に利息についての権利がそうである。しかも利息の権利は債権の本体と結びついているのであり，留保された権利の

---

83) Blomeyer, aaO. S.140f.
84) 代表的なものとして RG.90, 274.
85) Vgl. v. Tuhr, aaO. II 1 S.240 N.24.

所有者として譲渡人は譲受人の行うすべての処分に対して保護される。[86]

　取得者による期限前の債務の免除，支払いの受領，取立ての問題を考えてみよう。債権の実体がすでに取得者に帰属していることから，彼は期眼時の支払いを目的とする債務を前もって直ちに免除し得る。しかし，債務免除は譲渡人のいかなる権利も侵害してはならない。利息債権は期限まで発生し続けなければならない。それ故，フォン・トゥールは，この債務免除の効果は期限時において生ずるとした。[87]同様に，債務者が期限前に取得者に債務を支払おうとしても，譲渡人は利息債権の所有者として反対し得る。債務者は両者の共有になるように給付し得るだけである。また取得者は，期限前に満期のきた債権を譲渡人と共同でのみ取り立て得るとすべきである。取得者が将来においてはじめて債権を取得し得るからではなく，取立てによって譲渡人の権利が侵害されるからである。[88]

　債権の停止期限付譲渡における譲渡人の権利は，期限までの債権の用益権者の権利と良く似ている。譲渡人の利息債権には用益権者の利息債権が対応する（BGB1076条）。取立ては共同でしなければならないこと（BGB1077条・1078条）や，取り立てた金銭の再投資を共同でしなければならないこと（BGB1079条）も類似している。ただ譲渡可能性と相続可能性だけが異なっている。譲渡人の権利にはこの両方が認められるが，用益権者には両方とも禁じられている（BGB1059条・1061条）。それ故，譲渡された債権に対する始期までの譲渡人の権利は，債権の用益権よりも範囲の広い，用益権に類似した負担である。終期（解除期限）付譲渡における譲受人も同じ権利を持つ。この権利が譲受人に一生の間，帰属するなら，用益権との区別は一層少なくなり，その結果，場合によっては一生の間の利息利益の譲渡が，用益権の譲渡とみなされることにもなる。[89][90]

---

86) 利息のない債権については，期限付譲渡はほとんど意味を持たない。
87) v. Tuhr, aaO. Ⅱ2 S.325.
88) Blomeyer, aaO. S.142f.
89) RG.76, 89は一生の間，未亡人に属するとされた抵当権（の付いている債権）が，彼女の死後，その子ども達に帰属する場合であった。彼女の権利は解除期限付であるが，子ども達の権利は停止期限付である。

ところで，停止期限付債権譲渡は前にも述べたように可能であるが，用益権を留保した債権の譲渡は，ローマ法とは異なって[91]，ドイツ法では認められない。というのもドイツでは用益権を負担が付けられる権利の量的な一部分とみるのではなく，それとは別個の独立の権利とみるからである。それ故，用益権留保のもとでの債権譲渡と同じ目的を達成しようとすれば，債権の取得者が譲渡人のために用益権を設定しなければならない[92]。更に，この用益権留保の下での債権譲渡と区別されなければならないのが，利息留保の下での債権譲渡であって，ドイツでは20世紀に入ってから，抵当制度の要請から発達してきた[93]。すでにBGBの編纂者は，債権譲渡において，果実，利息，違約金の請求権も同時に取得者に移転するのかについて，個々の場合の解釈に委ねた[94]。その後の判例が，将来のすべての利息債権を将来の債権として譲渡し得ることを承認してからは[95]，この権利は利息享益権（Zinsgenuβrecht），利息権（Zinsrecht），利息債権（Zinsforderung）と呼ばれ[96]，債権者が主たる債権の譲渡において，この権利を黙示によって留保する可能性すら与えられているとされるようになった[97]。この利息権は，将来の利息の全体を含み，債権の用益権と比べると，譲渡および相続可能という長所を持つ。しかし，他方で個々の利息は主たる債権の存在に依存しており，主たる債権の取立てと弁済によって消滅してしまう。それに対し，停止または解除期限付譲渡は，利息留保の長所を放棄することなしに，この弱点からも免れ得る。

　始期付で譲渡した譲渡人の権利と用益権との類似を踏まえて，次に，有期

---

90) KG.（OLGRspr.12, 13）では，ある人が抵当権（の付いている債権）の贈与において，一生の間の利息利益を留保した。登記裁判所（Registergericht）は彼のために用益権を登記した。KGJ.40, 275の，抵当権が，譲渡の日から第三者に利息が帰属するという条件で譲渡される場合も同じである。

91) D.7, 2, 5.

92) Vgl. KGJ.51, 293. 用益権留保の下での抵当権の譲渡について。

93) Blomeyer, aaO. S.145f.

94) MotiveⅡ S.125.

95) RG.74, 78.

96) KG. HRR.1931 Nr.2060（利息享益権），RG. Warn.09 Nr.454（利息権），Biermann,§1152 Erl.2（利息債権），Vgl. RG.84, 218（将来の利息に関する権利）．

97) RG.86, 218, KGJ.46, 240.

所有権と用益権を比較してみよう。用益権は所有権取得者によってはじめて設定されるのに対し，譲渡においては権利が留保される。この差は占有に現れる。用益権の設定はBGB1032条によって用益権者への物の引渡しを要する。それ故，物を譲渡すると同時に譲渡人のために用益権を設定する場合には，物を譲渡人に渡し返さなければならない。そこで譲渡人が直接占有を得るので，彼は用益権者として取得者の占有媒介者（Besitzmittler）である。取得者が直接に占有しなければならないときには（例えば受託者または賃借人として）譲渡人は間接占有を持つ。そこで，取得者は用益権者に占有を媒介する点で直接他主占有を有するようにみえるが，その用益権者も取得者の占有を媒介しているのであるから，結局，取得者は所有権者として間接自主占有を有する。

ところが期限付譲渡においては，通説によって異なって判断される。終期付譲渡においては，直接に物を占有する終期付権利者が自主占有者とされ，期限後の権利者（期待権者）には占有が認められない。[98] 始期付譲渡においては，譲渡人が間接自主占有者とされる。[99] しかし，期限付権利移転と用益権留保の権利移転の類似からすれば，この結論には問題があるように思われる。そこでブロマイヤーは次のように主張した。

通説は所有権と期待を絶対的な対立物としてとらえるが故に，有期であっても所有権である以上，有期所有権者が自主占有を持つとし，期待には他主占有しか認めない。しかし，用益権が付けられている間の所有権者が，将来になってはじめて物を帰属させ得るにもかかわらず，物を間接的に自己の物として占有するのと同じように，終期後の権利者（期待権者）も，既に前に述べたように所有権者の実体を有するのであるから，終期以前に自主占有を有している。単なる一定期間の権利者（終期付権利者）は，制限された権利を持つにすぎず，常に物を復帰させなければならないことから，他人の物として占有するにすぎない。始期付権利者の場合にも，既に彼が所有権者としての実体を有するが故に自主占有者である。もちろん彼の所有権には，譲渡人の

---

98) v. Tuhr, aaO. II 2 S.312 N.132.; Gierke, Deutsches Privatrecht II S.551 N.28.
99) Rühl, Eigentumsvorbehalt und Abzahlungsgeschäft, S.104.

権利による負担が付いている。

　有期所有権は占有を伴うのが常であり，始期付譲渡における譲渡人も占有権を持つ。取得者が物を直接占有している場合には，譲渡人は間接的な占有を持つ。取得者は自主占有者であると同時に譲渡人の占有を媒介していることにもなる。ここで用益権との比較が思い出される。始期付所有権移転における占有状態は，取得者が終局的に物の所有権を取得したうえで，彼に引き渡された物に対して譲渡人に占有改定による用益権を設定した場合と同じ占有状態である。取得者は直接占有者として譲渡人の占有媒介者であり，譲渡人も有期所有権者として取得者の占有媒介者である。その結果，取得者は2段階の間接占有を経たうえでの自主占有を持つのである。[100] 用益権の設定との違いは，始期付譲渡においては明示の占有改定は必要でなく，むしろ法律が譲渡において物権の留置 (Rückbehaltung) を認めていることから，このような占有状態が停止期限付行為による引渡しから，当然に生じるということである。[101]

　有期所有権と用益権は，権利の内容においても，わずかに異なるだけである。

　分離果実の所有権については，留保された所有権も用益権も同様に規律さ

---

100) 同じ占有状態は，ドイツの法定財産制 (gesetzlicher Güterstand) において，夫の後見人たる妻が，彼女の持参金 (eingebrachtes Gut) を管理する場合にも生じる。
101) Blomeyer, aaO. S.148f.
102) BGB953条　物の産出物その他の構成部分は分離後といえども，その物の所有者に属する。ただし，954条ないし957条により別段の結果を生じるときはこの限りでない。
　BGB954条　他人の物の上に存する権利に基づき，物の産出物その他の構成部分を収取する権利を有する者は，955条ないし957条の規定にかかわらず，分離とともにその所有権を取得する。
　BGB1030条　物は用益権の目的となすことができ，用益権者は物の収益を収取する権利を有する。用益権は各個の収益を排除することによってこれを制限することができる。
　BGB1039条　用益権者は，通常の経営法則に反して収取しまたは特別の事件の結果しかたなく過剰に収取したる果実についても所有権を取得する。ただし，用益権者は用益権の終了にあたり所有者に果実の価格を賠償し，かつこの義務の履行につき担保を供すべき義務を負うべきものとする。この義務は過失の責任を妨げることはない。所有者ならびに用益権者は賠償すべき額を，通常の経営に相当する限度において，物の原状回復のために支出すべきことを請求することができる。
　物の原状回復のために支出すべきことを請求しない場合においては，用益権者の権利に帰属すべき収益が，不適当または過剰に果実を収取したことによって，侵害されたる限度において，賠償義務は消滅する。

れる（BGB953条・954条・1030条・1039条1項1文）[102]。

所有権者と用益権者の間の法定債務関係についての諸規定（BGB1039条1項2文・同2項・1041条以下）[103]は，期限付所有権には存在しない。BGB160条は，譲渡人による侵害に対して，取得者の権利を物権的に保護するのではなく，債権的効果（損害賠償）を与えているだけである。しかし従来の学説によっても，始期付譲渡人は「所有権者」として期限まであらゆる制約なしに物を処分できるわけではなく，契約の解釈および期限の目的によって一定の債務関係が存在すると判断され，しばしば用益権的な内容すら与えられた[104]。

第三者に対する当事者の法的地位についても根本的な差異はない。所有権者も用益権者も第三者に対して物の返還請求をなし得る（BGB985条・1065条）。始期の下での譲渡人も，通説によれば所有権者とみなされるのであるから，彼の返還請求権にいかなる疑念も存しない。期待権者についても，所有権の保護に応対する形で返還請求が認められる[105]。通説によっても，期待権は物についての権利とみなされ占有権限が認められているし，ブロマイヤーの見解によれば，所有権者としての取得者ならびに準用益権者としての譲渡人に占有権限があり，返還請求権が帰属するのは当然である。

差異があるのは，譲渡可能性と相続可能性の規律である。用益権においてはこれらが排除されている。反対に，期限まで留保されている所有権の場合には，引渡請求権の譲渡という手段によって譲渡が可能であり，相続も認められる。

生存者間における期限付譲渡は実際上あまり行われない。これに対し，死亡による処分においては期限付譲渡は重要である。ドイツでは停止期限付で

---

103) BGB1041条ないし1057条は，所有権者と用益権者の間における義務関係について規定する。1041条ないし1046条が用益権者の物の保存義務，1047条が物に課せられた負担の引受義務，1048条が土地の付属物の処分を規定している。

104) Blomeyer, aaO. S.150.

105) Vgl. Motive Ⅲ S.392「すべての絶対的権利の，それぞれの主張に適合する一般的原則など定立されるべきではない。なぜなら，それぞれの絶対的権利の内容の差異が，権利侵害の場合や侵害から発生する請求権の内容について，影響を及ぼすからである。所有権の保護についての規定の類推適用はもちろん広い範囲で認められ……所有権限（Inhabungsbefugnis）や利用権限を与える，物についてのその他の権利に対しても，認められる」。

行われた相続人の指定は，BGB2105条により後順位相続人（Nacherbe）の指定とみなされ，まず他の者が相続人になった後で，期限が到来すれば指定された者が相続人となる（BGB2100条）。期限までの相続人としての指定は，彼に先順位相続人（Vorerbe）の地位を与える（BGB2104条）。相続財産に対する先順位相続人の有期的支配と，後順位相続人の期待は，財産法の領域において既に述べた「期限付譲渡における有期所有権と期待について」におけるのと同じ問題を生じさせる。

第5節　後順位相続人の指定

　先順位相続人は，後順位相続開始までは相続財産の主体である。[106] 後順位相続が開始すれば，それまでの収益は保持し得るが，相続財産の本体はそれまでの適法な管理の状態において後順位相続人に引き渡さなければならない（BGB2130条1項，以下条文はすべてBGB）。[107] 先順位相続人は原則として相続財産を処分し得る（2112条）。しかし，不動産の権利の処分および無償の処分については，徳義上の義務または儀礼に基づく贈与を例外として，後順位相続人の同意を要する（2113条・2114条）。後順位相続人の同意のない先順位相続人のそのような処分は，後順位相続が開始すれば，それが後順位相続人の権利を侵害する限りにおいて無効であり（2113条），この無効の効果は161条の場合と同じく絶対的である。同様に，先順位相続人の固有債務のために相続財産に対し強制執行がなされた場合も，後順位相続開始のときに強制執行による処分が後順位相続人の権利を侵害する範囲において，その処分は無効である（2115条，ドイツ民事訴訟法 ZPO773条参照）。

　先順位相続人が相続財産に属する権利に基づき新たに取得した物については，物上代位の原則（Surrogationsprinzip）が適用され，相続財産に組み込ま

---

106) この節の内容は，Blomeyer. aaO. S.152-165による。
107) 被相続人は，先順位相続人に対して相続財産の処分に加えた制限を免除し得る。例えば，後順位相続開始の際に残存する財産を後順位相続人に引き渡せばよいというように（2136条・2137条）。この場合でも，先順位相続人が後順位相続人を害する意図でなした無償処分および相続財産の減少については，先順位相続人は責任を負う（2138条2項）。

れる（2111条1項）。この物上代位は被相続人の指定によっても排除され得ず，先順位相続人が処分を行っても相続財産の現状は維持されるように配慮されている。

　後順位相続人は後順位相続が開始されるまでは，原則として個々の相続財産につき権利を有しない。彼の最も重要な権限は，個々の財産についての先順位相続人のすべての処分に対して，彼の同意により有効性を与えるという点にある。その処分が適法な家計の枠内であれば，彼は同意を与える義務がある（2120条）[108]。更に後順位相続人は，授権によって強行法規の枠内で先順位相続人の処分権を拡大できる。後順位相続が開始すれば，後順位相続人は個別の引渡しなしに，すべての相続財産につき所有権者となる（2139条）。

　後順位相続人の法的地位について特に問題となるのは，彼がその権利を譲渡し得るかということである。古い学説は，後順位相続人の取得に対する見込みを期待ととらえながら，後順位相続人の地位を明白な法律の許可の下でのみ譲渡が許されるものと考え，そのような許可がない以上，法律が後順位相続人に譲渡を認めた権利についてのみ譲渡が許されると考えた[109]。そのような権利として，2130条1項1文の，先順位相続人に対し相続財産を適法な状態で引き渡すべしとする後順相続人の請求権が考えられたが，この引渡請求権は事実上の占有引渡しを目的としており，先順位相続人が相続財産を占有していない場合には認められなかった。

　しかしその後，判例の影響の下に，後順位相続人の権利の譲渡は認められるようになる。その基礎になったのは，後順位相続人の期待を明確な権利として承認したことであった。既に普通法の時代に，ライヒ裁判所は後順位相続人に類似する包括的信託遺贈の受益者（Universal fideikommissar）に法的に保証された期待を認めたが[110]，BGB成立後のライヒ裁判所は後順位相続人に明確に物権的期待を認めるようになった。彼の物権的期待権は，法律によって期待権者に与えられた権限により，すでに現在の財産価値を持つ現在の権利

---

108) Vgl. RG.149, 65.
109) Vgl. Binder, Erbrecht (2Aufl.) S.82.
110) RG.67, 425.

であり，一般の財産権と同じくその権利の所有者は第三者へ権利を譲渡する権限を持つのである。[111]

　相続財産全体に対する後順位相続人の期待の譲渡が認められても，個々の対象についての期待の処分には問題が残る。個々の物の所有権についての期待を譲渡し得るためには，その所有権が譲渡可能であることを前提にする。たしかに後順位相続人は，後順位相続開始後は相続財産を構成する各個の対象につきそれぞれの権利を有する。しかし，後順位相続開始前には，これらの権利を譲渡することはできない。なぜなら，その時点までは先順位相続人が処分権を持っているからである。そこで後順位相続人が処分し得るのは，個々の相続財産についての期待や，将来彼に帰属し得る相続財産全体の取得権ではなく，相続財産に対する現在の期待ということになる。[112] この期待は後順位相続人が所持する財産総体ではなく，他人の所持している財産を対象とするものであり，法律によって固有の権利として形成されたものである。[113] それ故，この権利の譲渡は，413条の方法によることになる。[114]

　後順位相続人の期待の存在に異論がなくても，権利の承継の問題については論争があった。ヘルヴィヒは，相続財産の所有権は被相続人→先順位相続人→後順位相続人と移転すると主張した。後順位相続人は後順位相続の開始までは権利を有しておらず，先順位相続人が彼の権利の前主であって彼が後に所有する相続財産の状態を決定するからである。[115] これに対し，エンデマンは被相続人→後順位相続人と移転することを主張した。相続財産は先順位相続人の支配にもかかわらず，一体としての特別財産のまま後順位相続人の手に渡る。それ故，相続財産権は被相続人の財産権がそのまま保存され，先順位相続人の権利は後順位相続の開始によって消滅するのであって，移転する

---

111) RG.101, 185.
112) ちょうど，BGB2033条の共同相続人の持分の処分の場合と似ている。
113) RG.101, 185 (189).
114) BGB413条（他人の権利の譲渡）「債権譲渡についての諸規定は，法律が別段の定めをしていない限り，他人の権利の譲渡にも準用される」。
115) Hellwig, Wesen und Subjective Begrenzung der Rechtskraft (1901) §§32-34, Lehrbuch des deutschen Zivilprozesrechts I §39 III 4S.278.

のではないと。たしかに，特別財産としての相続財産が期限到来により直接に他の者へ移転する場合には，先順位相続人が相続財産の完全な所有権者とは言えないであろう。

　後順位相続人の権利とは逆に，先順位相続人の支配は相続財産を構成する個々の物を対象とする。個々の財産は期限まではすべて彼に帰属するが，期限が到来すれば法律上全部，後順位相続人に移転する。ブロマイヤーの考え方からすれば，このような有期的権利は所有権とは言えず，むしろ制限された利用権，管理権である。そうみれば，先順位相続人の期限時に適法な管理の状態で相続財産を引き渡す義務が，より明確に理解される。彼は相続財産を適法に利用できるにすぎない。従って先順位相続人の処分は，他人の物の処分ということになる。このような処分権能の例としては，適法な経営の範囲内における土地の従物の処分について，土地付家屋（Anwesen）の用益権者があげられる（1048条）。コーラーは，詳細な比較法研究のなかで，用益権と処分権のこのような結びつきを処分的用益権（Dispositionsnieβbrauch）と名づけている。この処分的用益権は，普通法の時代に遺言によって，しばしば妻が死んだ後の夫に与えられた。このように先順位相続人の権利は，法律によって特別に形成された処分的用益権と考えられる。それ故に，先順位相続人は2113条の制限の内で相続財産を処分し得るし，被相続人は遺言執行の指図によって先順位相続人の地位をほとんど通常の用益権者の地位にまで制限することもできる。反対に，被相続人が制限を免除したり，後順位相続人が授権をした場合には，先順位相続人の地位は拡大される。このように，先順位相続人は期限付譲渡における譲渡人と同じく，相続財産の所有権者ではないのである。

　結局，相続財産を構成する個々の対象の所有権は後順位相続人に属するとみるべきであろう。だから先順位相続人が相続財産に属する土地または土地

---

116) Endemann, Lehrbuch §52 II S.382f., vgl. v. Tuhr II 1S.47f.
117) J. Kohler, Der Dispositionsnieβbrauch, Jehr. Jb.24 (1886) 187-328, insbes. 302ff.
118) BGB第1草案の1815条は，用益権に関する規定を先順位相続人に準用し得るとしていたが，第2委員会で削除された。

上の権利を処分しても，後順位相続が開始すればその処分は無効になるし，先順位相続人が有効な処分をした場合でも，処分された物の対価に後位相続人が物上代位をすることができるのである。たしかに後順位相続が開始するまでは，後順位相続人は相続財産を構成するいかなる対象についても処分できないし，それらについての個々の期待の処分も不可能である。しかし，このような処分の制限は，先順位相続人の処分的用益権を認める以上当然のことであって，後順位相続人の所有権を否定するものではない。

　以上の考察の結果，従来の期待概念は不要となる。後順位相続人が持つのは，相続財産についての期待，即ち将来の取得の見込みではなく，先順位相続人の処分的用益権に類似する負担の付いた現在の所有権なのである。そして，前節で述べたことと合わせてみれば，生存者間の処分であれ，死亡による処分であれ，始期付権利者は直ちに権利を取得するのであり，終期付で権利を譲渡する者はその権利を留保するのである。もちろんこの権利は，他方の制限物権的権利によって負担を負っている。有期所有権はほとんどすべての関係において用益権と同視されることができ，譲渡・相続が可能な点においてのみ用益権と異なっている。そして，期限付処分行為においても期待概念が不必要になる。期限付義務負担行為に限らず，期限付処分行為も，権利者に期待以上の権利の実体を与えるのである。

第6節　条件付処分行為

　ブロマイヤーは条件付処分行為についても期限付処分行為と同様にみている。義務負担行為において検討したように，停止条件付法律行為の効力が条件成就によって開始するとするBGB158条の原則が160条によって制限されているのではなく，反対に，条件を付けることによっても債権は直ちに発生し，ただその主張が延期されているのである。処分行為についても161条によっ

---

119) 同じことは，用益権者による不動産の従物 (Gutsinventar) の処分にもあてはまる (1048条)。
120) Blomeyer, aaO. S.160f.
121) AaO. S.166.

て同じことが言える。停止条件付処分は，将来の条件成就がいつなされるのかわからないという点においてのみ始期付処分と異なっている。条件付処分による権利移転においても，161条により保護が与えられているので，条件が成就する場合には取得者は処分行為の時から権利を取得する。ただこの移転は条件成就のときまでは，その有効性が知られていないだけであり，このことが権利の存在にとって別に意味を持たないことは，既に未確定理論が明らかにした。

　解除条件の下での処分の効力は，解除条件付義務負担行為の効力と異なる。解除条件の下での債権者は条件成就前に債権を取り立てることができ，それ故，有効に処分し得る。このことは解除条件付処分行為による権利の取得者にはあてはまらない。終期付処分において実体的には譲渡人が所有権を留保しているように，解除条件付処分においても条件が成就する場合には譲渡人が最初から実体的な権利者であり，従って取得者のなす処分は無効となる。

　以上のことから条件付処分において統一的原則が考えられる。停止条件においても解除条件においても，処分された権利はその実体において条件の成就または不成就の後に，権利を最終的に取得または留保する契約当事者に帰属する。この限りにおいて，当事者がこの最終的な移転をどのような方法でそれを決定する事情にかからせるかはどうでもよい。また，所有権と所有権の期待との区別も意味を失う。条件付処分による取得者が，停止条件的理解により「所有権への期待」を持つのか，あるいは解除条件的理解により「所有権」を持つのかは，所有権の実体の所在を明らかにする点では意味を持たないのであり，所有権は処分行為の時から取得者に属しているか，あるいは依然として処分者の手にとどまっているのかどちらかなのである。[123]

---

122) BGB161条1項「ある者が停止条件の下で，ある目的物を処分したときは，条件未定の間に彼がその目的物になした他のあらゆる処分は，条件が成就したときに，その処分が条件にかかる効力を侵害または毀損する限りにおいて無効である。条件未定の間に強制執行または仮差押えまたは破産管財人による差押えの方法によってなされた処分も同じである」。2項「同じことは，解除条件においても，その権利が条件成就によって終了する者のなした諸処分について妥当する」。
123) Blomeyer, aaO. S.167f.

停止および解除条件の効力についての争いは，権利移転の形式についてさまざまな公式化がなされたにもかかわらず，権利の実体の移転をめぐっては，ブロマイヤー以前には全くなされなかった。普通法の時代に，条件付処分の停止的効力または遡及効から実務上引き出された結論は，ほとんどが条件成就前の果実取得の問題に関してであり，[124] 条件成就までの間における，権利の実体から分離された付随的権利の処分の効力にしぼられていた。条件成就まで所有権が譲渡人にとどまっている場合には彼が果実の所有権者となり，後で停止条件が成就し，しかも条件成就が遡及する場合には，その間に元物から分離された果実の所有権も取得者に帰属した。

　これに対しBGBは明確な解答を与えた。停止条件付処分においては，158条1項によって条件成就まで譲渡人に所有権があり，果実取得権も当然彼に属する。解除条件付処分においては，158条2項によって条件成就まで譲受人に所有権があり，果実取得権も彼に属する。従って，条件成就までの果実取得権の帰属は，条件の成就・不成就には全く関係がなく，それ故，第三者に影響を及ぼすような遡及効の合意はBGBによって否定されている（遡及効の物権的効力の否定159条）。

　ブロマイヤーはBGBの規律から，現在ではもはや期待という特別な概念を条件付処分において用いる必要はなく，ただ条件成就までの間の未確定の権利（Pendente Rechte）を明確にすることだけが残されているとする。条件付所有権についてみれば，問題は条件未定の間の「期待者」の権利と条件成就によって最終的に所有権が帰属することとの関係である。条件，特に随意条件付で処分された権利は，通常一定の期間内に条件の成就・不成就が決定され，どちらかの当事者に最終的に帰属する。条件が決定されずにこの期間が過ぎれば，期待者は確定的に権利を失う。従ってその間は未確定の権利が存在することになる。そこで，処分行為において当事者の一方に権利を認め，他方にこの権利に付着する負担を与えることによって，未確定の状態を説明し得るとブロマイヤーは考えた。例えば，随意条件付権利者が一定期間内に

---

124) Vgl. Windscheid, Pandekten, §91N.1.

権利移転を引き起こすことができ，その限度内で譲渡人の所有権を拘束する場合，条件が成就しないままにこの期間を過ぎれば，もはや随意条件の成就とは関係なしに譲渡人の所有権が存続する。このことから一般に，譲渡人を所有権者，取得者を負担の所有者として説明する。しかし，この場合には一定期間内に条件が成就しないであろうという事を前提にしているからそう説明するのであって，逆に条件が成就するであろうと考えれば，条件付処分による取得者を所有権者と呼び，譲渡人を権利の負担の所有者とみなすことも可能である。では，一体どちらを所有権者とみるべきか。ブロマイヤーは次のように述べている。

　このような権利の分割は，処分と結びついている債務契約から随意条件の成就または不成就が予想され，この分割が予定された契約実現の通常の経過に対応する場合にのみ，意味がある。契約にかなった展開において，所有権者になるか，または所有権者にとどまる者が，所有権者とみなされるべきである。ただ，彼が契約上の義務を果たさない場合には，彼の権利の負担は消滅しない。この考え方は既に双務債務契約の中に現れている。人は双務契約による給付を，解除が給付義務を消滅させるにもかかわらず，たしかに義務づけられているものとみなす。なぜなら，解除の可能性は債権の制限または拘束にすぎないからである。[125] 同じ考え方が，今日すでに処分行為においても，動産質権や所有権留保，譲渡担保にも現れている。この点については，第**5**章「所有権留保と条件付所有権移転」で述べる。なお，ブロマイヤーの条件理論に対する批判については，前章を参照していただきたい。

---

125) Blomeyer, aaO. S.173.

第5章　所有権留保と条件付所有権移転

　動産信用制度は，従来の質権の制度が，債務者に占有を認めないという制約を持っていたため，譲渡担保や所有権留保などの非典型担保を生み出してきた。日本では，大企業は多くの場合，無担保で融資を受けることができるし，担保を要する場合でも，その所有する不動産に根抵当等を設定して融資を受けることができる場合が常である。しかし，中小企業の場合には，無担保融資を受けることはできないし，適当な不動産も持たないのが大部分である。そのような中小企業でも，商品およびその原材料，さらには営業用の高価な機械・設備は所有しているのであるから，これらを担保として扱うことが可能になれば，必要なときに資金を調達でき，その結果，企業の経営はかなり容易になるであろう。更に，原材料，機械類を，その供給者から所有権留保の下で入手することが可能になれば，より経営もらくになる。本章では，この所有権留保が，戦後の日本でさかんに用いられるようになったにもかかわらず，その法的取扱いについて十分な一致がみられないことから，これを物権法体系の中に位置づけることを試みるものである。なお1938年以前の英米法の判例は，ブロマイヤーの「条件理論研究」に引用されているものを使用した。

第1節　所有権留保の法律構成について

　所有権留保とは，売買代金を買主が完済するまでは，すでに引き渡した目的物の所有権を売主に留保するという付款のついた売買を指す。1970年代に重要な2つの判決が出された[1]。それらは，代金完済以前に留保買主の一般債

---

1) 最1小判1974年7月18日民集28巻743頁。東京地判1975年2月27日金法753号36頁。中野貞一郎・民商法雑誌72巻6号42頁以下参照。

権者が売買目的物に対して強制執行し差し押さえた場合に，留保売主が第三者異議の訴えを提起し得ることを認めた。詳細に理由付けをしている東京地裁の判決をみると，売主の留保所有権を売買代金債権の担保を目的とするものとみなしながら，なおかつ第三者異議の訴えを売主に認めることにより，現在の有体動産執行における物件の低額評価の弊害を避けようとする判断がうかがわれる。しかし，そこには，買主の一般債権者と売主の間の利益対立の調整の他に，両判決の前提となっている代金完済までは売主に所有権があるという理解が，果たして所有権留保の他のさまざまな法律効果と調和し得るのかという重要な問題が残されている。

　日本で所有権留保について本格的な検討を行ったのは，三潴信三が初めてであった。[2]当時，動産非典型担保について譲渡担保の有効性が議論されていたが，三潴は動産質権が債務者から生産手段をとりあげる不備を指摘し，動産の占有を移転せずに担保に供する所有権留保，譲渡担保の必要性を説いた。以来，最近まで，通説・判例は，所有権留保売買を，売買代金完済まで売主に所有権を留保する売買としてきた。[3]通説は，買主の持つ物の利用権，占有権，更に期待権を承認したが，既に石田文次郎は，早くから担保的構成の必要性を主張していた。[4]また，末川博は，立法論として，動産の占有と所有権の帰属を分離する所有権留保を広く認めることに疑問を提起した。[5]

　戦後の学説では，幾代通が所有権留保の法的性質について，所有権移転という物権行為の効力が停止条件にかかっているとしながら，「抽象的なレッテルを貼るのではなく，種々の具体的諸問題に合理的な法律構成を与えること」[7]を主張した。現在では，売主の留保所有権を担保権と構成する学説がふえてきており，特に米倉明は，「所有権留保売買にあっては，実質的にも形[8]

---

2) 三潴信三「所有権留保論」法学協会雑誌35巻4・5号。
3) 三潴・前掲注2)論文866頁，石田文次郎「担保的作用より見たる所有権留保契約」法学新報41巻6号24頁，末川博「月賦販売と所有権留保」民商法雑誌1巻5号，末川博『民法論集』評論社（1959年）127頁「割賦売買」『契約法大系(2)』有斐閣（1962年）293頁〔幾代通〕。
4) 三潴・前掲注2)論文866頁，石田・前掲注3)論文32頁。
5) 石田・前掲注3)論文28頁。
6) 末川・前掲注3)論文130頁。
7) 幾代・前掲注3)論文295頁。

式的にも所有権は買主に移転し，売主は売買代金債権を被担保債権とする抵当権を設定したものと構成するべきである」としている。

　私は，最近の学説と同じく，所有権留保売買において，目的物の所有権は契約成立と同時に買主に移転し，売主に残されるのは，一種の担保権，特に譲渡担保権と解したい。その際，単に買主保護の目的から，直接にこのような法律構成を引き出すのではなく，所有権移転に代金完済という停止条件の付いていること自体が，理論的にそのような結論を引き出すことを説明し得るのではないかと考える。そのためには，次の3点が検討されねばならない。

　第1は，物権法定主義，特に「占有改定による質権設定の禁止」との関係であり，第2は，「代金完済まで所有権を留保する」という売主の意思が，売主＝譲渡担保権者の構成にとって障碍にならないのかであり，第3は，この結論の前提となっている，停止条件付所有権移転において譲受人が直ちに所有権を持つことが，果たして認められるのかである。

　第1点については，既にライザーが次のように述べている。物権法定主義の意味は，当事者が自由に第三者効を持つ権利を創出することを禁止する点（この意味で当事者意思は制限される）にあり，社会的に要請された権利の発展をすべて禁止してしまう趣旨ではない。従って，債務者の手元に目的物を残しておき，それが生産に組み込まれることにより債務者が利益をあげ，その収益から代金を支払うという動産担保制度が，取引慣行として一般化されるならば，それは契約による動産担保権として質権しか規定していない民法典の不備によるものであるから，法的にも承認し得る。更に動産担保においては，

---

8) 鈴木禄弥『物権法講義〔改訂版〕』290頁以下，星野英一『民法概論(2)』334頁，川井健『担保物権法』青林書院新社（1975年）254頁，柚木馨・高木多喜男『担保物権法〔新版〕』有斐閣（1973年）613頁以下，米倉明・森井英雄「所有権留保」NBL.69号13頁。学説の状況については，新田宗吉「所有権留保売買における法律関係」上智法学論集20巻1・2号166頁以下参照。

9) 米倉・森井・前掲注8)論文同頁。

10) Ludwig Raiser, Dingliche Anwartschaften (1961) S.55f. もっともライザーは，留保買主の権利を分割された所有権としての物権的期待と構成し，留保売主にも分割された残りの所有権を認める立場に立っている。Raiser, aaO. S.66f. なお物権法定主義との関係では，日本でもライザーと同じ見解が有力である。例えば，米倉・森井・前掲注8)論文13頁以下。

「占有改定による質権設定の禁止」からして，このような担保権が認められないとする批判がある。しかし，この禁止の趣旨も，質権という換価を伴う強力な権利によって，第三者を不当に侵害するのを防ぐことにあるのだから，所有権留保がなんらかの公示方法を持てば，このような反論の意味はなくなるであろう。

　第2点について言えば，担保をめぐる当事者意思は，両者において対立するものであり，かつ対等なものではない。即ち，債権者は最大限の保証を求めるのに対し，債務者には大体において金融を受けるか諦めるかの選択しか残されていない。従って，債権担保の目的でありながら，不履行の際に担保目的物の所有権をそっくり移転させる契約が横行する。しかも，目的物の価額は，しばしば被担保債権を大幅に上まわる。それ故，この領域においては，当事者意思は常に合理的に制限され得るのであって，このことは，譲渡担保や仮登記担保における清算義務の承認にみられるとおりである。

　第3点については，停止条件付所有権移転を深く検討する必要がある。この問題については，第4章で紹介したブロマイヤーのすぐれた研究が存在している。[11] 彼は条件理論の分析から，停止条件付所有権移転においては，法律行為の結ばれた時点で，譲受人が直ちに所有権者になる場合があると考えた。彼は，この考え方を所有権留保にあてはめるに先立って，動産担保における条件付所有権移転を分析した。それは，ドイツ法における質権と，イギリス法における動産抵当（chattel mortgage）である。

第2節　動産質と条件付譲渡

　動産質権は，現在では質物売却という換価によって債権を充足する権利に発展しているが，この売却質（Verkaufpfand）は，債権者の持つ制限物権であり，質物についての債務者（または物上保証人）の所有権の負担となる。ブロマイヤーは，この現在の質権が，条件付譲渡との体系的関係を失っているよ

---

11) Arwed Blomeyer, Studien zur Bedingungslehre, (1938/39).

うにみえながらも，実は現行ドイツ法においても，質権の名の下に条件付譲渡が隠されていると指摘する[12]。

それは金銭質である。契約によって，第三者が保証の代わりに設定する場合もあるし，法律が規定している場合もある。質物が腐るとか，その他本質的な価値の減少がさし迫った場合に，質物に代わってその売却金が質の目的物となる（BGB1219条）。債権者が債権の満期の部分のために質物を競売した場合，その部分の満足の後で，残りの売却金が残りの債権の担保となる（BGB1247条参照）。債権質の目的物たる債権の債務者が，質権者または質権設定者に弁済した場合にも，質権者は金銭質権を保持する（BGB1287条・1281条）。1287条の内容は，明らかに質権者ではなく，質権設定者が金銭の所有権者であることを示している[13]。

質権が実行されると，売却代金が質権者の権利を充足する限りにおいて，被担保債権は質物の所有権者によって支払われたものとされる（BGB1247条）。しかし，質権者は質物換価の義務を負うのではなく，債務者の他の財産から満足を得てもよいのであるから，質権の設定された金銭について質権を実行するには，質権者の換価決定が必要である。彼の先占行為（Aneignungshandlung）がこの決定であり，これによって所有権が移転する。これは随意条件であり，質権実行のための諸条件の１つである。もちろん，それらの諸条件は法律行為ではなく法律の規定によるものだが，それはこれらの条件が通常合意されるものであることを意味するのにすぎない。これらの条件が満たされれば，所有権は質権に基づいて移転する。

明らかに，金銭所有権は法律行為によっても，全く同じ諸条件を停止条件として譲渡され得る。所有権を取得するための条件は，質の成熟（Pfandreife）と先占（自己に帰属させるという決定）によって最終的に成就し，債務の弁済によって不成就となる[14]。それまでの間の所有権帰属は未確定であるが，通常の

---

12) Blomeyer, aaO. S.173ff.
13) 日本民法367条３項は，債権質において，質入債権の弁済期が被担保債権の弁済期より前に来た場合，質権者はその弁済された金銭を供託させ得るとし，その供託金の上に質権が存続するとする。我妻は質入債権の債務者が有する供託金請求権の上に質権が存するとする。我妻栄『民法講義Ⅲ』岩波書店（1971年）192頁。

解釈論は質権設定者に所有権があり，質権者の権利は他物権であるとしている。なぜなら通常は債務が返済され，それによって所有権移転の条件が最終的に不成就になることが予想されるからである。この限りにおいて，質権と条件付所有権は同じ権利である。[15]

質権者が質権の実行または帰属の意思表示によって質物の所有権者になる場合には，物の質権は明らかに条件付所有権である。この合意（1ex commissoria, Verfallklausel）は BGB1229条，日本民法349条など，ほとんどの国の法律によって禁止され無効である。反対に，譲渡担保における抵当流条項は許容されているし，所有権留保においては，抵当流れが通常の規律にすらなっている。[16]

従って許容されている売却質は，条件付譲渡と全く関係がないようにみえる。売却質の本質的内容は，物を自己に帰属さすのではなく，物を換価して満足を受けることであるとされる。たしかに，条件付譲渡人が処分権を持っていることからすれば，売却権は条件付所有権には含まれない。しかし，売却権が果たして質権の本質的内容であるかは疑問である。この点について，ブロマイヤーがイギリスの不動産・動産法の発展過程における売却権の独自性を分析しているので，それを紹介する。

---

14) これに対してこのような条件付譲渡は流質禁止規定に反するという批判もあり得るが，金銭質においては，流質の禁止は問題とならない。被担保債権額と質物の均衡が明白だからである。日本では，民法367条2項参照。

15) ドイツ民法第1草案の1168条についての第2委員会の審議の中で「金銭の質権設定には設定者たる所有権者の所有権移転の条件付申込みが結合しており，質権者がそれを承諾して先占行為に出れば所有権を取得する，ということを考えれば，法律上の規定なしでも適切な決定がなされる」と指摘されている。Protokolle, Ⅲ S.467ff. これは債権者の随意条件を伴った条件付譲渡と同じである。

16) RG, 4. 7. 1913 RGZ83. 50; RG, 13. 12. 1929 JW1930, S.710. 戦後の連邦裁判所は70年代までは明確な態度をとっていなかったが，BGH, 23. 11. 1959 BB1960. 193. WM 1960. 171 の中で担保権者が換価と帰属を選択し得ることに対して異議を述べなかった。学説については，Serick, Eigentumsvorbhalt und Sicherungsübertragung, Bd. Ⅲ S.480f. 参照。

第3節　動産抵当

　古典的なイギリスの不動産質権たる譲渡抵当 (mortgage) は，はじめは債権者への領地の解除条件付譲渡であった。この譲渡は無条件の譲渡証書の裏側に解除条項を記入することによって行われた。この場合，債務が適時に弁済されれば，譲渡契約解除条項により土地は債務者に復帰した。[17] 債権者は解除条件付所有権と占有を持ち，債務者はいかなる占有も持たず，ただ請戻権だけを有した。彼の権利の回復は，それまでになされた処分に優先した。この譲渡抵当設定形式は現代のイギリス不動産法まで続いている。動産においては1925年の財産法 Law of Property Act of 1925 (85条) までは，占有のない質権が存在した (動産抵当　chattel mortgage)。13世紀頃から，動産を現実の引渡しではなく，証書の引渡しによって譲渡することが可能になり，動産の質権設定も債権者への証書の引渡しによる解除条件付譲渡として行われてきた。[18]

　解除条件付譲渡から売却質権への転換の第一歩は，債務者保護のためであった。債務者の請戻権は，約定された特定の時点で行われなければならず，それを過ぎると質流れが生じたが，このことは債務者にとって過酷な結果を生んだ。そこで衡平手続により質流れ自体は排除せずに，請戻権の行使を長期にわたって認めることが行われた。債務者はこの「衡平法上の請戻権 (equity of redemption)」により，長期にわたって権利行使が可能となった。反対に債権者は「担保物の請戻権喪失 (foreclosure)」手続による裁判所の失権命令 (decree of foreclosure) によって，衡平法上の請戻権を切断し得るにすぎ

---

17) ターナーによれば，正当な契約解除条項 (defeasance-Clause) によっても，債務者が再び完全な所有権者になれるわけではなかった。彼はただエントリー権 (right of entry) を持つだけで，これを裁判上主張することによって所有権を得ることができるにすぎず，いわば再譲渡請求権であって，しかも譲渡できなかった。R. W. Turner, Equity of Redemption, 1931. P.8, 11f., 18. それでも，このエントリー権は所有権と同置され得る。なぜなら，それは物権的拘束を持ち，特に合意によって，しばしば債務者のところに占有が残されていたからである。Turner, op.cit. p.19.

18) Pollock and Maitland, History of English Law Ⅱ, p.179.

なくなった[19]。これにより，弁済期間徒過による抵当流れは経済的意味を失い，抵当流れは失権命令によって生じることになった。ここから，債権者はこの命令によってはじめて所有権を得るのであって，その時までは他物権を持つにすぎないという意見が出て来たのである。だが失権命令によってもなお抵当流れがある限りにおいて，条件付譲渡の姿はまだ残っている。

　しかし，譲渡抵当目的物の価額と被担保債権額の不均衡は，衡平法上の請戻権によっても解決されなかった。売却質権への第2の発展は，契約実務によって，債権者にとってめんどうな請戻権喪失手続を省くために，譲渡抵当権設定契約の中に売却権限（power of sale）条項が入れられるようになったことである。この方法は，債権者の満足のために合目的的な手段となり，今日まで続いている[20]。それ故，設定形式として条件付譲渡を維持しているにもかかわらず，今日，質物売却によって満足を与える質権の姿が存在する。回りくどい抵当流手続を回避するために，質種設定契約において条件付譲渡に売却権限を付加するのである。質権者が条件付所有権を持つにもかかわらず，質物を売却することは，質権者の条件付権利がもはや意味を持たないことを示すのだろうか[21]。

　質権者が質物売却において，弁済に充当した後の残金を債務者に支払う債務法上の義務を負うだけなら，質権は物権的な優先譲渡権と言える。しかし，質権者の義務は単に債務法上のものではない。イギリスでは早くから質権者は受託者類似の状態にあるとされていたし[22]，アメリカ合衆国では質権者は残金について質権設定者の受託者であり，彼に対して滞算義務を負う[23]。ドイツでも，質権者は質物売却代金について所有権を得るのではなく，その代金が法律上当然に彼に帰属する限りにおいて共有権を得るだけである（BGB1247条）。

---

19) R. W. Turner, *op.cit.* p.21f.
20) *ibid.* p.21f.
21) Blomeyer, aaO. S.183.はドイツの法定売却権限について類似性を指摘する。質権者は裁判所執行官が質物競売において質権者の名でなした売却による譲渡義務を履行するために，法律上自分の名で質物を譲渡する権限が与えられている。
22) Turner, *op.cit.* p.151.
23) Leonard A. Jones, The Law of chattelmortgages and conditional sales, 6ed. (1933) §817, Vol.2 p.585f.

ここでは，質権者の権利が質物から代金に転移することこそ重要なのである。質物の売却は質権者の権利の実行としてなされる。売却代金に質権設定者の共有権も残っているので，残金についての質権者の地位は受託者とされる。しかし，その他の点においては，代金についての質権者の共有権は，明らかに売却前から物について存在した質権者の権利の変形にすぎない。この点が，ブロマイヤーの独自の見解である[24]。この質権の転移は，売却代金に残るのはもともと質物に存在していた権利関係だけであることを明らかにする。これは，通常の物の共有において共有関係解消のために物の売却をすれば，その代金に共有権が継続して存在するのと異ならない。ブロマイヤーは，売却代金に変形して現れた質権の元の内容が，実は物の共有権，即ち量的な部分所有権に他ならないことを明らかにした[25]。BGB1229条（流質禁止）は，質権者の共有持分を超える取得を禁止したのである。売却質も条件付譲渡の1つの変種にすぎないというブロマイヤーの見解は，説得力に富むと思われる。ある質権設定者が，他の所有物を共有を条件として質権者に譲渡し，更にこの共有関係の解消を，法律が予想する事由（売却）によって条件付けるなら，この条件付譲渡は明らかに流質禁止に矛盾せず有効であり，更に今まで述べたことからすれば，この質権者の条件付共有権は，他人の物の権利なのである。

第4節　所有権留保売買

　質権が条件付所有権から換価権へと発展したのに対し，引き渡された物による売買代金債権の担保は，多くの国で発展途上にあるといえる。法体系論において，所有権留保は質権から区別され，代金完済までは売主が所有権者

24）Blomeyer, aaO. S.184ff.
25）Blomeyer, aaO.
26）Blomeyer, aaO. S.187. によれば，所有権留保を質権の留保とみなす見解として，普通法については，Dunker, Rhein Museum5 (1833) S.65ff.，民法典については Walsmann, Verzicht (1912) S.222.をあげる。またBehrens, Der Eigentumsvorbehalt nach §455 des bürgerlichen Gesetzbuch, S.3, Anm.7. によれば，Juristische Zeitung für Hannover Jahrgang 1828 I S.178, 1831 I S.146, および Seufferts Archiv Bd.23 n.135 (Erk des O.A.G.Dresden von 1868) をあげている。

とされる売買である。しかし，アメリカ合衆国の法発展をみれば，質権と留保所有権が実は同一のものではないかと思われる。このアメリカの展開は後で述べることにして，ここでは所有権留保の法的性質をめぐる議論を検討する。

所有権留保の条件が，停止条件であるのか解除条件であるのかは，重要でない。普通法における所有権留保契約（pactum reservati dominii）について，ヴィントシャイトは当事者の担保目的から解除条件説を主張した。彼は買主に物の処分権を認めようとしたのである。しかし，今日では買主に期待権が認められ，従って処分も可能とされているので，停止条件か解除条件かはあまり意味がない。BGBの作成においても，このことは第2委員会で審議され，疑わしいときには停止条件とすると決定された（BGB旧455条）。リュールは，停止条件の方が譲渡の保証として強く，また期待権者にとっても彼の他の債権者が目的物を直接差し押さえられない点で有利であると述べたが，売主にとってより有利といえるかは疑問である。

ドイツにおいては，所有権留保の効力は売買契約ではなく譲渡にのみ及ぶ。しかし，所有権を単なる契約によって移転させる，日本（民法176条）やフランス（フランス民法1138条・1583条）のような法体系においては事情が違う。だがフランスにおいても，学説は所有権移転の条件と，全売買行為の条件とを厳密に区別している。法律によって所有権が契約の締結とともに移転するということは，当事者意思を推定して表したにすぎず，彼らの合意は双務的である。そこにおいて売買行為は停止条件付売買になるのではなく，無条件のままであり，所有権留保の代わりをする明示の解除条項が譲渡を解除的に条

---

27) Vgl.Blomeyer, aaO. S.205ff.
28) Windscheid, Pandekten §172 und N.18a.
29) H.Rühl, Eigentumsvorbehalt und Abzahlungsgeschäft (1930) S.7.
30) Blomeyer, aaO. S.197. フランスでは所有権留保（Pacta de réserve de propièté）は，日本と異なり，破産，個々の強制執行において効力を持たない。そこでパリ控訴院の判決は，所有権留保を売買契約についての明示の解除条項（clause résolutoire xpresse）と解した。Paris2. 1. 1937 Rev.gén.du droit des faillites 2. 280. それによれば，当事者は代金不払いの際には，直ちに契約が解除されるという合意をする。この契約の解除によって，所有権は遡及的に売主に復帰する。買主が破産した場合にも，解除が破産開始前になされれば，売主が物を取り戻していなくても，この条項は有効である。Vgl. Blomeyer, aaO. S.195.

件付ける。[30]

イギリスでは売買契約を債務行為 (agreement to sell) と売買行為 (sale) に区分し，売買行為は留保において設定された条件が成熟してはじめて完了するとされる[31]。そして，所有権留保売買の典型である割賦販売は，賃貸借売買 (hire-purchase) 契約として構成され，この賃借人 (買主) が目的物を取得し得るか否かということは，Saleが完成し得るか否かということになる。

合衆国においては，所有権留保を伴った売買をconditional saleと呼ぶことは，売買 (sale) が完了していないので不正確であるとされている[32]。そして，この契約は所有権取得の時まで買主への物の引渡しを伴った，売買についての処分的合意 (executory agreement to sell) とされている[33]。

買主が支払義務を果たさないために売主が目的物の返還を請求する場合には，買主に対する所有権留保の効力が問題になる。いずれの国においても，売買契約が解除されれば，売主の返還請求権が生じ，それによって所有権移転のための条件が最終的に不成就になる。フランスの「明示の解除条項」にとっても，この物の返還請求権は契約解除の効果であるが，フランスにおいては取戻しと並んで不履行による損害賠償が請求され得る（フランス民法1184条2項）ので，厳密な意味での契約解除の領域に含まれない。この点では日本の，解除の場合に債務不履行の効果を認める説も同じである。フランス法系以外では，売主が引渡しの後で，特段の合意がない場合には，支払遅滞による売買契約の解除をできないことが，所有権留保を採用する1つの原因になっている。ドイツではBGB449（旧455条）が，所有権留保によって売主は，支払遅滞の際に解除できることを規定する。スイスの学説は，留保の目的からこのことを推論する[34]。アメリカ合衆国においても，判例は，買主に不履行がある場合に，留保売主に契約の解除 (recission) を認めている[35]。その際，他の場合と違って，契約において支払時期が本質的なものであると表示する必

---

31) Blomeyer, aaO. S.197.
32) Blomeyer, aaO. S.198.
33) State ex rel.Malin-Yates v. Justice of the Peace Court (1915) 149 Pac.709; Kingman Plow Co.v. Joyce (1916) 194 Mo.App.367, 184 S.W.490.
34) F. A. Staehelin, Probleme aus dem Gebiete des Eigentumsvorbehalts, (1937) S.38ff.

要はない。イギリスの割賦販売（hire-purchase）契約においても，解除は常に合意される。[36]

　所有権留保の法的性質にとって，最も重要なことは，買主の支払遅滞の場合に，売主が契約を解除することなしに目的物を取り戻し得ることを根拠づけられるのかということである。これは，契約の解除と損害賠償を同時に認めるローマ法系の国においては問題にならない。それに対し，解除が損害賠償を排除するところでは，解除をしないで物を取り戻すことが認められなければ，売主に残されているのは，物による彼の保証を諦めるか，それとも契約利益を諦めるかの選択だけである。そこでライヒ裁判所は売主に有利に判断した。[37] この判決は，売主が期限を設定した（BGB326条参照）後で不履行による損害賠償を請求する場合に，はっきり返還請求を認めている。ただ返還によって賠償請求権は縮小される。一般的には，すでにこれ以前の判決も，取戻しが売買契約を解消させないと述べていたし，[38] 大半の学説がこの見地に賛成していた。[39] そこで，核心の問題が現れる。一体，買主は，いかなる理由によって返還請求権（BGB985条）に対し，彼の占有権についての抗弁を失ってしまうのか。彼の期待権に何が生じるのであろうか。

　リュールによれば，売主の返還請求は，べつに買主の期待を侵害するわけではなく，期待は存続する。[40] 反対にレツグスは，売主の取戻権の行使により，条件が不成就になるとする。[41] しかし，契約が存続しており，売買代金請求権

---

35) Blackford v. Neaves (1922) 23 Ariz.501, 205 pac.587; National Bank of Ark.v.Interstate Packing Co. (1927) 175 Ark.341, 299 S.W.34; Gaffney v. O'Leavy (1930) 155 Wash.171, 283 Pac.1091.

36) A. A. Pereira, The law of hire and hire-purchase, (1932) 48f.

37) RG, 28. 2. 1934 RGZ 144, 62. ただ割賦販売の領域については，Gesetz btreffend die Abzahlungsgeschafte 16. 5. 1894 が適用されるので，このことはあてはまらない。従って以下の叙述は，商人間の関係についてということになる。なお，1894年法のその後については，調べられていない。

38) RG, 2. 7. 1882 RGZ 7, 147; RG, 28. 6. 1901 RGZ 49, 190; RG, 2. 10. 1904 JW 1905, 18; RG, 16. 10. 1910 Seuff. Arch.75, 161.

39) Rühl, aaO. S.92ff., Georgiades, Die Eigentumsanwartschaft beim Vorbehaltskauf (1963) S.22f., Serick, aaO. S.136ff., Staudinger-Ostler, 45 zu §455.

40) Rühl, aaO. S.258.

41) Ernst Letzgus, Die Anwartschaft des Käufers unter Eigentumsvorbehalt (193a) S.53.

が依然として存在していることは，買主が残代金の支払いによって所有権を移転できる物権的状態が残されていることを意味するから，レツグスの見解は明らかに不当である。ブロマイヤーは，リュールに賛成して，買主が条件付所有権をなおも保持するとし，売主と買主の間に物についての特別な占有媒介関係（Besitzmittlungs verhältnis）を認め，売主は単独占有（Alleinbesitz, BGB985条）として返還を要求するのではなく，他主占有として要求するとした。[42] そして条件付所有権と質権の結びつきを指摘しつつ，取戻しの効果を次のように述べた。

　売主は特別の合意がなくても，彼の質権的な権利状態を強化するために取戻権を行使することが認められる。一般に，契約を維持しながら売主に取戻権が与えられているのは，契約解除や損害賠償請求において最終的に目的物を保持することだけが目的なのではなく，むしろ所有権留保の中にある担保利益の下で，契約を実行するためである。それは，残金支払いまで売主が物を留置する点，および，彼が目的物を担保権に基づいて換価し得る点にある。[43] 売主は，取戻しの時点では損害賠償を請求する必要はない。取戻し後の状態は，売買契約が買主の側でまだ履行されておらず（しかも履行可能である），買主がなお期待権を保持しており，売主は支払遅滞の間，留置権を持っているという状態である。売主は物権的な法状態を変更することなしに，売買代金債権の満期になった部分を訴えることもできるのである。[44]

ライザーは，商人間の関係においても，割賦販売法5条の規律を主張して，次のように述べた。

　譲渡人も譲受人もともに所有権者であるが，譲渡人の地位は，既に取得

---

42) Blomeyer, aaO. S.203, 211f., 241.
43) Blomeyer, aaO.
44) Blomeyer, aaO. S.204.

者に移転された権限の分だけ弱められている[45]。留保売主の所有物返還請求は，BGB986条による買主と期待権者の占有権によって排除されており，それが復活するのは，期待が，例えば売買契約の取消し等によって変則的に消滅する場合だけである。買主は留保目的物を一時的にではなく，究極的に自主占有している[46]。そこで，債務者が遅滞の場合に，割賦販売法5条で規律されているのと同じく，履行請求と担保のための留保目的物の取戻しとは，同時に合意され得なくなる。即ち，割賦販売法に該当しない売主も，契約を解除して期待権を消滅させ物を取り戻すか，それともなお履行を要求するか，選択しなければならない[47]。

ライザーの見解はレツグスに似ているが，留保買主に所有権の分属を認め，自主占有者とする点で買主の保護に進んでいる。契約を維持する中で買主保護を図る点では，ブロマイヤーもライザーも共通しているが，ライザーは更に，取戻しについて明示の合意がない場合に，取戻しをすれば契約が解除されるとすることにより，売主による取戻しを一層制限しようとし，これが連邦裁判所によって承認された[48]。

1963年に所有権留保についての総括的な研究を発表したゼリツクは[49]，ライザーを批判して次のように述べる。

　ライザーの言うように，所有権から占有を永遠に分離することは，果たして可能か。BGB985条によれば，所有権者は占有者から常に物の返還を要求できるのであるから，現行法の下ではライザーの見解は承認できない[50]。買主に究極的自主占有が認められないなら，売主が取戻しと契約上の利益

---

[45] Raiser, Dingliche Anwartschaften (1961) S.66ff.
[46] Raiser, aaO. S.73.
[47] Raiser, aaO. S.76.
[48] BGH, 1. 7. 1970, BGHZ 54, 214, NJW 1970, 1733. この判決によれば，物を取り戻すためには，明示の合意が必要である。合意がない場合に契約を存続させようと思えば，買主に占有を得させねばならない。
[49] Rolf Serick, Eigentumsvorbhalt und Sicherungsübertragung, Bd.I 1963.
[50] Serick, aaO. S.209.

を選択しなければならないことにも，また理由がない。民法典は，このような売主の権利の制限について何も述べていないからである。そこで，所有権留保は原則として，まだ回収されていない売買代金債権の担保だけでなく，同時に解除を伴わない取戻しという物権的請求を含み，それによって売主を広く保証すると解すべきなのである。[51]

ライザーの見解には，積極的に買主の保護を図ろうとする目的意識がみえるが，留保売主をも所有権者としながら，解除しない限り彼に物の取戻権を認めないという理論上の弱点がある。ゼリックには，所有権留保を売主にとって都合のよい制度にしようとする目的意識がみえるが，法律の規定だけから結論を引き出そうとする傾向，および期待権を完全権への前段階にすぎないとする弱点がみられる。[52]この点で，外見的形式にとらわれず，ライザーの見解をさらに進めて，留保売主の権利は1つの担保権であるとするブロマイヤーの見解が注目される。彼と同じ結論をタムは次のように述べている。

「留保売主は，自分にとって有利な事情により，解除か損害賠償を選択すればよい。契約を解除しないで，取戻権を承認することは，売買契約の経済的意味にも反している。なぜなら，争われている高価な機械が，買主の手元にあって生産に組み入れられているから契約に意味がある」という連邦裁判所の主張は批判されるべきである。買主が契約に誠実に振る舞わないときに，なぜ買主に利用の利益をとどめなければならないのか。売主の利益を犠牲にした買主の保護は正当ではない。[53]個々の場合の解釈上の困難を避けるために，取戻しにおいて売主が解除を文書で明示する場合にのみ，解除とみなされるべきである。[54]

---

51) Serick, aaO.
52) Serick, aaO. S.211f.
53) Manfred Thamm, Der Eigentumsvorbehalt im deutschen Recht (1971) S.51.
54) Thamm, aaO. S.51 N.170.

以上のことから，売主は物を取戻しても，物権的な法状態を変更することなしに，売買代金の満期になった部分を訴えられる（連邦裁判所も合意がある場合には承認している）わけであるが，売主は商品から売買代金について満足を受け得るか否か，が問題として残っている。これについて，アメリカ合衆国（USA）における発展が重要な例を提供している。

第5節　アメリカ合衆国における所有権留保

USAにおける所有権留保の発展の初期においては，留保買主は代金支払いを遅滞した場合に，直ちに極めて不利な地位に置かれた。買主は支払義務を果たす限り，Common Lawにより，売主に対して物の占有権を主張し得たが，支払遅滞におちいれば，この権利は失われ，売主は所有権に基づき契約の文言通り目的物を取り戻した。この物の取戻しは，明らかに売主による契約状態の終了（termination of the contract）とされたが，これは継続的債務関係の終了と同じように考えられ，その時までに生じた諸債務はそのまま存続した。それ故，売主は売買契約を解除するわけではなく，買主は，それまでに支払った分の返還が要求できなかった[56]。彼はそれを失ったのである（forfeiture 没収）。即ち，留保買主の地位は，動産抵当を設定し，遅滞におちいった昔の債務者と同じに扱われたのである。

この没収の不当さに対して，動産抵当のかつての条件付譲渡から換価権までの発展において，重要な役割を果たした衡平手続が，留保買主を救済し没収を軽減した[57]。

しかし，特に判例に影響を与えたのは，Common Law の2つの原則であった。第1は，契約を解消すると同時に契約を実行することはできないとい

---

55) Mohler v. Guest Piano Co. (1919) 186 Iowa 161, 172 N.W.302. このことから，終了した契約はしばしば一種の賃貸借とみられた。Commercial Discount Co. v. Holland (1930) 107 Cal.App.83, 289 Pac.906 においては，契約の終了という観点の下で，買主は取戻しまでに満期となった金額を支払う義務があるとされた。

56) Lorain Steel Co.v.Norfolk & B.St.Ry.Co. (1915) 187 Mass.500, 73 N.E.646; Pfeiffer v. Norman (1911) 22 N.D.168, 133 N.W.97.

第5章 所有権留保と条件付所有権移転 161

う原則である。それ故，契約当事者が契約を解消する場合には，彼は履行請求権および不履行による損害賠償請求権を失う。第2は，売買目的物の所有権が買主に移転し，それ故，もはや売買の合意ではなく，売買が存する場合になってはじめて売買代金の訴求が認められるという原則である。これらの原則により，条件付売買における売主は，売買代金を訴求する場合には，原則として彼の所有権の留保を放棄し，所有権を移転させたものとみなされる。これとは反対に物の返還を求める場合には，代金についての権利を失うことになる。このように，物の取戻しは売買代金の放棄となり，しばしば契約解除（rescission）と判断された。すでに支払われた部分は，合意がない限り買主に返還されねばならず，売主は不履行による損害賠償請求権を持たなかった。反対に代金訴求は，取戻権を消滅させた。

しかし，その後のUSAにおける所有権留保の規律は，売主が，取り戻して留置した物から，売却によって満足を受ける権利を予定する，広く普及した契約実務によって完全に発展させられた。そこでは，当事者の意思による取り戻しは，もはや契約解除を意味しなくなる。売主は，目的物を所有者として取戻すのではなく，担保権として引渡しを受ける。彼は物の占有を得た後で，それを担保として扱わねばならず，それ故，彼の法的地位に対する評価は根本的に変化し，所有権的見解の代わりに，担保的思考が現れてきた。

まず第1に，代金の支払遅滞の場合，売主が留置の目的で契約を維持した

---

57) Barton v. W.O.Broyles Stove Furniture Co. (1925) 212 Ala.658, 103 So.845 では，代金のほとんどが支払われ，その後で物が取り戻された場合に，買主が財産について衡平法上の利益を持っていることから，没収を認めなかった。Quality Clothes shop v. Hellen & son (1911) 153 Iowa 66, 133 N.E.393; Stimpson Computing Scale Co. v. Gawell (1927) 261 Mass.378, 158 N.E.771 では，買主の既に支払った代金が返還されるまで，買主が物の返還を拒むことは横領になるとされた。
58) Rabel, Das Recht des Warenkaufs IBd. (1936) S.430.
59) Parke B.in Laird v. Pim (1841) M & W.474, 10 L.J.Ex.285.
60) Campbell Motor Co. v. Spencer (1928) 22 Ala.App.465, 116 So.892; Howell v. Thew Shovel Co. (1931) 184 Ark.777, 43 S.W. (2d) 366.
61) Snook v. Raglan (1892) 89 Ga.251, 15 S.W.364; Wellden v. Witt (1905) 145 Ala.605, 40 So.126.
62) S. E. Lux, Jr. Merc. Co.v. Jones (1928) 177 Ark.342, 6 S.W. (2d) 302; Sims v. Crowley (1937) 67 Pac. (2d) 745 (Cal.App.).
63) Commercial Credit Co. v. Spence (1938) 184 So.439 (Mo.).

まま物を取り戻し得るという合意が承認された[65]。しかし，まだ売主には物の売却権は認められなかった[66]。この合意は，買主が間もなく満期の残債務を弁済しようとしている場合には，彼にとって有利であった。このように，Common Law の規律とは反対に，買主が請戻権（right of redemption）を持つことが制定法[67]と判例[68]によって認められ，他方で，売主は更に売買代金を訴求し得るようになった[69]。

この方向への，次の決定的な一歩は，売主が契約を維持しながら，取り戻した物を再売却し，その売却金から満足を受けることの承認であった。この売却は損害賠償請求権を保証するためではなく，買主の利益のため，即ち残代金にあてられるのであって，担保権的な換価を表している。今日では売却権は清算＝差額の後払義務（deficiency clause）とともに，至る所で契約上認められている。この合意は所有権留保を売主の担保権とみなさないドイツにおいても承認されている。さて，ミネソタとアーカンサスの幾つかの判例を除いて[70]，売主は再売却金と買主に対する代金債権を相殺し，かつ残代金を訴えることができる[71]。更に契約上の合意がない場合には，衡平手続が担保物の裁判上の換価の可能性を与える[72]。それによって売主は，動産抵当における抵当

---

64) Williamson Bros.v. Daniel (1937) 110 S.W. (2d) 1028 (Tenn.) において，所有権留保は「売買代金を担保するためのリーエンlienの形式」とされている。
65) Endicott v. Digerness (1922) 103 Ore.555, 205 Pac.975 は，合意がなくてもこの目的のための取戻しを認めた。
66) Loewenstein & Bros.v. Griffis (1934) 16 Tenn.App.603, 65 S.W. (2d) 587では，売主による競売は横領である，とされた。
67) Uniform Conditional Sales Act of 1918. これは10州で採用された。
68) Perkins v. Skates (1929) 220 Ala.216, 124 So.514; Mercier v. Nashua Buick Co. (1929) 84 N.H.59, 146 Atl.165.
69) Continental Guaranty Corp. v. Peoples Bus Line (1922) 31 Del.595, 117 Atl.275; Mercier v. Nashua Buick Co. (1929) は，取戻しによって代金請求が排除されるという，従来の通説をしりぞけた。なぜなら，売主は買主の有責な行為によって占有権を得るのであり，買主は自らの行為との関連において無条件の支払義務から免れ得ないからである。ただ，取戻しと代金請求が同時になされることにより，売主に満足以上のものが与えられた場合に限り，衡平法の諸原則が適用される。
70) Nashville Lumber Co. v. Robinson (1909) 91 Ark.319, 121 S.W.350; C.Aultman & Co. v. Olson (1890) 43 Minn.409, 45 N.W.852; C. I. T. Corp. v. Cords (1936) 269 N.W.825 これらの判例は，売主の他への売却によって買主への所有権移転は不能となり，それ故，反対給付義務も消滅するとしている。

権者と同じように換価し得る。この場合にも，取戻しの際に，既に支払われた代金が返還される必要はない。[73]

　所有権留保の担保権的方向を完成させたのは，1918年に公布された統一条件付売買法（Uniform Conditional Sales Act 以下UCSAと表す）であった。[74] このUCSAによると，買主が遅滞におちいれば，売主は目的物を占有する権利を得る（16条）。売主は期間を定めて取戻しをするつもりであることを通告することにより，請戻権の発生を妨ぎ得る（17条）。買主は物が取り戻された後，10日間ほど請戻権を有する（18条）。10日間の期間経過後は，売主はいつでも物を公競売において売却できる。買主が10日の猶予期間中に，法律によって各個に規定されている売却を要求するか，または少なくとも代金の半分が支払われている時には，売主はその法律に規律された売却をする義務を負う（19条・20条）。売却された代金は，競売，保存の費用，並びにもとの売買代金の残りを差し引いて，残りを買主に支払わなければならない（21条）。競売代金によってもなお不足があるときは，売主は更に要求し得る（22条）。売主は，競売をしない場合に，目的物を自己のものとして保持し得る。この場合には，

---

71) La Salle Finance Co. v. De Jarnette (1932) 181 N.E.164 (Ind.App.); Universal Credit Co. v. Taylor (1935) 164 Va.624, 180 S.E.277.

72) この理由づけとして，しばしば所有権留保は一種の質権的な担保であるとされた。例えばMatteson v. Equitable Min. & Mill Co. (1904) 143 Cal.436, 77 Pac.144では，売主は質権pledge と比べ得る１つのリーエンを持つとされた。Bankstone v. Hill (1924) 134 Miss.288, 98 So.689は，「そのような権利の留保は，売買代金の担保にすぎない……更に，売主は，契約された代金の支払いのための担保として，買主の衡平法上の権利を考慮しつつ，その目的物を処分し得る」と述べた。他に，Des Moines Music Co. v. Lindguist (1932) 24I N. W.425 (Iowa); National Cash Reg. Co. v. Ness (1939) 282 N. W.827 (Minn.)。ただ例外的に，オクラホマの判例は，買主の請戻権喪失を否定した。Haubelt v. Bryan & Doyle (1935) 171 Okla.338, 43 Pac. (2d) 68; National Cash Reg. Co. v. Stockyards Cash Market (1924) 100 Okla.150, 228 Pac.778では，売主は契約で再売却が決められている場合にのみ，それを行い得るとされた。

73) Parker Appliance Co. v. Co-Operativ Mach.Co. (1924) 110 Ohio st.255, 143 N.E.891.

74) これは1918年に統一州法全国会議（National Conference of the Commissioners on Uniform State Laws）が各州に採用を勧告したものである。このUCSAを採用したのは，アラスカ，アリゾナ，デラウェア，インディアナ，ニュージャージー，ニューヨーク，ペンシルバニア，サウスダコタ，ウェストバージニア，ウィスコンシンの10州であり，他の州でも部分的に採用された。その後，各州で統一商法典（UCC）が採用されると，この法律は自動的に廃止された。

契約上の諸義務は両方の側で消滅する (23条)。売買代金請求の訴えを起こした後でも、取戻しをし得る。取戻しの後では、競売代金の充当によってもなお生じる不足額だけを訴えられる (24条)。

以上のような所有権留保の規律の形成に直面して、所有権留保の「法的性質」という問題が生じてきた。まず実務上の取扱いから、この制度が類似の制度と区別された。第1に「賃借人の取得権を伴った賃貸借契約」と区別されるようになった。割賦販売を取得権付の賃貸借の形式にすることは、ほとんどの州で賃貸借が登記を要しないことから、しばしば行われた。ペンシルバニアでは、判例は常に、賃借人の取得選択権を伴った委託契約 (bailment contract) を、純粋な賃貸借として承認した。ペンシルバニアではイリノイと同じく、条件付売買も動産抵当も、買主または動産抵当設定者の債権者および取得者に対して、公共政策 (Public Policy) に基づいて無効とされていたし、他方で割賦販売の要請は避けられなかったからである。UCSAが採用されてからは、この障碍はなくなり、条件付売買の形式は納税上も有利なものとなった[75]。しかし、この統一法を採用しなかった州においては、家具賃貸借契約が一部には制定法によって所有権留保を伴った売買として扱われた[76]。[77]

次に、区別が特に困難であったのは、「目的物に占有のない質権を設定して行われる売買 (absolute sale with mortgage back)」であった。動産抵当の設定に対し、条件付売買とは異なる登記規定を設けている州にとっては、これと条件付売買を区別しなければならなかった。この両者は極めて良く似ていたので、長い間、両者の区別として、条件付売買における支払義務が条件付であるのに対し、無占有質権設定を伴った譲渡においては、無条件の支払義務が存するとされていた[78]。だが、やがて所有権留保においても、売買代金債務

---

75) ブラウカー・道田信一郎『アメリカ商取引法と日本民商法 (第2)』東京大学出版会 (1961年) 361頁。

76) ブラウカー・道田・前掲注75) 書362頁。納税上有利である点については、Commonwealth v. Motors Mortg. Corp. (1929) 147 Atl.98 (Pa.) が明らかにしている。

77) その際、賃借人は取得権を持つだけで、取得義務は負わないとされた。

78) Colorado Sav.Bank v. Metropolitan Theatre Co. (1894) 20 Colp.313, 36 Pac.902; Clark v. Baker (1901) 30 Colo.199, 69 Pac.506; Hart v. The Barney & C.MfgCo. (1881) 7 Fed.543 (Ky.); Heryford v. Davis (1880) 102 U.S.235.

は無条件に負わされているとする正しい見解が採用された。そこで両種の契約類型は、しばしば互いに同一のものとみなされるようになり、条件付売買は譲渡抵当を伴う売買 (sales-mortgage) とみなされるようになった。

以上のように、条件付売買における売主の権利を担保権とする動きは、UCSAによってほぼ完成され、さらに、動産抵当権との同一性も、いくつかの判例、学説によって指摘されていた。これを確認したのが、1951年に成立したアメリカ統一商法典 (Uniform Commercial Code) である。UCCは、動産抵当と条件付売買の間に存していた伝統的区別を廃止し、その他の担保方法とともに「担保権」として、第9編で規定している。従って、現在では留保所有権は一般の担保権と全く同じ規律に服している。

所有権留保の法的性質を扱った学説の中では、ボールドが注目される。彼は、所有権留保売買により、当事者は分割された財産上の利益を有するとして、次のように述べた。

　　売主にも買主にも商品についての「利益」が存し、両者の利益は互いに完全な所有権から派生する。買主には占有権、利用権、取得権があり、それらは所有権者の地位に属するものである。売主は物権的に保証された債権者としての権利を有する。買主が絶対的所有権者になる仕方について、所有権が自動的に買主に移るのか、それとも買主の物の所有権から負担がなくなる、即ち、売主の担保利益が消滅することによるのかは、よく議論されるけれども、明白なことは、完全な履行の前に条件付買主は、既にそ

---

79) Dunlop v. Mercer (1907) 156 Fed.545; Bierce v. Hutchins (1906) 205 U.S.340; McArthur Bros.Merc.Co. v. Hagihara (1921) 22 Ariz.100, 194 Pac.336; Mohr v. First Nat.Bank of Hanford (1924) 69 Cal.App.756, 232 Pac.748.
80) 例えば、Montenegro-Riehm Music Co.v.Beuris (1916) 160 ky.557, 169 S.W.986. テキサスでは、法律が所有権留保をsale-mortgageとみなしている。Garretson v. De Poyster (1890) 4 Willson (Tex.App.Civ.Cas.) 137, 16 S.W.106.
81) 1972年現在でルイジアナを除く全州で採用されている。ルイジアナでは無占有質が利用できる。
82) L.Vold, The Divided Property Interests in conditional sales (1930) 78 U.of Pa.L.Rev.713.
83) *ibid.* p.718; Baker v. Brown (1924) 126 Atl.703 (Conn.) では、買主の所有権が承認された。
84) Vold, *op.cit.* p.722-724.

の後なされる条件付売主の同意とは無関係に，自ら完全な所有権者になる力を持っていることである。[85]

ボールドの見解は，UCSAやUCCにみられるように，現在のアメリカでは，当然の考え方と言えるが，ドイツや日本では，まだそこまで到達していない。

第6節　ま　と　め

ドイツのドグマーティクは，ブロマイヤーの主張を除けば，まだUSAほど担保的構成にすすんでいない。それでも，売主による目的物の換価が，2つの重要な場合に認められるべきと提唱されている。

レッグスは売主を物の所有権者とみなすが，当時の学説，判例が自己の物の強制執行を認めなかったにもかかわらず，売買代金について強制執行し得る権限に基づいて，売主が強制執行によって物を換価し得ることを主張した。[86] 彼はこの結論を，所有権留保に基づく換価権の要請によって正当化しようとした。留保売主は，無条件で物を譲渡し，それ故，物に対して強制執行できる売主や，またはまだ物を引き渡しておらず，事情によっては自助売却（ドイツ商法HGB373条，BGB383条）により，物を換価し得る売主などよりも，悪い立場に置かれるはずがないと考えたのである。ここには，留保売主の権利が実は担保権であることの手がかりがあったのだが，レッグスは担保的考慮（Pfandgedanken）にすすむことを明確に拒否した。[87] 彼は，この換価権が所有権から流出し，その限りにおいて留保所有権が体系的に，商人の留置権（HGB369条1項，371条)，仲買人の充足権（Befriedigungsrecht HGB398条)，更に売主の自助売却権に並ぶものと考えたのである。

次に，イェーガーは，買主破産の場合に，譲渡担保と所有権留保を同列視し，売買契約を守っている売主は，担保の換価という原則によって，取引を

---

85) *ibid.* p.718.
86) Letzgus, Die Anwartschaft des Käufers unter Eigentumsvorbehalt, S.59ff.
87) Letzgus, aaO. S.64, 30.

第5章 所有権留保と条件付所有権移転　167

展開させ得ることが，取引にとって不可欠ではないかと主張した。[88]

　レッグスやイェーガーの考え方を更に発展させて，担保権構成にまですすめたのがブロマイヤーであった。彼は次のように主張する。担保権にとって固有な，他人の物の処分権限は，より弱い，即ち債務法的に他人（債権者）と結びついている物（所有権留保や譲渡担保の目的物）にまで広げられるべきである。換価する者は，それを自分のものとしてではなく，全く他人の物として扱う。レッグスは，物がまだ売主に属するとしている点で賛成できない。イェーガーの結論から，所有権留保においても担保の換価であることを一般的に承認するまでは，短かい道程があるにすぎない。すでに今日，売主が物を他に売却するという換価権を持つことは，合意され得る。そこで，留保売主の権利の換価権への発展という法技術的前進にとって，大きな障碍となっている「売主が物の所有権者である」といった見解は取り除かれねばならない。[89]

　現在のドイツでは，留保売主が目的物を差押え，売却することを，学説・判例の主流が認めるようになってきている[90]。しかし，所有権留保の実体法的関係においては，まだ留保所有権を担保権と認めるところまでには至っていない。

　日本では，目的物の換価をめぐって，ドイツほど所有権留保の担保的構成が問題にならないという事情がある。即ち，日本では契約を解除すれば，物権関係まで直接に解消され，その上同時に不履行に基づく損害賠償を請求できるから，USAやドイツのように，契約関係を維持しながら目的物を取り戻すことに苦心する必要がない。それでも，この解除がなされれば，その時点で留保買主の請戻権は消滅するから，買主保護という点では十分でない。この点で，日本でも，所有権留保の担保的把握は必要であると思われる。[91]

---

88) Jaeger, Kommentar 15 zu §26KO.Vgl.Letzgus, aaO. S.70ff.
89) Blomeyer, aaO. S.219 und N.2.
90) 中野貞一郎「割賦販売をめぐる強制執行法上の問題」『強制執行・破産の研究』有斐閣（1971年）193頁以下，特に199頁参照。
91) 米倉・森井・NBL74号参照。

第6章 期待権とペンデンツ理論の比較

　第3章および第5章と一部重なる部分があるが，本章では，条件理論の現状につき，日本とドイツを比較したうえで，期待権とペンデンツ理論を合理的な基準から比較しようとするアイヒェンホーファーの論文を紹介する。アイヒェンホーファーの分析からすると，日本の理論状況は，かなり遅れていると評価されるかもしれない。

第1節　日本における条件理論

　19世紀の後半以降，ドイツにおいて条件の効力をめぐる研究が盛んになされ，かなりのものが蓄積されて現在に至っている。その内容は興味深い。しかし，これらの内容をそのまま日本に持ち込む前に，ドイツと日本の違いについて注意しなければならない。即ち，ドイツにおいては義務負担行為と処分行為が峻別されているのに対し，日本法においては，そのような区別がなく，従って法律行為の物権的効力と債権的効力は明確には意識されていない。しかも，ドイツの条件理論は主に処分行為をめぐって議論が深められてきた。そのような差異があるのに，ドイツの理論を日本に持ち込むことができるのか，それをまず検討しなければならない。
　日本において処分行為が当事者以外の第三者に対しても有効に行われるためには，合意と対抗要件が必要である。特に不動産の物権変動においては，民法177条によって登記を備えることが実質的に対世的な有効要件となっており，その結果，このような法律行為は処分行為と同じ意味を持っている。[1]また動産の譲渡においても，以下の所有権留保の議論においてみるように，学説の中には目的物の引渡しによって物権的期待が発生するとするものが少

なくない。そうすると物の引渡しの合意を処分行為とみるのと同じことになる。

不動産の取得者は登記を備えることによって，先行する同一不動産の譲受人に優先するし，不動産の真正の名義人から時効完成後に登記を譲り受けることによって時効権利者にも勝つ。従って，日本の民法において対抗要件を与える合意（登記および，占有改定以外の引渡しについての合意）は，ドイツ法における処分行為と同じように考えることができ，それ故，ドイツにおける期待権理論およびペンデンツ理論は，日本でも十分に参考に値するのである。[2]

日本における条件付法律行為をめぐる理論状況を，まず売買を例にとって検討してみよう。売買においては目的物の引渡しと代金の支払いが同時ではなく，目的物が先渡しされることが多い。その場合に，買主が代金を支払わなかったり，破産したり，あるいは支払期限以前に買主の他の債権者によって目的物が差し押さえられたりする危険を回避するために，売主はどのような手立てを講じるであろうか。それは，上記のような事由が生じたときに直ちに目的物を回収できるとの合意，即ち目的物取戻しについて停止条件の付いた売買，所有権留保売買の合意であろう。日本では，自動車や工作機械など高価な動産の売買において，この所有権留保売買が広く行われている。この経済的目的は，買主が債務不履行におちいったときに所有権に基づいて目的物を取り戻すことができる点，即ち売買代金債権の担保にあった。

日本の民法には，売買代金債権を担保するための制度として，動産の売主に先取特権が与えられているが，従来はあまり機能してこなかった。ただ，最近になって，破産宣告後の，動産売買の先取特権の行使として転売代金債権の差押えを認めた最高裁判決が現れてから[3]，実務・学説において動産売買の先取特権が注目を集めるようになってきている。ただ，これは法定担保で

---

1) ドイツ民法873条1項では，処分の合意と登記が処分の要件とされているのに対し，民法176条では当事者の合意だけで十分という形式的違いはあるが，対第三者関係においては，1908年12月15日の大審院連合部判決以来，登記をすることが実質的な処分の要件となっている。
2) 期待という言葉を使う場合には，それに物権的効力を認めるのでなければ実質的な意味を有しない。
3) 最1小判1984年2月2日民集38巻3号431頁。

第6章 期待権とペンデンツ理論の比較　171

あるので，合意に基づく条件の効力を扱う本章ではとりあげない。

　所有権留保の法的性質については，裁判所は一貫して所有権構成をとり，売買代金全額（または合意による割合）が支払われるまでは，実体法上の所有権が売主に帰属しているとする[4]。これに対して学説は，所有権留保が債権担保の手段として用いられていることを直視して，いわゆる担保的構成を主張するものがほとんどであり，その中でも大きく2つの考え方に分かれている。

　第1は，所有権留保を停止条件付所有権移転とみて，条件成就のときまで売主が所有権者であることを認めつつ，買主にも物権的期待（期待権）を認める。この説では，目的物が買主に引き渡されない間は買主に所有権移転請求権以上のものを認めないが，買主が目的物の引渡しを受けた後は，条件付所有権が所有権移転請求権にとって代わり，物権的性質を持つようになるとする。この物権的性質を具体的に述べると，留保買主が目的物の引渡しを受けた後は，留保売主の処分行為は，買主の所有権取得を妨げる限度で物権的に無効であり，しかも，この効果は民法128条の趣旨から条件成就前に生じる。留保買主は民法129条により，条件成否未定の間においても，その条件付所有権を所有権自体の処分に関する規定に従って処分し得る。その際の対抗要件は目的物の引渡しである。条件付所有権は民法192条によって善意取得され得る[5]。

　この説は，所有権留保売買における所有権移転の過程を実質的に判断しようとする点で評価できるが，「物の引渡し」と「権利の移転」を直結している点に問題を残している。日本では「占有改定による引渡し」のように物が動かなくても権利が移転したり，「間接占有による所有権の対抗」のように権利と物の占有が分離して存在することが公式に認められている。この点からすれば条件付法律行為によって売主に条件付所有権が帰属するとすると，それが買主に移転するのは条件の成就（代金の支払い）によってであって物の

---

[4] 例えば，最3小判1981年7月14日判時1018号77頁。事案は既にサブ・ディーラーに対して車の代金を完済した買主に対して，留保売主であるディーラーが所有権に基づいて返還請求したのを認めたもの。
[5] 竹下守夫「所有権留保と破産・会社更生（上）」法曹時報25巻2号199頁。特に207頁参照。なお，神崎克郎「所有権留保売買とその展開」神戸法学雑誌14巻3号参照。

引渡しによってではない。(条件付所有権が買主に移ると，既存の期待権と合体して完全な所有権となる)。では「物の引渡し」によって買主にどのような権利が帰属するのかといえば，竹下氏の趣旨からすれば物権的期待（期待権）というしかない。この場合，条件付法律行為と物の引渡しによって所有権が「条件付所有権」と「期待権」に分裂したことになる。竹下説をまとめれば，条件付法律行為によって買主にまず所有権移転請求権が発生し，次に物の引渡しによってそれらが期待権に代わり，最後に代金の完済によってそれが完全な所有権になるわけである。これに対し鈴木禄弥氏は，条件付法律行為によって所有権は直ちに売主（譲渡人）と買主（譲受人）に分解し，それらはともに条件付所有権であるとし，条件付譲受人の権利が通常，期待権と呼ばれるとする。

　第2は，条件付所有権移転という当事者の合意をそのまま受け取るのではなく，「売買の合意」および「売主のために担保権を設定する合意」と読み替えて解釈する考え方である。ただし，売主のために設定された担保権の性格については主張者の間においていくらかの相違が存在する。高木氏は，譲渡担保の場合と同じく当事者の用いる法形式を離れ，残代金を被担保債権とする担保権（留保所有権）が売主に存し，所有権よりこれを差し引いた物権的地位が買主に帰属すると構成すればよいとする。従って，売買契約によって目的物の所有権は買主に移転し，所有権留保特約によって売主は一種の担保権である留保所有権を取得するとされる。当事者の真意を探ろうとする考え方であり傾聴に値するが，次の点に注意しなければならない。それは，売買契約によって買主に所有権が移るとするときに，それが合意の時点でなされるのではなく，代金の一部支払いと目的物の引渡しのときになされるとする点である。そうなると所有権が売主と買主に分裂するのは合意のときではなく引渡しのときであるから，引渡しに一種の処分行為としての性格を認める

---

6) 売主に帰属する所有権は，条件成就によって買主に移転するので解除条件付所有権とみるべきであろう。
7) 鈴木禄弥『民法総則講義』創文社（1985年）148頁以下。
8) 高木多喜男『担保物権法』有斐閣（1984年）349頁以下。

ことになる。この点で竹下氏と同じ考えに立つといって差し支えない。

　米倉氏は，所有権留保売買にあっては実質的にも形式的にも所有権は買主に移転し，売主は売買代金債権を被担保債権とする抵当権を設定したものと構成すべきとする。なぜなら，当事者は抵当権設定を目的としているものの適切な用語（法概念）を発見し得ないために抵当権設定を所有権留保と表示したにすぎないからである。売主のこの抵当権は慣習法上の物権である[9]。米倉氏の主張する「動産抵当権」は高木氏のいう「一種の担保権」と同じ考え方に立っているように思われる。米倉氏はさらに，売主の抵当権が公示を伴っていない点について，実務的には第三者に不測の損害を与えることはないとする。即ち，買主からの譲受人は民法192条によって保護され，売主からの譲受人は，民法94条2項の類推適用によって買主の所有権主張から保護されるとするのである。しかし，これらの点については疑問が残る。まず，米倉氏の理論構成でいけば所有権留保売買の合意によって所有権は直ちに買主に移り，売主の手元に残るのは抵当権にすぎないのであるから，売主からの譲受人が民法94条2項の類推適用によって買主の所有権主張から保護される可能性はないと言わざるを得ない。次に，より重要な点であるが，現在の日本の裁判所の態度を見る限り，買主からの譲受人に善意取得の認められる可能性はあまり強くないことがある。善意取得を否定した判例として最1小判1967年4月27日（判時492号55頁）があるが，この事件においては所有権留保の存在を知らなかった古物商に調査義務を果たさなかった過失があるとして善意取得が認められなかった。その後，下級審において同様の趣旨で善意取得を否定するものが続いている[10]。私は，このようなケースにおいて第三取得者の権利の善意・悪意を問題にすること自体が担保的構成と相いれないものであると考える。自動車などのように所有権留保売買のもとで転々と流通する商品については，当初から留保買主に転売の権限が与えられているのであり，それに基づいて第三取得者の権利を保護すべきと考える（同旨，大阪高判

9）米倉明・森井英雄「変態担保研究2」NBL69号（後に米倉明『所有権留保の実証的研究』商事法務研究会〔1977年〕に所収）13頁以下。
10）詳しくは，拙稿「所有権留保売買と第三取得者の地位」神戸外大論叢33巻6号28頁以下参照。

1979年8月16日判時959号83頁)。

　以上のことから次の2つのことに注意を喚起したい。第1は，所有権留保という当事者の合意を「当事者が適切な法概念を発見し得ないために」使った不正確な表現であるとして変更してよいのかという問題である。同じことは「所有権を留保する」と表示した売主の権利を「それは担保権にすぎない」と変更する態度にもあてはまる。少なくとも，どのような場合にどのような要件の下でそのような変更が許されるのか明確にする必要があろう。この点では譲渡担保が民法344条・345条の脱法行為ではなく，慣習法上の物権であるとして認められたときに，それが認められるための基本的要件が何であるのかに学説・判例があまりこだわらなかったことに通じるものが感じられる。当事者が「所有権は売主に置いておこう」と合意した以上は，それを変更するにあたって合理的な理由が明示されなければならない。私は，流通または担保としての利用が前提とされている商品の売買においては「目的物の現実の占有を伴わない所有権は，もはや所有権としては認められず，担保権以上の扱いは受けられない」という政策的判断によって当事者の合意が変更されることを明示すべきと考える。この政策的判断は，広い意味で物権法定主義の根底に流れる取引の安全という要請に合致するといえる。私的自治がいかなる場合に制限を受けるかは，これ自体が大きなテーマであり，みだりに国家が当事者の自治に介入すべきではないと考える。しかし，少なくとも合意の結果を強制すれば当事者間にあまりの不公平が生じるような場合（例えば対価の不均衡）については，その合意が当然に制限を受けると考えるべきであろう。錯誤や，瑕疵担保の制度はそのような制限を具体化したものと考える。

　第2は，所有権留保の担保的構成をとったからといって，個別的な問題の答えが自動的に引き出せるものではないことである。一例として，留保買主の一般債権者が条件成就前に目的物を差し押さえたとき留保売主にどのような主張が認められるべきか，という問題をとりあげてみよう。判例は，留保売主に所有権が属していることを前提に第三者異議の訴え（民事執行法38条）を認める（旧法の下であるが，最1小判1974年7月18日民集28巻5号743頁など）。これに対し学説の多くは，留保売主の権利が実質的には担保権であることを理由

に，目的物の価格が被担保債権額を上回っているときには優先弁済を認めるにとどまる判決を出すべきであるとして，具体的には第三者異議の訴えの一部認容判決を出すべきであるとか，民執133条を類推適用して配当要求の道を選択し得るとすべきなどと主張している。[11]

　留保売主が配当参加を要求する場合にはそれを認めるべきであるが，優先弁済にとどめるべきという主張については疑問がある。一般債権者による強制執行の手続は，その一般債権者（差押債権者）の遂行に委ねられ，差押債権者が執行債務者に期限の猶予を与えたとか，執行債務者や第三者のために執行停止命令があったというような事情のために換価がスムーズに進行しないことがある。この点で破産手続外で自由に行使できる別除権（旧破産法95条，現65条・66条）とは異なる。また，被担保債権の利息が高率であることから留保売主が即時弁済を望まない場合でも，弁済を受領せざるを得ない。さらに所有権留保の目的物は留保買主の企業設備の一部として使用されているのが通常であるため，第三者異議による執行排除によって経営を維持する機能もある。最後に日本における動産執行の現状が不十分で，換価としての競売が実際には競争締結として機能しておらず，市場価格よりもはるかに低い売得金しか得られない。以上の点からして，担保権者である留保売主に第三者異議の訴えを認めても，それほど不都合でない。[12]

　所有権留保をめぐる日本の学説は，担保的構成をとることで大筋では一致しているものの，細かくみるとその理論構成においてかなりの差違が存在している。それらは実務的な結果の妥当性についてそれなりに顧慮しているものの，理論としての妥当性（物権法定主義との調和）については，それほど突っ込んだ分析がなされず，そのために所有権留保をめぐる議論が条件理論一般を深化させることがなかったように思われる。これに対して，ドイツにおいては19世紀の末から条件付法律行為について，理論的な研究が積み重ねられてきた。

---

11) 高木『担保物権法』353頁以下。
12) 前掲最1小判1974年7月18日の判例批評，中野貞一郎・民商法雑誌72巻6号48頁参照。

第2節　ドイツにおける条件理論

　条件理論においては，私的自治による当事者の法形成の時間的な効力と，第三者保護の関係が最も重要な課題となる。このテーマはドイツにおいて多くの研究者にとって興味深いもののようで，ほぼ10年おきに力作が発表されている。[13] 近時，期待権とペンデンツ理論の概念的有効性について比較検討した論文が出されたので，それを素材にして現在のドイツにおける理論状況を整理してみたい。

　ドイツの条件理論においてはブロマイヤーを無視できない。彼は条件成就の遡及効を否定し，前段階効 Vorwirkung や期待などの概念も，それだけでは不十分であるとして，未確定理論 Pendenz Theorie を発展させた。義務負担行為について，期限到来前の期限付債権の効力と，条件成就前の条件付債権の効力は同じものであり，いずれも本来の債権の効力であるとした。両者とも法律行為のなされた時点で債権の効力が発生するが，条件付債権の場合には，条件とされている要件事実の実現が未確定である点だけが異なっているにすぎない。ブロマイヤーは未確定理論を処分行為にも持ち込んだうえに，さらに有期所有権（Eigentum auf Zeit）の否定という論理を経て，停止条件付所有権移転において譲受人を所有権者とした。即ち，停止条件付処分がなされると，所有権は所有権とその負担に分裂する。このとき，事物の通常の経過に従えば最終的に所有権者となるであろう者のところに所有権部分が落ち着く。所有権留保売買にあっては留保買主（停止条件付譲受人）がそれにあたる。このように考えた結果，ブロマイヤーは期待権概念は不要であるとした。[14] これに対しライザーは，ブロマイヤーが留保売主の所有の意思を無

---

13) 条件理論の体系的な研究には，A. Blomeyer, Studien zur Bedingungslehre (1938/39), 期待権の体系的な研究には，L. Raiser, Dingliche Anwartschaften (1961), 条件理論の歴史については，G. Schiemann, Pendenz und Rückwirkung der Bedingung (1973), がある。近時のものとしては，Marotztke, Das Anwartschaftrecht (1971); W. Berger, Eigentums-vorbehart und Anwartschaftrecht (1984) がある。

14) 拙稿「ブロマイヤーの条件理論」神戸外大・外国学研究所・外国学資料33号参照。

視していると批判し，所有権留保売買における留保買主の権利を所有権と認めるか否かは利益考量によってのみ決定されるとした。彼は，停止条件付所有権移転において，所有権（E）が，所有権の期待権（A）と所有権から期待権を差し引いた残り（E－A）に分裂するとした。この期待権は将来一本化する所有権の前段階であり，中間時において譲渡人を物権的に拘束する。期待権者または彼からの取得者は既に固有の支配権能を有する。故に，AもE－Aも所有権であるとした。[15]

ドイツの判例，学界の多数説は条件付処分から生じる期待を現在の期待権として認めている。[16]従って，基本においてはブロマイヤーやライザーと同じ発想に立っている。ところが，その内容については，権利の「前段階」[17]であるとか，「本質的に権利と同じだが，ただマイナスであるにすぎない」[18]とか表現されて，一致していない。

これに対しラーレンツやウォルフは物権的期待に反対である。ラーレンツによれば条件付処分においては条件成就まで譲渡人が所有権者であり，中間期間（法律行為のときから条件成就のときまで）においてなされた譲受人の処分は無効である。ただし，それはドイツ民法典（以下BGBと表す）185条2項に規定する追完によって有効となり得る（非権利者の処分における追完）。譲渡人の中間処分を無効とするBGB161条1項は，譲渡人の処分権を制限する趣旨にすぎず，期待権と呼ばれるものは譲渡人が服する法的拘束の裏返しにすぎない。それは，期待が目的とする権利の帰属を準備・保障することを内容とするものであって，物に対する現在の支配権限を意味するものではない。[19]

条件付処分の代表例が所有権留保であるのはドイツも日本も同じである。特にドイツではBGB455条があるために，[20]第1次世界大戦後，代金債権担保の手段として所有権留保が広く用いられるようになった。現在，学説におい

---

15) Raiser, Anm.14. 48-68.
16) BGHZ20, 88 (93f.).
17) Vgl. Raiser, Anm.14. 6f.
18) BGHZ28, 16 (21).
19) K. Larenz, Allgemeine Teil des deutschen Bürgerlichen Rechts, 3Aufl. §13 (§25; Schuldrecht), 11Aufl. §43; Vgl. E. Wolf, Sachenrecht, 2Aufl. §7c.

て所有権留保について強い影響力を有するのはバウルの説である。彼によればBGB455条は権利の分割を意味している。留保売主には所有権の中に潜む担保権と換価権が留保され，留保買主には物の占有と利用権が帰属している。権利の分割はバウルにおいて価値の分配を根拠にしており，例えば留保買主が売買代金の9割を支払った場合には，彼は所有権の9割を有するとみなされる。この点で，バウルの理論は，中世法に対して近代市民法が否定したところの所有権の量的分割であるとみてよい。[21]

　ドイツの学説は，ライザーやバウルに代表される所有権の量的分割の考え方の方が有力と思われる。しかし，ブロマイヤーに代表される未確定理論も支持がないわけではない。この両方の理論を比較するうえで，アイヒェンホーファーの論文が興味深い。[22]

第3節　ペンデンツ理論と期待権

　アイヒェンホーファーは，所有権留保の問題点が，「所有権留保の下で譲渡された物の取得者（留保買主およびそれからの転得者）が所有権者が持つ権利とは異なった独立の権利，即ち期待権を持つと把握することが好ましいのか」という点に集約されるとして，ペンデンツ理論と期待権を比較する。彼によれば，期待権理論は今までのところ一貫して有力であるが，それは，この理論に対する知的で包括的な批判が現れていないからである。たしかに，ブロマイヤーの反対説が有名であるが，彼は留保売主の権利を無占有質権ととらえるためにあまり賛成を得ていない。

　ペンデンツ理論に対しては，アイヒェンホーファーはこれを遡及効と同一視して「ある条件の下で締結された法律行為の効力は，条件とされた事情が成就する限りにおいて締結された時点に遡及するものとみなされる」と説明

---

20) BGB455条「動産の売主が所有権を代金の支払があるときまで留保したときは，疑わしければ，所有権の移転は代金全部の支払を停止条件としてなされ，かつ，買主が支払を遅滞したときは売主は契約の解除権をもつとみなされる」。
21) F. Baur, Lehrbuch des Sachenrechts, 15Aufl. §59.
22) E. Eichenhofer, Anwartschaftslehre und Pendenztheorie, AcP185 (1985) 162.

する。しかし，シーマンが分析したように両者は別のものである。その最大の差は，遡及効では条件が成就するまでは条件付法律行為の効力が全く生じないのに対し，ペンデンツ理論では条件成就前であっても条件付法律行為の効力が生じている点にある。もちろん，条件が成就してしまえば，遡及効理論でも擬制的に最初から効力が生じていたとの説明がなされることになるので，両者は同じになる。ペンデンツ理論は日本の民法116条や121条をめぐって議論される未確定無効と同じ理論であり，追認または取消しがなされるまで未確定とするものであって，何も効力が生じていないとするものではない。そこで，アイヒェンホーファーのペンデンツ理論の理解のうち，純粋な遡及効に関するものを省いて，以下，検討する。

アイヒェンホーファーの目的は，期待権とペンデンツ理論のどちらが，留保所有権に関する説明として優れているかを，「合理的な」基準から判断しようとするものである。まず3つの個別問題において両理論の取扱い方を比較し，その後，6つの基準から優劣を決定しようとする。

1 個別問題における比較

アイヒェンホーファーによれば，留保所有権はBGBが十分な規定を置いていないために補充を要するものである。個別問題においては3つの問題解決がせまられている。第1は譲渡問題，第2は差押え問題，第3は保護問題である。

(1) 譲渡問題

これは，所有権留保の下で目的物を取得した者は，所有権者の同意なしに目的物を自由に処分し得るか，ということである。この問題については，期待権理論に立ってこれを肯定したトレーラー譲渡担保事件のBGH判決が有名である。

---

23) 拙稿「条件理論の歴史的考察1－4」神戸外大論叢29巻1号，4号，30巻1号，6号参照。
24) この基準については，アイヒェンホーファーは Jahr, Zur Lage des Faches Rechtswissenchaft, in Wadle (Hg.), Recht und Gesetz im Dialog (1982) の参照を指示している。
25) BGHZ20, 88.

```
Y ←   → A   → X
差押債権者  留保買主  譲渡担保権者
```

　Aは所有権留保の下で購入した1台の大型トレーラーを代金完済前に占有改定によってXに担保として譲渡した。その後，Aの債権者であるYがトレーラーを差し押さえ，Yは差押質権を取得した（§804ZPO）。Aが残代金を支払った後，XからYに対し第三者異議の訴えが提起された。BGHは，条件付譲渡によって期待権を持つ者（A）は，所有権者の同意なしにその有する期待を処分することができ，この期待を譲り受けた者（X）は，条件成就とともに直ちに完全権を取得する，としてXの第三者異議の主張を認めた。このように「留保買主の法的地位の譲渡可能性」について，期待権理論はこれを非権利者の処分（§185BGB）とはみずに，所有権とは独立の期待の処分とみる。しかも，それは所有権者の同意なしに完全に処分が許されるのである。なお，条件付処分によって所有権と期待が別々の権利主体に属するという考え方は分割説 Trennungsdenken と呼ばれている。

　ペンデンツ理論からすると，この譲渡はどうみられるのか？　アイヒェンホーファーによるとペンデンツ理論にとっては留保買主の処分は非権利者の処分となり，その有効性はもっぱら§185BGBの要件の充足にかかってくる。代金が完済されれば条件成就の効力が遡及するのであるから，185条2項1文により，売買代金の残りが支払われれば，Aの処分は遡及的に追完され，所有権は処分の時にXに移転したことになる。従って，結論は期待権理論と同じになる。次に，留保買主が目的物を処分する前に，既に物的負担が存在する場合をみてみる。Aが所有権留保で購入した動産が，Aの不動産の付属設備であったために，従物として，この不動産の質権の対象たる責任財産に含まれた（§1120BGB）。条件が成就したときに，Xは不動産質権の負担から免れるか？　BGHは期待権理論の立場から，Aが期待を担保としてXに譲渡することは可能であるが，その期待にはYの不動産質権が負担として付着しているとした。担保として譲渡された時点と負担の設定された時点の先後関係で優劣を決定[26]

```
X ←        A ←         → Y
動産の      動産の留保買主    不動産の
譲渡担保権者  不動産の所有権者  質権者
```

するということは，結局，期待と所有権を等しく扱っていることを示している。ペンデンツ理論では，条件付所有権移転がなされた時点でひとまず法的効果が発生し，条件成就によってその効果が確定するわけであるから，条件付所有権移転後の物的負担に対しては条件付権利者は対抗できるが，それ以前の負担に対しては対抗できず，結局，優先順位の原則（185条2項2文）に従って決定され，期待権理論と同じ結論となる。

留保買主の地位が所有権についての規定（929条以下）に従って譲渡され得ることには異論がない。しかし，譲渡担保のように占有改定によって移転する場合には，占有について二重の媒介関係が生じる。留保買主は留保売主のために占有を媒介すると同時に担保権者のためにも占有を媒介することになるからである。期待権理論は，占有改定による期待の移転を当然に認めるが，この占有状態のとらえ方について，留保売主と担保権者の双方に間接占有を認めながらその強弱について意見が分かれている[27]。ペンデンツ理論も未確定の期間について2つの間接占有を認める。ここでも，大筋に差はない。

次に譲り渡との関連で留保買主の地位（期待）の善意取得についてみてみよう。3つの場合が考えられる。第1は，所有権者ではないものから所有権留保の下で譲り受けた場合である。引渡しの合意のとき善意無過失であれば，その後，条件成就前に留保売主が所有権者でないことを知っても，善意取得の成立に影響を及ぼさないことは，期待権理論およびペンデンツ理論の両方から承認される。第2は，留保買主から直接占有だけを譲り受けた第三者（従って所有権者でも期待権者でもない）から取得者が善意無過失で目的物を譲り受けた場合である。期待権理論の多数説およびペンデンツ理論は，取得者の善意取得を認める。しかし，期待権理論の中に善意取得を認めない少数説がある。期待権の取得者の善意とは彼が条件付所有権移転について「留保買主と契約を締結した」ということを内容とする善意であるとするもので，従って，留保買主から占有を譲り受けた第三者については善意の対象とはならないとするものである[28]。しかし，善意の内容を狭く解さなければならない合理

---

26) BGHZ35, 85.
27) 詳しくは，Eichenhofer, Anm.23.175f.

性があるとは思われないので期待権理論の多数説およびペンデンツ理論の理解の方を支持したい。

　第3は，留保売主でない者から留保目的物でないものを所有権留保の下で譲り受けた場合である。目的物に対する期待が当初から存在しない以上，善意取得は有り得ない。ペンデンツ理論によっても，前提たる条件が存しない以上，善意取得は生じない。以上，アイヒェンホーファーによれば善意取得においても期待権理論とペンデンツ理論は同じ結論になるし，私も彼の理解は正当と考える。

　(2)　差押え問題

　これは留保買主の法的地位を留保売主の債権者，留保買主の債権者さらには留保売主自身が強制執行によって差し押さえることが可能か，という問題である。期待権理論からすれば，期待は固有の財産であり当然に差押え可能である[29]。しかし，差押えの方法については意見が分かれている。通説は物と期待の両方を差し押さえることが必要とする。これに対し期待権の差押えだけで十分とする意見[30]と，物の差押えだけで十分とする意見[31]が対立している。

　留保売主の債権者，留保買主の債権者が目的物を換価し得るのは条件成就のとき以降である[31]。つまり，期待のままでは換価できない。もちろん，債権者は残代金を支払うことによって留保買主の異議（§267 BGB）にもかかわらず条件を成就させ得る。また未確定期間においては留保売主の第三者異議は排除され，条件が成就すれば債権者の差押質権は追完される（期待の差押えから所有権の差押えへと移る）。

　アイヒェンホーファーは，通説および期待の差押えを主張する説に対して疑問を投げかける。期待の差押えを要求する説は，その方法として権利の差押えにおける換価手続（ドイツ民事訴訟法835条，以下§835 ZPOと表す）を主張し，あるいは動産の引渡請求権の差押え（§847 ZPO）の類推を主張するが，これ

---

28) Flume, Allgemeiner Teil des Bürgerlichen Rechts, 2Bd. §42, 4c; ders, AcP161, 385 (395); Medicus, Bürgerliches Recht, Rz.475.
29) BGH NJW 1954, 1325; Baur, Anm.22. §59 4a.
30) Baur, Anm.22. §59 4a; Medicus, Anm.29. Rz.486.
31) Raiser, Anm.14. S.87ff.

は不適切とする。期待権者は既に目的物を占有しており，従って彼の権利を引渡請求権ととらえることは妥当ではない。アイヒェンホーファーは，期待権の差押えについては物の差押えのための諸規定に従って執行されるべきとする。[33]

差押えは差押物件に留保所有権が付着していることを差押記録に記入することによって可能である。これによって所有権ではなく期待権が差し押さえられたことが公示される。条件成就によって留保買主が所有権を取得したときには§§814ff.ZPO（差し押さえた物の競売）に従って換価される。

このように考えても目的物が留保売主に属していることと矛盾しない。たしかに留保売主は所有権者として物の差押えに対し第三者異議の訴えを提起する権限を有する。しかし，条件が成就すれば留保売主の行為の正統性は終了し強制執行手続を停止させる権限も消滅する。留保所有権のこの特殊性は第三者異議の権限の内容と範囲の解釈において考慮されるべきである。

留保売主の債権者が条件付譲渡の目的物を差し押さえてきた場合を考えてみよう。留保買主からの異議はどの範囲で認められるべきであろうか。BGBの161条1項は，停止条件付処分の未確定期間内におけるその他の処分や強制執行につき条件成就のときに無効になるとしているのであるから，条件付で譲渡された物の取得者は，譲渡人の債権者による強制執行を忍容しなければならないとしても，未確定期間において，この債権者による換価に対しては執行異議を行使し得る。従って留保買主は強制執行を排除することはできないが，条件付で取得した物につき条件成就以前での換価に対しては防御できると考えるべきであろう。

次に留保買主の債権者が条件付譲渡の目的物を差し押さえてきた場合であるが，この場合も，留保売主は目的物の差押えに対して第三者異議を申し立てることはできないが，物の換価については異議を申し立てることができると考えるべきであろう。

ペンデンツ理論からこの問題をとらえると次のようになる。差押えおよび

---

32) BGH NJW 1954, 1327.
33) Vgl. Raiser, Anm.14.

差止めVerstrickung[34]の客体は未確定な条件の下で譲渡された所有権であり，従って強制執行においては物の差押えの方法だけが実行可能であり，ZPOの808条以下の規定が適用される。条件が成就すれば留保買主の債権者の差押質権は差押開始の時から有効に設定されたことになる。未確定期間の間に留保売主側からなされた第三者異議の訴えについては，いまだ所有権に対する差押質権が成立していないことを理由にしりぞけ得る。従って，この問題においても期待権理論とペンデンツ理論は同じ結論になる[35]。

　私は，大筋においてアイヒェンホーファーの考え方に賛成である。留保買主の法的地位に対する強制執行は物の差押えの方法によるべきである。しかし，日本の強制執行において，差押えは忍容しなければならないが，換価については異議を述べ得るということが可能であるとは考えられないので，この点についてはアイヒェンホーファーの考え方を日本に持ち込むことはできない。期待の換価については条件成就まで認めるべきでない以上，本章の最後に述べたように留保売主に第三者異議の訴えを認めるべきと考える。

　(3)　保護問題

　留保買主に引き渡された物が第三者によって違法に侵害されたり，留保売主以外の者から返還請求を受けたとき，留保買主はどのように保護されるか。

　ア）留保売主が所有権者でないのに目的物が所有権留保の下で譲渡されたとき，所有権者から留保買主に対して返還請求がなされたらどうなるか。

　BGBの986条1項1文によれば，留保買主の占有が由来する留保売主の占有が所有権者に対抗し得るものでない場合には，留保買主は目的物を所有権者に返還しなければならない。しかし，既にみてきた，留保買主が期待権を善意取得している場合には事情が異なる。この場合BGB161条1項によって，条件が成就すれば留保買主は所有権を取得し，それと相いれない所有権者の返還請求は許されなくなる。従って，期待権の善意取得者である留保買主が，

---

34)　日本の不法行為法で用いる差止請求は，ドイツでは不作為請求 Unterlassungsanspruch と呼ばれている（§§862)，1004 BGB)。ドイツ法でいう差止めは，執行債務者による目的物の更なる処分を封じるための差押えを意味する。

35)　Eichenhofer, Anm.23. 183f.

条件の実現によって所有権移転を生じさせる可能性を有している場合には、所有権者からの目的物返還請求は許されないことになる。[36]

　期待権理論を用いずにペンデンツ理論を用いても同じ結論に到達する。留保買主は条件を成就させることによって、彼が条件付法律行為をしたときから所有権を取得していたことが確実となり、従ってその占有を対抗できるからである。

　イ）第三者の違法な侵害に対して、どのように保護されるか。

　留保買主は直接占有者であるから、占有奪取および占有妨害の場合にはBGB861条・862条によって占有回復請求権を行使することができる。では目的物が第三者によって違法に奪取・滅失・毀損されたときに、占有に基づいてではなく、なんらかの実体上の権利に基づいて、固有の不法行為上の請求権が認められるであろうか。例えば、BGB985条や1004条による返還請求や不作為請求、あるいは不当利得に基づく返還請求（812条１項もしくは816条１項）をなし得るであろうか。

　期待権理論は留保買主の法的地位（占有を伴う物的権利である期待）を823条１項でいう「その他の権利」にあたるとするので、この問題を肯定する。２人の潜在的な所有権者のうち、どちらが最終的に所有権者になるのかという点から考えて、期待権者を所有権者と同様にとらえ、目的物の侵奪・毀損・滅失を823条１項でいう所有権侵害としてとらえるべきとする。

　しかし、損害賠償請求権の実現方法については意見が分かれている。判例は、留保買主が期待権の価値に対応する損害を主張し得ることから、固有の損害賠償請求権を認める。[37]これに対して学説の多数は、ドイツの損害賠償が原則として原状回復であることからすると期待の回復と所有権の回復は区別されるべきであること、条件成就までは損害賠償請求権の帰属は所有権者であることを理由に判例の考え方に反対して、次のように主張する。留保売主と留保買主は連帯債権者としてのみ権限を行使でき（§§428, 432）、毀損または滅失させられた物の価額について分割されない損害賠償請求権を主張でき

---

36) BGHZ10, 69; Raiser, Anm.14, 62.
37) BGHZ55, 20 (25f.).

(§1281の類推)，物上代位の規定（§§1247, 1287）を準用して，条件付法律行為の効力はあたかも損害賠償請求権が既に条件付で譲渡されたかのごとくに損害賠償請求権に転移すると。アイヒェンホーファーは，目的物の毀損・滅失は分割できない賠償給付であるから多数説の方が優れていると評価する。多数説は留保買主が残代金を支払うこと（条件成就）によって損害賠償請求権を単独で取得するとするのである。

ペンデンツ理論によっても未確定期間においては，不法行為によって所有権が侵害された場合には，留保売主と留保買主は連帯債権者としてのみ権限を行使できることになるので，期待権理論の多数説と同じ結論になる。

2　6つの基準による比較

アイヒェンホーファーはペンデンツ理論と期待権理論が個別の問題解決について同じように適切に解決を図ることができることを確認したうえで，個別問題の解釈からだけでは両理論の優劣を決定することはできないとする。そこで一般に理論の優劣を計るときに用いられる6つの基準 Postlat に従って，以下のように検討する。

(1)　法律適合性の基準

これは，ある理論はそれが含む定理が現存の法律上の与件，基準に反しないときにのみ許されるという基準である。BGBは159条で，条件にかかる行為の法的効果を行為の時点に遡及させることは債権的な意味しか持たないと規定する。アイヒェンホーファーは，この159条の規定がペンデンツ理論と抵触するのではないかという疑問に対して，次のように答える。BGB161条は，条件が成就したときに，それと抵触する中間処分を無効にするが，このことは停止条件付処分に遡及効を与えたこととわずかしか異ならない。従って，159条は161条によって本質的に制限されている。このようにペンデンツ

---

38) Baur, Anm.22, §59 a;（日本においては）四宮和夫『民法総則〔第4版〕』弘文堂（1986年）79頁参照。
39) Eichenhofer, Anm.23, 190.
40) Eichenhofer, Anm.23, 192f.

理論の前提は期待権理論の前提と同じく，161条に法律上の根拠を見出す。
　(2)　システム適合性の基準
　これはドグマ的な秩序概念 dogmatische Ordnungskonzepte の変更を強制することが最も少ない理論が優れているという基準である。本章が扱う領域における秩序概念は，物権法定主義である。日本では民法175条に物権法定主義の明文の規定があるが，BGBにはない。しかし，ドイツにおいてもBGBの諸規定を体系的に理解することによって，物権法定主義が物権法を貫く基準であることには異論がない。[42] 期待権理論は期待権を所有権とは別の独自の権利だとするが，これは権利の範囲を拡大することになり物権法定主義に反するのではないか。ライザーは，期待権が裁判官の法創造によって作られ，それが一般に承認されることにより物権法の範囲が拡大されたものであるとし，物権法定主義はこのような法創造までも禁じるものではないとする。[43] これに対しアイヒェンホーファーは，物権法において裁判官の法創造を広く認めることは物権法定主義という原則が持つ体系形成機能を大きく損なうことになり好ましくないと批判する。彼は，期待概念が所有権留保という領域を越えて，あらゆる物権の譲渡において登場し得る概念であることを指摘し，条件成就前の期待は利用権でも換価権でもなく，占有を伴う物権としても認められない以上，これを承認することは明らかに物権法定主義に反するとする。期待が占有を伴う物権としても認められないとするアイヒェンホーファーの主張の根拠はよくわからないが，期待権理論が所有権の量的分割を意味する以上，それが物権法定主義と両立し得ないものであることは明らかである。従って，期待権理論を承認することは物権法定主義に変更をせまるものである。それにもかかわらず，日本においては，譲渡担保の承認などにおいて，このことがあいまいにされているように思われる。
　ペンデンツ理論においては，条件成就前の権利の分割は行わず，権利の確定的な帰属が未確定であるとする。従って，この理論の場合には，権利の帰

---

41) Eichenhofer, Anm.23, 193; Larenz, Anm.20, §25 c; Schieman, Anm.14, 1f.
42) Baur, Anm.22, §12.
43) Raiser, Anm.14, 54ff.

属が一義的でなければならないという基準（権利帰属の一義性の基準）とぶつかる。しかし，これはアイヒェンホーファーも指摘するように，期待権理論においても期待の所有権への変化が条件の実現にかかっており，条件不成就の場合には中間期間における期待の効力（161条）が消滅してしまう点において，同じなのである。従って，権利帰属の一義性の基準との抵触は，両理論とも避けることができない。

(3) 単純性の基準

これは「オッカムのカミソリ」と言われているそうであるが，理論は概念上の摩擦が少ないほど優れているとする基準である。原理 Doktrin というものは，できるだけ少ない概念を用いるべきとする。アイヒェンホーファーはペンデンツ理論を遡及効理論とほとんど同一視しているために，ペンデンツ理論の方が期待権理論よりもこの基準に適合しているとする。即ち，ペンデンツ理論ならば物権の二重化は回避されるし，善意取得の説明も簡明である。強制執行における留保所有権の地位も明快である。ペンデンツ理論は単純であるが故に誤りを犯す可能性が乏しいと。しかし，この点は疑問である。期待権においても条件成就の後は極めて明快である。むしろ，問題は条件成就前に，条件付法律行為の効力をどう説明するかにある。しかも，ペンデンツ理論は決して遡及効理論と同じではない。

エンネクツェルスやブロマイヤーがペンデンツ理論をとりあげたのは，条件成就前に既に条件付法律行為の効力が生ずることを主張するためであった。この点からすると，条件成就前（中間期間）における効力を期待と呼ぼうと，未確定の効力と呼ぼうと概念上の摩擦はほとんど変わらないであろう[44]。両者の優劣は，むしろ次の普遍性の基準にあると思われる。

(4) 普遍性の基準

これは，その理論が個別問題への適合性を超えて，どこまで普遍的な解決能力を有するのかという判断基準で，この普遍性が強いほどそのドグマ上の受容可能性は高まる。この点では，期待権理論もペンデンツ理論も同様に一

---

44) 拙稿・前掲注14)「ブロマイヤーの条件理論」注15，参照。

定の普遍性を持つというのがアイヒェンホーファーの分析である。彼はドイツ法の下で両理論の普遍性を分析しているが、同じことは日本法についてもあてはまる。私のみたところでは、明らかにペンデンツ理論のほうが普遍的であるように思われる。期待権理論の普遍性は、それが条件付所有権移転だけでなく、その他の物権、債権、組合の持分、著作物の利用権などの条件付取得に対しても適用可能であるところに現れている。しかし、これらの局面についてはペンデンツ理論によっても十分に説明可能である。それどころか、ペンデンツ理論は条件付法律行為の効力の他に、非権利者の処分の効力、無権代理行為の効力、取消し得る法律行為の取消し前の効力についてまでも適用可能なのである。[45] 従って、概念の普遍性という点においてはペンデンツ理論の方が優れている。ただし、所有権留保の領域における問題解決においては、期待権概念に、所有権の量的分割といういわば発見的価値があるので、普遍的であることが無条件に価値を持つわけではないことに注意しなければならない。

(5) システム形成の基準

これはドグマティックな理論が、さまざまなシステム形成にとって基礎理論としてどれだけ役に立つのかという基準である。両理論のうち、どちらがドグマ的なシステム構築のために役に立つ基礎を提供できるだろうか。ドイツでは20年以上前からドグマ的な作業の重点が、自己完結的な体系の構築から、個々の制度から構成されるような諸規範の協働という構造的観念（いわば開かれた体系）に移ってきたといわれる。[46] この今日のドグマーティクの課題からすれば、両理論の価値は、それらが規範の構造、協働への洞察をどれだけ助けるのか、換言すれば、開かれた体系を構築することにどれだけ寄与できるのかという点で計られる。具体的には、両理論が期限付権利移転行為の構造を洞察するのにどれだけ有用かという観点で評価される。これは、50年以上前に発表されたブロマイヤーの研究においても、条件付権利移転と期限付権利移転を統一的に分析しようとする試みに表れている。ドイツでは163

---

45) 紙数の関係で詳細に展開できないので、論証は別の機会に譲る。
46) Eichenhofer, Anm.23, 198; Esser, AcP172, 92 (115).

条によって条件付法律行為についての規定（158条・160条・161条）が期限付法律行為に準用されている。従って両者は規定上はパラレルにとらえられている。しかし，期限付譲渡行為は条件付譲渡行為とは異なって将来の権利移転が確実である。この点に本質的な差異があるとするのがアイヒェンホーファーである。期待権理論はこの差異を本質的とみず，両者をパラレルにとらえる点で問題を抱えている。これに対しペンデンツ理論は条件付法律行為のときだけ遡及効を持ち出すので本質的差異を明確にさせ体系形成力が優れているというのが彼の意見である。

しかし，この点についての彼の意見には賛成できない。期限付譲渡行為と条件付譲渡行為をパラレルに扱ってはならないというアイヒェンホーファーの意見はブロマイヤーに対する批判である。ブロマイヤーは，期限付譲渡行為における譲渡人の有期所有権が，所有権としての本質的なメルクマルを欠いているということから期限付譲渡行為と条件付譲渡行為の共通性を論証しようとしたのであって，なにもそこに期待権概念を持ち込んだりしていない。しかも，条件付譲渡行為の場合であっても，条件成就は偶然にまかされているわけではなく「事態の通常の展開」において成就が有力に予定されている（人々は売買において買主が代金を払うことを前提に行動する）のである。反対に期限付譲渡行為においても相続人を持たない譲受人が死亡することも有り得る。両者の差は，ブロマイヤーによれば，本質的なものではなく程度の差である。

アイヒェンホーファーは，ペンデンツ理論が条件付法律行為のときだけ遡及効を持ち出すので本質的差異を明確にさせ体系形成力が優れているとするが，前にも述べたようにペンデンツ理論と遡及効は同じものではない。ペンデンツ理論は条件成就前の条件付法律行為の効力を無ではなく未確定なものとするのである。従って，条件付法律行為にせよ期限付法律行為にせよ条件成就前および期限到来前には未確定であることは共通なのであって，アイヒェンホーファーの結論とは逆に，この共通性を浮き彫りにした点においてペンデンツ理論が優れていたのである。

(6) 相当性 Adaquatheit の基準

これは，ドグマティックな理論を，新しい認識を助ける機能，即ちその発

見的価値 heuristischer Wert によって評価するものである。法ドグマーティクの中心は，問題の正確な認識と，それに基づく思考である。このことからすれば，あるドグマティックな理論が説得的であるのは，それが事実問題と評価の視点を，より包括的に的確に解明したときである。この基準に従ってアイヒェンホーファーは次のように述べてペンデンツ理論に軍配を上げる。

　期待権理論は，留保買主が条件成就前に既に目的物に対して行為権限を有していること，前もって財産上の価値を持っていることを基礎づけている点において認識的意味を持ち，従って留保所有権が投げかける実務的諸問題の描写において優れている。しかし，事物の決定の際の法政策的根拠がペンデンツ理論ほど明確でない。留保所有権において決定的な問題点は，条件付で取得された目的物に関する法的行為の効力を時間との関係でどのように決定するかということである。前に見た個別問題の解決においても期待権理論のやり方はとても込みいったものであいまいさが残っている。特に条件とされた事情が脱落したときに，期待権者はそれまで何を有していたのかを明らかにしていない。[48]

ここでもアイヒェンホーファーはペンデンツ理論と遡及効を同一視することによって，条件成就前の条件付法律行為の効果についてペンデンツ理論の方が期待権理論よりも明快としているが，既に述べたように私はペンデンツ理論と遡及効を区別するので賛成できない。従って，条件とされた事情が脱落したときに，期待権者はそれまで何を有していたのかについては，遡及効のように擬制的な説明をすれば明快であるが，期待権理論やペンデンツ理論のように実体的な説明（後の事件でもって前を説明することをしない）をしようとすると，当然抱えなければならない困難ということになる。

　以上のように，私はアイヒェンホーファーの主張に全面的に賛成すること

---

[47] Esser, Anm.47, 127. 相当性とは，ある法的決定がその根拠となった価値判断を明確に表現することを指す。これに対して自分の結論が正しいという単なる主張は構成 Konstruktion と呼ばれる。

[48] Eichenhofer, Anm.23, 201.

はできない。個別問題の分析についての彼の作業は正確であるし，法ドグマーティクの評価基準についての考え方についても異論はない。では，何に賛成できないかというと，第1に，ペンデンツ理論と遡及効理論を同一視している点，第2に，期待権理論の持つ認識的価値，即ち所有権の量的分割を過小評価している点，第3に，6つの評価基準に基づく判断の内容である。

　6つの評価基準に基づく判断について言うと，アイヒェンホーファーがペンデンツ理論の方が優れているとするのは，第2のシステム適合性，第3の単純性，第5のシステム形成，第6の相当性である。しかし，前に述べたように第3，第5，第6については同意できない。つまるところ，アイヒェンホーファーの留保所有権についての見方は，161条を根拠にして遡及効でとらえるという，かなり古い考え方ではないかと思われる。

　たしかに，第2のシステム適合性については，ドイツ民法も日本民法も物権法定主義をとる以上，期待権理論は摩擦を発生させる。この意味ではペンデンツ理論の方が近代市民法に内在的といえよう。ブロマイヤーの主張はそのようなものであった。しかし，20世紀の初めに，ドイツと日本で譲渡担保を承認したときに，物権法定主義に対する大きな態度変更があったのではないか。無占有動産担保を承認するという政策点判断が民法内部のシステムを一部変更したのであれば，もはや期待権理論が「現在の」民法システムと摩擦を生じるとは言えないであろう。いずれにせよ，アイヒェンホーファーのこれまでの論証では，期待権理論とペンデンツ理論のどちらかに優劣をつけることは無理である。

第4節　ま　と　め

　現在のドイツでペンデンツ理論を高く評価する学説が存在することに興味を持ったが，残念ながら十分に説得的であるとは思われない。むしろブロマイヤーの方が説得力を持ってペンデンツ理論を主張している。しかし，アイヒェンホーファーが理論の比較において6つの基準を持ちだし，綿密に検討しようとしたことは参考になる。というのも，日本の学説においては，譲渡

担保にせよ所有権留保にせよ「その目的が担保だから」ということで，あまり抵抗もなく担保権であるとして，そこから個別的問題の「妥当な」解決が当然のように引き出される傾向があるからである。その意味において，譲渡担保と所有権留保において，「担保権構成」と「担保としての所有権移転」の両理論を，システム適合性を中心とする6つの基準において比較・判断すべきことが，強く要求されているのは日本であろう。

　日本においては，法律行為の取消しや契約の解除の効力の説明において，あまり抵抗もなく遡及効が用いられる。しかし，私はこのような擬制的な説明は好ましくないと考える。現に，日本の民法では物権変動において取消し後の第三者と取消権者の関係について込み入った説明が要求され，遡及効と相いれない「復帰的物権変動」なる概念が主張されたり，解除の効果についても技巧的な説明がなされる。私は，取消しも解除も，それらの意思表示がなされたときに，取消し前，解除前の原状に復帰させるべき義務が発生するとみることで十分に説明できると考える。取消し前の状態は，権利者の追認前の非権利者の処分，本人の追認前の無権代理の効力と同じように未確定無効として，即ちペンデンツ理論でとらえるのが最も無理がないと思う。別の機会に詳しく論じたい。しかし，少なくとも，ある制度を説明するのに複数のドクトリンが用いられる場合には，アイヒェンホーファーが行ったように個別問題における妥当性と同時に，ドクトリン自体の評価も行わなければならないであろう。

　日本の学説の多くは，留保所有権や譲渡担保権を直ちに担保権としてとらえ，そこから当然のように個別的効果を演繹しようとする傾向がある。これらの権利を担保として構成する目的が，これらの「担保」の設定者である中小企業家等の保護にあるとするならば，このような演繹的態度は疑問である。周知のように中間期間において，設定者の一般債権者から強制執行がかけられ目的物が差し押さえられたときに，留保売主および譲渡担保権者から第三者異議の訴え（民事執行法38条）を認めるのが判例の態度である。[49] 判例の論理

---

49) 譲渡担保につき最3小判1987年11月10日民集41巻8号1559頁。

は債務者（担保の設定者）の経営を維持することにつながるので，学説の多くも結論に賛成している。しかし，しばらく前までは「留保所有権や譲渡担保権は担保権であって所有権ではないから，留保売主や譲渡担保権者に第三者異議を認めるのはおかしい」という学説が存在していたのである。ここにも，概念からの演繹が持つ問題性が現れている。

　私は，判例のように留保売主や譲渡担保権者に所有権を認めつつ，担保目的に即した規律をかぶせることに十分な妥当性があると考える。例えば，中間期間における留保買主の処分権の基礎づけについても，留保買主に既に所有権が移っていると言わなくても，留保買主に転売の授権がなされていると考えれば十分である[50]。現実に当事者間においてそのような授権行為がなされている。にもかかわらず，日本の学説の少なくない部分が，授権や所有権移転という当事者の意思にあまりこだわることなく，直ちに経済的目的から法律構成を行おうとする傾向がみられることは残念である。日本の権利移転型の変態担保について，今後アイヒェンホーファーの行ったような作業をすることが必要であろう。

50）拙稿「所有権留保と第三取得者の権利」民商法雑誌90巻5号参照。

第2部 各 論

第7章　所有権留保売買と第三取得者の権利

　自動車や工作機械など高価な動産の売買において，代金が完済されるまでは売主に目的物の所有権が留保されるという特約の付いた，いわゆる所有権留保売買が広く行われている。この場合，所有権留保の下で目的物を買い入れた者（以下，留保買主と言う）が，その商品を販売することを業とする商人であれば，当然，留保売主もその商品が転売されることを前提にしたうえで売り渡していると考えざるを得ない。ところが，留保買主がこの商品を第三取得者に転売した後で，留保買主の留保売主に対する債務不履行を理由に，留保売主が留保した所有権に基づいて，目的物たる商品の引渡しを第三取得者に請求してきたらどうなるのであろうか。近年，主に自動車や建設機械の売買において，このような紛争が発生し，これらを扱った一連の判例が形成されてきた。第5章で，所有権留保について原則的な問題点を検討したが，そこでは，留保された所有権を新しい動産の担保権としてとらえるべきではないかというのが結論であった。そこで最近の判例を素材として，第三取得者の地位を検討する。

　所有権留保売買において，第三取得者が留保買主に代金を完済したにもかかわらず，留保買主の留保売主に対する債務不履行により，留保売主が留保した所有権に基づいて第三取得者に目的物の引渡しを求めた事件の判例は，1965年から1984年の間に次の22が見つかった。[1]

〔1〕最高裁第1小判決，1967年4月27日判時492号55頁
〔2〕最高裁第2小判決，1969年2月22日判時581号34頁

---

1) 以下，次のように略記する。判例時報→判時，判例タイムズ→判タ，金融法務事情→金法。

〔3〕山形地裁鶴岡支部判決，1970年2月29日判時618号75頁（控訴）
〔4〕広島地裁呉支部判決，1972年2月37日判時705号93頁（控訴）
〔5〕東京高裁判決，1974年2月10日判タ334号23頁
〔6〕最高裁第2小判決，1975年2月28日民集29巻2号193頁
〔7〕最高裁第1小判決，1977年3月31日金法835号33頁
〔8〕東京地裁判決，1977年5月31日判時871号53頁（確定）
〔9〕名古屋高裁判決，1978年5月30日判時900号71頁（確定）
〔10〕東京高裁判決，1979年2月27日判時923号51頁（上告）
〔11〕大阪高裁判決，1979年8月16日判時959号83頁（上告）
〔12〕東京高裁判決，1979年10月29日判時948号52頁（上告）
〔13〕東京高裁判決，1979年2月29日下民集30巻9〜12号652頁（上告）
〔14〕大阪高裁判決，1980年1月31日判時966号42頁（確定）
〔15〕名古屋地裁判決，1980年7月11日判時1002号114頁（控訴）
〔16〕東京地裁判決，1980年12月12日判時1002号103頁（控訴）
〔17〕名古屋高裁金沢支部判決，1981年3月25日判時1013号43頁（確定）
〔18〕最高裁第3小判決，1981年7月14日判時1018号77頁（〔判例13〕の上告審）
〔19〕最高裁第2小判決，1982年12月17日判時1070号26頁（〔判例10〕の上告審）
〔20〕大阪高裁判決，1983年5月31日判時1093号87頁（上告）
〔21〕福井地裁判決，1983年6月29日判時1096号218頁（確定）
〔22〕東京高裁判決，1984年2月15日判時1110号84頁（確定）

　これらの場合において，留保売主が契約を解除して目的物の引渡しを請求しても，あるいは，契約を維持しながら留保した所有権に基づいて引渡請求（留保買主の占有権限の否定）をしても大差はない。前者の場合は，民法545条1項ただし書の制限を免れるために所有権留保が機能するわけだが，実質的には，両者とも留保買主に与えた占有，およびそれを承継している第三取得者の占有を否定することが重要なのである。この場合，売主の取戻請求に対して第三取得者の側からする主張には，3つの論点があり得る。第1は，第三取得者の善意取得（民法192条）が認められるのではないかということ，第2

は，留保売主の引渡請求が権利の濫用にあたるのではないかということ，第3は，留保買主に転売の授権がなされておれば第三取得者が有効に権利取得できるのではないか，ということである。この3つの論点は，それぞれ選択的な関係にあり，どれか1つでも認められれば，第三取得者の目的物に対する権利は保護される。そこで以下，順次検討する。

第1節 第三取得者による留保目的物の善意取得

　自動車を運行の用に供するためには，自動車登録ファイルに登録を受けなければならない（道路運送車両法4条）。この登録を受けた自動車の所有権の得喪は，登録を受けなければ第三者に対抗することができない（同法5条1項）。このように自動車の物権変動においては，登録が対抗要件とされており，かつ所有権移転の公示方法とされている。そのため裁判所は，登録が公示方法として要求される自動車については，民法192条の適用がないとしており，その結果，自動車のディーラーとサブディーラーの間の所有権留保売買において，この登録（移転登録・道路運送車両法22条）を欠く第三取得者が権利濫用を主張せざるを得ないということになる。未登録自動車については，善意取得の適用があるが，本章のテーマでとりあげた判例の中には含まれていない。更に，登録に公信力を認めれば善意取得もあり得るが，そのような考え方は有力ではない[2]。しかし，建設質や工作機械などの所有権留保売買においては，事実上，あまり登記（建設機械抵当法7条1項）が行われていないために，善意取得の適用がある。判例〔1〕〔2〕〔4〕〔5〕〔8〕〔11〕〔15〕〔16〕〔20〕がそれである。善意取得が認められるために最も重要なことは，第三取得者が占有を開始したときに，目的物について売主（留保買主）の所有権がないことにつき，善意・無過失であったかということであり，その過失の有無が焦点になっている。判例〔1〕〔2〕〔5〕〔8〕〔15〕〔16〕〔20〕は，第三取得者に過失ありとして，善意取得の成立を認めなかった。これに対し，判例〔4〕〔11〕は，過失無しとし

2）於保不二雄『物権法（上）』有斐閣（1966年）201頁参照。

て善意取得の成立を認めた。この両者の違いが生まれてくる原因は，過失ありとされた事例においては，ユーザー的立場の留保買主から，その機械について専門家的立場にある第三取得者が機械を購入した場合であったということであり，過失無しとされた事例においては，販売業者からユーザーが機械を購入した場合であったことによる。即ち，第三取得者が専門家的立場にある者である場合には，占有開始時における無過失の認定はかなり厳しいものになっている。そこで最高裁の最初の判例と思われる〔1〕と，最も新しい〔20〕の判例をみてみよう。

〔判例1〕 最1小判1967年4月27日（判時492号55頁）
【事実】 昭和30年代の高知市において，X（南海ヤンマーディーゼル販売株式会社）が，訴外A（土木建設請負業者）に，本件新品の土木建設機械を所有権留保の下で販売した。Aはこの機械をYに売却した。なお，この機械は未登記であった。Aの代金支払義務不履行のためXからYに機械の引渡請求があり，Yは善意取得を主張した。1審は善意取得の成立を認めたが，2審はYに過失ありとして，善意取得を否定したため，Yから上告した。
【判旨】 上告棄却。高知市付近では土木建設請負業者が土木建設機械をその販売業者から買い受けるについては，所有権留保の割賦販売の方法によることが多く，Yは，古物商であるが土木建設機械をも扱っていたから，右のような消息に通じているものであるなどの事実に照らせば，Yが本件物件を買い受けるにあたっては，売主Aがいかなる事情で新品である土木建設機械を処分するのか，また，その所有権を有しているのかどうかについて，疑念をはさみ，売主についてその調査をすべきであり，少し調査をするとAが本件物件を処分しようとした経緯，本件物件に対する所有権の有無を容易に知り得たものであり，したがって，このような措置をとらなかったYには，本件物件の占有を始めるについて過失があったとする原判決の判断は正当として，是認できる。

　この判決で注目されることは，土木建設業者が土木建設機械を販売業者

から買い入れる場合，所有権留保の下で行われることは一般的なことであるということから，専門家的立場にある第三取得者には，所有権の帰属につき調査義務があるとした点である。その後の善意取得の成否は，この点をめぐって判断されてきており，〔判例20〕も，その延長に位置している。

〔判例20〕 大阪高判1983年5月31日（判時1093号87頁）
【事実】 Xは，その所有の中古の建設機械（ブルドーザー）を訴外A（土木業者）に代金月賦払い，所有権留保の約定で売り渡したところ，Aは代金完済前に倒産し，機械は訴外B（自動車整備業者，ユーザー的立場にある）の占有するところとなった。建設機械の修理販売業者であるY（専門家的立場にある）は，Bから機械を買い受け，現に占有している。XからYに対し機械の引渡しを求めてきたので，Yは善意取得を主張した。1審はXの請求を棄却したのでXから控訴した。
【判旨】 原判決を取り消す。YはXに本件ブルドーザーを引き渡せ。建設機械は，新品，中古をとわず，所有権留保の上で割賦売買されるのが通例であり，第三取得者（Y）のように中古機械を専門に取り扱う業者としては，製造後相当年数を経過した機械（本件機械は製造後5年）を購入する場合であっても，とくにユーザーもしくは，これに準ずる者から買い受ける場合には，割賦金の残存の有無について常に留意し，売主の所有権の存否を調査確認すべき一般的注意義務を負う。この注意義務の具体的な内容は，まず社団法人日本産業機械工業会が制定した統一譲渡証明書の呈示を求めることであったと思われる。しかし，相手が不所持の場合に，その理由を尋ね，その入手を求め，それでも相手が応じなければ，本件機械に対する売主の所有権について強い疑念を抱き，本件取引を再考すべきであったというところまで言い切ることは，1975年段階ではまだ統一譲渡証明書制定の趣旨が浸透し切っていなかったので，できない。しかしながら，売主がメーカー発行の統一譲渡証明書はおろか何の譲渡証明書も所持していない場合には，買主は相手方の信用調査のみならず，販売元のメーカーに照会して第1次の販売先その他，本件機械に関してメーカーが収集している情

報を確認する一方，取引の相手方には，本件機械の取得原因，前所有者名等を確認して，売買契約書等の裏付け資料の呈示を求め，場合によっては前所有者に直接照会するなどの措置を講ずべき注意義務がある。このような措置を講じることが容易にできたにもかかわらず，前示の調査義務を尽くすことなく安易に本件機械を買い受けたYには上の義務を怠った過失がある。更に，第三取得者Yの本件目的物の取得価額が一般に比べて安価であったことも過失の認定を補強する（本件機械は新品で750万円の価格であり，製造5年後にYは195万円で取得し，整備して450万円で輸出しようとしていた）。

以上のように善意取得の成否にとっての鍵は，第三取得者の過失の存否であり，その前提たる調査義務の存否である。第三取得者がユーザー（目的物を販売する者ではなく，使用する者であって商人でもよい）である場合には，目的物購入に際して，留保売主と留保買主との間の所有権留保の特約の存在を調査したり，そのために両者間の契約書の閲覧を求める義務（以下，調査義務と呼ぶ）はないが[3]，第三取得者が大手の専門商社[4]，古物商[5]，質商，金融業者（リース会社もその中に含まれる）[6]，機械修理販売業者[7]などの取引の実情に通じている者である場合には，目的物が所有権留保のうえで売買されるのが通常であることを知っており，譲渡を受けるにあたっては，メーカー，ディーラーなどに照会するなど，権利関係を調査することが可能かつ容易であるから調査義務が存在する。全体を見渡してみると，このような原則論があるように思われる。そして，この原則論は正当であると思う。ただし，各判例を細かくみると必ずしも，この原則論で統一されているわけではない。〔判例8〕においては，第三取得者が販売業者ではなくメッキ業者であって，ユーザーであるのに調査義務を負わされ，過失を認定されている[8]。従って，今後は，はっ

---

3) 〔判例11〕この判例については後述。
4) 〔判例15〕。
5) 〔判例1〕。
6) 〔判例16〕。
7) 〔判例20〕。

きりとこの原則が確立されるべきである。更に注意しておきたいことは，留保売主と留保買主の間の所有権留保の特約の存在を第三取得者が知っていただけで，第三取得者に過失ありと言いきれるかである。例えば後述の〔判例16〕の第三取得者であるリース会社は，留保買主A社と自己の借手であるB社の双方にたのまれて融資のために介入したのであるが，このような場合，所有権留保の存在を知っていても，自分が融資を行って代金を支払えば，留保買主が留保売主に代金を弁済して所有権留保が消滅し，自分が有効に所有権を取得し得るという正当な期待があったならば，過失とは言えないはずである。従って過失とは，商社などの取引の実情に通じている者が，調査義務を尽くせば，留保買主の留保売主に対する不履行により留保売主の引渡請求が起こり得ることを予見できたにもかかわらず予見しなかった，という点に求めるべきではないだろうか。例えば，商社が，ある売主から，新品同様の機械を異常な安価で売りたいというので買ったが，少し調べてみれば所有権留保がついていることがすぐ判明し得たような場合には，過失ありと言えるであろう。なお，前述の統一譲渡証明書の呈示を要求する義務が，今後裁判所において認定されるか否かは，現在のところ予測不能である。

第2節　留保売主の引渡請求と権利濫用

　権利濫用を扱った判例は〔3〕〔6〕〔7〕〔9〕〔10〕〔12〕〔13〕〔14〕〔17〕〔18〕〔19〕〔21〕〔22〕で，〔13〕〔18〕〔22〕以外は，留保売主の引渡請求が権利濫用であるという第三取得者の主張が認められている。これらの判例は〔17〕〔22〕以外はすべて自動車の所有権留保売買に関するものである。〔判例17〕は，織物

---

8) この事件のポイントは，機械をあずけてあった留保買主の倒産に乗じて，第三取得者（譲渡担保権者）が急いで目的物を引きあげた点にあったと思われる。なお，第三取得者が譲渡担保権者である場合の法律関係については，最2小判1983年3月18日判時1095号104頁を参照。
9) いわゆるファイナンス・リースである。この契約一般については，吉原省三「リース取引の法律的性質と問題点」金法750号26頁，『リース取引の判例研究』別冊NBL11号，商事法務研究会を参照。

用機械のケースであるが，当事者が権利濫用を主張したから権利濫用で扱われたのであり，裁判官は転売授権や善意取得について言及しており，その方向で請求しておれば認められたと思われる。

〔判例22〕は，建設機械（油圧ショベル）の事件で，権利濫用が否定されたが，その根拠は第三取得者が所有権留保についての調査義務を尽くさなかった過失，および第三取得者の代表者がぞう物故買罪で起訴されたことに求められており，理論的にすっきりしていない。留保買主（サブディーラー）に転売授権が認められていた事情からすれば，判決には疑問の残るところである。

権利濫用が認められるための要件については，〔判例6〕で述べられているところが代表的でよく言及されるが，すでにその5年前の〔判例3〕でほぼ同じ論点が出されている。この2つの判決理由からまとめると，①ディーラーが販売させる目的でサブディーラーに自動車または建設機械を引き渡し，②ディーラーがサブディーラーの売買契約の履行に協力し，③ユーザーはディーラー・サブディラー間の所有権留保の特約の存在を知らず，④ユーザーが代金全額を支払ったこと，の4点である。これらの要件が満たされれば，サブディーラーの債務不履行を理由に，ディーラーが留保した所有権に基づいて，既に引渡しを受けているユーザーに対して自動車の引渡請求をすることは，本来，自ら負担すべきサブディーラーに対する代金回収不能の危険をユーザーに転嫁しようとするものであって，権利濫用として許されない。これらの要件のうち，②③の2つについては，必ずしも全部の判例において厳密に要求されているものではなく，それ故，権利濫用が認められるための最低限の要件は，①④の2つであると思われるが，新しい〔判例21〕では③の要件も要求しており，これらの要件については，もう少し整理される必要がありそうである。

ここで，権利濫用を否定した唯一の最高裁の判例である，〔判例18〕を検討してみる（なお，〔判例13〕は〔判例18〕の原審である）。

---

10) 本判決の判例批評としては，中馬義直・判例評論199号148頁，森井英雄・民商法雑誌73巻6号764頁，米倉明・法学協会雑誌93巻8号1295頁がある。
11) この点は〔判例3〕に含まれていない。

〔判例18〕最3小判1981年7月14日（判時1018号77頁）

【事実】 訴外サブディーラーAは，客から注文を受けると自動車を販売会社（ディーラー）から購入し，それを客に引き渡していた。Yは埼玉県に本店のある被服衣料の製造販売会社で，これまでに何度もAから自動車を購入していたが，所有者名義を自己に変更する登録手続をしたことはなかった。AはYとの間で今までと同じようにライトバンを売り渡す旨を合意し，その履行のためXから本件自動車を買い入れたが，この売買には所有権留保の特約が付いており，しかもXはAに対し群馬県外で販売してはならないとの条件を付けていた。YはAから車の引渡しを受け代金を支払ったが，AがXに対して代金を支払わなかったため，XはAとの売買契約を解除し，Yに対して自動車の引渡しを請求した。1審（浦和地裁）は，Xの引渡請求が権利濫用であるというYの主張を認めたが，2審は1審判決を取り消してXの請求を認容したのでYから上告した。

【判旨】上告棄却。留保した所有権に基づくXの返還請求は権利の濫用とはならない。理由は，以下の3点である。①Yは自己の注文した自動車の所有権が当初の売主であるXに留保されていることを予測し得たにもかかわらず，所有者名義を自己とする登録手続さえも経由しなかった。②ディーラーXはAとの間でAが群馬県外で新車を販売することを禁じていたのに，埼玉県の会社に販売したこと。③XはAとYとの間の本件売買契約の締結および履行に何ら関与しなかったこと，である。[12]

この最高裁判決の登場により，以前の権利濫用肯定例と合わせて，権利濫用が認められるための要件がより明確になったと言えるであろうか。私は否と思う。一部の判例評釈には，権利濫用が成立するという認定の分かれ目として，転買人が自動車を多数所有する事業主で自動車の売買契約における所有権留保特約の意義を十分に承知している者である，といったようなことが権利濫用を否定する理由になっているとして，権利濫用の問題は一般消費者

---

12) 最高裁は原審を正当として，他にあまり語っていないので，原審をもとにまとめた。

のみを保護するという問題としてとらえることも十分に考えられるとするものがあるが[13]、表面的なとらえ方ではないだろうか。なぜなら、〔判例18〕のYは従業員60名を有する被服衣料品の製造販売業者であるが、自動車についてみれば、それを転売することを業とするものではなくて消費者なのであり、他方で権利濫用の認められた有名な〔判例6〕の転買人（第三取得者）は一般消費者とされているが、同じように有限会社神戸商会という不動産業者で、20数年にわたって常時、自動車を数台所有してきた商人なのである。従って、転買人が商人であっても、彼が紛争の客体である商品を取り扱うことを業とするものでない限りは消費者なのであって、その点では〔判例6〕も〔判例18〕も変わりはないのである。そこで〔判例18〕を検討してみると、権利濫用を否定したことについては大きな疑問を感ぜざるを得ない。権利濫用が認められる基準は、権利行使者の主観的態様と権利行使者の得る利益と相手方のこうむる被害との客観的利益衡量であると思う[14]。従って権利行使の相手方の主観的態様は、善意取得の成否について問題とされることはあっても、権利濫用については基本的に無関係のはずである。にもかかわらず〔判例18〕は、転買人が自己名義の登録をしなかったとか、サブディーラーがディーラーの付けた条件に反して他県で販売したといったことでディーラーの権利濫用を否定した。ディーラーが販売地につき条件を付けたとしても、そのことがなぜ第三者に影響を及ぼすのか理解しかねるし、登録についても問題がある。〔判例6〕の批評において、すでに森井英雄が次のように指摘している。「ユーザーが代金割賦で自動車を購入したときは、登録は2回、つまり新規登録（道路運送車両法8条など）と移転登録（同13条）とに分かれる。……ところが、実際上は、使用者名義の登録はなされなくて（これなくしては運行の用に供し得ない）、対抗要件としての所有権移転の登録は実行されない、と聞く。こうした現象は……自動車の登録制度そのものが、不動産における登記制度ほど重視されていない点が、潜在的要因と思われる[15]」。このような登録の現

---

13) 判タ472号57頁。
14) 四宮和夫『民法総則〔第三版〕』弘文堂（1982年）38頁参照。
15) 森井・前掲注10）判批782頁。

状を踏まえれば，Yが登録に対して無関心であったことが，権利濫用の成否に影響を与えるとは考えられない。

　更に，転買人Yには所有権留保を予測し得たということが重要な論点になっているが，その根拠となる「自動車検査証の点検および，それによって所有権留保契約の存在を知るべきであった」ということは，他の判例では別に義務とはされていないのである。この点でも，〔判例18〕の，転買人は所有権留保契約の存在を予測すべきであったし予測していた，という認定には承服しかねる。どうもポイントは，ディーラーが転買人の手元にあった車を取り戻すため執行官保管の仮処分決定を得た9月11日（執行は24日）に，転買人がまだ代金を完済したとは言えない状態にあったこと（為替手形の決済により代金が完済されたのは9月27日）ではなかったかと思われる。

　従って，それまでの判例が積み上げてきた権利濫用の法理は，〔判例18〕によって実質的な変化を受けるものではなく，その後，〔判例19〕〔判例21〕が現れたが，ともに前述の要件のうち，「ディーラーがサブディーラーの売買契約の履行に協力した」ことを欠いていたけれども，ディーラーからの引渡請求を，権利濫用としてしりぞけている。なお，自動車を購入する経験が広がってきた現在では，多くのユーザーがディーラー・サブディーラー間の所有権留保特約の存在を知ってきていると思われる。このような状況の中で，ユーザーが特約の存在を知っていること自体は，権利濫用成立の妨げにならないのではないだろうか。前述のように，権利濫用の根拠は濫用者の行為であって，第三取得者の主観的態様ではないからである。〔判例6〕でも主観的態様は問題にしていない。

　最後に権利濫用というとらえ方について問題にしたい。権利濫用をとりあげるということは，いずれにしてもディーラーの返還請求権を一応権利として認めたうえで（従って所有権も認めたうえで），その権利を一般条項を用いて制限するものである。

　原則論として，一般条項による規律が好ましいものではないことを措くとしても，ディーラーの返還請求権をまず認めたうえで議論するのは，おかしいのではないか。この考え方では，ユーザーには引渡しに応じなくてよいと

いう点で占有権原は認められても、所有権は認められないことになってしまう。この点については、森井英雄も実務家として強い疑問を指摘している。[16]ディーラーとサブディーラーは、いわば一体となってユーザーへの販売を行っていることは、自動車販売のあり方を見れば明白であり、彼らの間における代金回収不能の危険をユーザーが負うすじあいはない。そもそも、所有権留保という構成自体が、多くの判例が認めているように「実質は担保であるが法形式上は売主に所有権を認める」というものであるから、ディーラーの主張する法形式のみを無限定に認めるわけにはいかない。[17]自動車販売契約とは、本来はサブディーラーとユーザーの間の契約が成立し、目的物が引き渡され、ユーザーから代金が完済されれば、ディーラーの所有権が当然に失われるようなものとして理論構成されねばならない。対抗要件として所有権移転の登録が問題になるとしても、ユーザーの所有者名義の未登録につき、ディーラーは争う立場にないことをはっきりさせるべきであろう。[18]

第3節　転売授権と第三者の権利

　権利濫用の判断ではなく、転売授権の面から判断する判例は、わずかで、〔判例11〕〔判例16〕である。第三取得者の権利取得が問題とされるこれらのケースでは、工作機械や土木建設機械が目的物とされている。建設機械抵当法7条1項は、「既登記の建設機械の所有権および抵当権の得喪および変更は、建設機械登記簿に登記をしなければ、第三者に対抗することができない」と規定しているので、既登記の建設機械については、民法192条の善意取得の問題は生じないし、登記なしに第三取得者が権利を対外的に主張することはできない。しかし、実際に所有権を保存する登記を経た例は多くないようで、判例に登場するものはみな未登記である。更に先ほど述べたように、

---

16) 森井・前掲注10) 判批779頁以下。
17) 第**5**章参照。
18) 不動産の登記については、A→B→Cと不動産が譲渡された場合には、AはCの登記の欠缺を主張し得る第三者（民法177条）ではないとされている。

1971年6月2日以降，日本産業機械工業会が自主規程として，メーカーにおいて代金全額の支払いを受け，買主に所有権が完全に移転した時点で譲渡証明書を発行し，ユーザー等が機械を他人に譲渡する場合，この統一証明書を要する旨を取り決めた。そして，前述の〔判例20〕で，はじめてこの証明書がとりあげられたが，そこでも，この統一譲渡証明書の入手を強く要求しなかったこと自体が，第三取得者の過失であるとは認定されなかった。

まず〔判例11〕をみてみよう。これは既に善意取得のところで言及したものであるが，裁判所による善意取得の認定は予備的なものであって，一次的には転売授権を認めた画期的なものである。

〔判例11〕大阪高判1979年8月16日（判時959号83頁）

【事実】 土木建設機械の販売業者である原告Xは，訴外Aと被告Y1（同じく土木建設機械の販売業者）の間における価格370万円の土木機械1台の売買において，訴外Aにたのまれて，いわゆる商社介入（一種のファイナンス）をして，その機械を買い入れ1978年3月2日に被告Y1に売却した。この売買には，所有権留保の特約が付いていた

A　（日産機械・株）

X　（重菱建機・株）

Y1　（松村商機）

Y2　（水道配管などの工事請負人）

ところ，その後，機械の代金が全く支払われなかったので，XとY1は売買契約を5月22日に合意解除した。それより先，3月5日にY1とY2はカタログによって本件機械と同型の機械の売買契約を締結し，3月中頃に機械はY2に引き渡され，支払いのために振り出された約束手形は同年11月15日までにすべて決済された。そこで，Xは留保していた所有権に基づいてY2に対して引渡しを請求した。

【判旨】 Y2は所有権を取得しているのでXの引渡請求は失当である。理由は，①およそ流通過程にある商品につき，買主が当該商品の転売を目的とする商人である場合には，その買主と売主との間の商品売買契約に所有権

留保の特約が付いていても，特段の事情がない限り，売主は，買主がその通常の営業の枠内でその商品を自己の名において転売することを承諾しているものと解すべきである。②転買人が代金を完済したときには，売主に留保された所有権は失われることを当然に承認していると解すべきである。③（予備的に）たとえY_1が無権利者であってもY_2は本件機械の所有権を善意取得している。ユーザーY_2が販売店から本件機械を購入するに際して，Xが主張するような，XY_1間の契約における所有権留保特約を調査したり，契約書の閲覧を求めたりする義務はなく，それをしなかったからといってY_2に過失はない。

　この判例の転売授権についての考え方は，原則論として正当であると思う。即ち，流通過程にある商品につき，買主が当該商品の転売を業とする商人である場合には，留保売主と買主の間に所有権留保の特約があっても，特段の事情のない限り，留保売主は買主がその通常の営業の枠内でその商品を自己の名で転売することを承諾しているとみるべきである。この転売授権に基づいて買主が第三者に商品を売却すれば，留保されていた所有権は最初の売主の手元から第三取得者の手元に移転するのであり，このことは第三取得者の悪意によっても影響を受けない。もし，これとは反対に，転売されても留保所有権が第三取得者に追及し得るということになれば，取引の安全は極めて害されることになろう。また第三取得者が悪意の場合には保護する必要はないという反論があるとすれば，それに対しては次のように言うことができる。およそ現代の商人の大量取引においては，買受人の主観的態様を問題にすることは現実的ではないし，自動車の販売のように，ディーラー・サブディーラー間の所有権留保の存在が，一般にかなり知られてきていても，転買人自身は自分が代金を支払えば，サブディーラーがディーラーに弁済して，自己が所有権を取得し得るであろうという正当な期待を得るのであって，転買人の悪意それ自体が妨げになることはないのである。
　転売授権については〔判例16〕も興味深い素材を提供している。

〔判例16〕東京地判1980年12月12日（判時1002号103頁）
【事実】　Yは，時価約1500万円の印刷機を所有権留保のうえで印刷機械の販売業者であるAに売り渡し，Aはこれをリース業者Xに転売した。Xは，その日のうちにB印刷所と本件機械のリース契約を締結した。

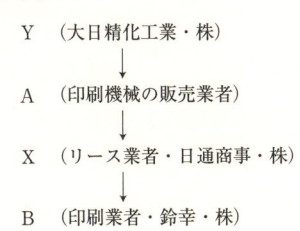

Y　（大日精化工業・株）
↓
A　（印刷機械の販売業者）
↓
X　（リース業者・日通商事・株）
↓
B　（印刷業者・鈴幸・株）

　XはB方でAから本件機械の引渡しを受けたのでAに対して代金を完済したが，AがYに対して代金を支払わなかったため，YはAとの間の売買契約を解除し，B方から本件印刷機を引き上げた。そこでXは，本件印刷機はXが善意取得していること，および（予備的に）YのAに対する転売授権によってXが所有権を取得していることを主張し，所有権侵害を理由にYに対して損害賠償を請求した。
【判旨】　Xは所有権を取得していないので，Yの取戻しは所有権侵害にならない。理由は，①YはAに対し，B以外の者に対する転売授権を与えていないので，XがYの授権によって所有権を取得することはない。②リース業を営むXとしては，本件印刷機のように著しく高価な機械類が所有権留保付で販売されるのが通常であることを当然知っておくべきであって，印刷機の入手先，YA間の売買契約書，代金の領収証の提出を求めて，所有権の帰属につき調査する義務があった。その義務を怠ったのであるから，過失があり善意取得は成立しない。

　この事件は，特定の相手方に向けられた転売授権に反して，それ以外の者に転売した場合の問題である。〔判例16〕の事案自体は，買主が転売してもよいと認められた特定の第三者が，実質的な第三取得者（B）と一致していたので，実際上は転売授権の制限に反しているとは思えないのだが，一般論として「B以外へ売るのは認めない」という制限的転売授権がなされた時にCに売却し，このCが授権の制限を知らなかった場合，Cは権利を取得し得るであろうか。この点で念頭に浮かぶのは，譲渡禁止の特約が付いた債権の

譲渡における「禁止特約の存在の公知性」[19]の議論である。少なくとも債権譲渡においては，譲受人が譲渡禁止特約の存在を知らないことにつき重大な過失がなければ，債権を取得する。動産の所有権留保においても，転売制限の存在を知っている第三取得者は，留保買主が持っている以上の権利を取得することはできないであろうが，善意の第三者は，知らないことにつき重大な過失がなければ，商人からその営業の部類に属する商品を買った以上，当然に所有権を取得し得ると考える。この場合の転買主が持つ信頼（売主に所有権があるという）は法的保護に値すると言える。留保売主の側からは，留保買主には目的物に対する物権がないと反論し得ようが，後述のように，本来，所有権留保という法的構成は，実質的には担保の目的以上のものではなく，また，担保としての効果以上の効果を認めることは，物権法定主義という取引の安全保護のための原則に反するものであって認めるべきではないと思う[20]。即ち，日本の民法は動産の約定担保については質権しか認めておらず，その中で占有改定による質権の設定を禁止している（民法345条）。また流質契約も禁止している（民法349条）[21]。もちろん物権法定主義は社会的に要請される権利の発展をすべて禁止してしまう趣旨ではないが[22]，反面，担保物権の実質を持ちながら，その存在を全く公示しない「留保所有権」を無制限に認め，転買人に対し，転売人の所有権の有無につき細かい調査義務を課すというのはゆきすぎであると考える。

そうすると譲渡担保の評価が問題となるが，譲渡担保は，日本の民法において物権法定主義の「例外」として，その社会的必要性から判例法によって形成されてきたものと言える。所有権留保も同様に，今後の判例法によって物権法定主義の例外として，発展的に形成されるべきものであり，その際，

---

[19] 最1小判1973年7月19日民集27巻7号823頁。
[20] 1982年度の私法学会のシンポジウム「現代における担保法の諸問題」において，原則から演繹するやり方についての消極論が出されていたが，私は原則からの演繹も，その原則が有効であれば重要であると考える。
[21] いわゆる lex commissoria の禁止。ドイツ民法立法時のこれに関する議論についてはヴィーアッカー（鈴木禄弥訳）『近世私法史』創文社（1961年）581頁参照。
[22] 物権法定主義の評価については, Ludwig Raiser, Dingliche Anwartschaften (1961) S.55f. 参照。

譲渡担保の形成においてなされてきたように，その担保としての実質に着目した法的規律が必要となってくるであろう。[23]

現実に〔判例16〕において，YがB以外の者に対する転売を禁じたのは，売買代金債権を確実に担保したかったからであり，Bよりもはるかに信用力の大きなXに転売したことがYにとって不利になるはずはない。その意味で，担保としての実質に着目しても，Yの主張は認められない。そして，互いの利益状態を比較すれば，焦点は留保売主が留保買主に対する代金債権を回収し得なくなったときに，その危険を留保売主が負担すべきなのか，それとも第三取得者が負担すべきかということにしぼられる。利益衡量で問題がすべて解決するとは思わないし，またすでに述べた善意取得における過失の考え方および商人間の転売授権という考え方によって問題を解決し得ると考えるが，利益状態の比較のうえからも同じ結論になるということを言いたい。この点で〔判例6〕が言うところの，所有権留保とは留保売主が留保買主に対してみずから負担すべき代金回収不能の危険を，第三取得者に転嫁しようとするものであり，自己の利益のために代金を完済した第三取得者に不測の損害を与えるもの，と述べているのは，正当な評価と言わねばならない。

第4節　商人間の転売授権の法的性質

留保売主から留保買主に転売授権があったときの法律関係については，いくつかの意見が出されている。中馬義直は，留保買主は留保売主の委任に基づき，留保売主の代理人として売却するものとみるべきとされる。そして，自動車の新車売買においては，サブディーラーは，自分がディーラーの取次店であることを相手方に明示するのが建前であり，この資格の明示は代理権の表示とみることができるとされる。従って，この考え方では，なんらかの方法での顕名が要件となる。[24] しかし，そもそも〔判例6〕は，留保買主に顕

---

23) この点では，アメリカ合衆国における所有権留保の規律の歴史が参考になる。第**5**章第5節参照。
24) 中馬義直・判例評論199号148頁。

名がなく，従って彼が留保売主の代理人ではなかったケースであり，それ故に権利濫用の法理が引き合いに出されたのではないかと思われる[25]。商人間の転売において，転売人（留保買主）が留保売主の代理人であることを表示するケースは，少ないのではないだろうか。

米倉明は次のようにとらえている。法律論としては，第三取得者が無条件の所有権を取得し得るところの転売授権がなされたと構成する。この際，第三取得者が取得するのは期待権ではなくて所有権である。しかし，この構成は，留保売主の意思に照らしてみると，擬制を免れない。留保売主の意思を問題としないで，より端的に，流通過程に置かれた目的物についての所有権ないし担保権は，留保売主・転得者のいずれに買主無資力の危険を負わせるのが妥当かという見地から（条理による意思の制限），目的物が買主の営業の通常の過程で転売された場合には当然に消滅すると解すべきであろうとする考え方である[26]。また，米倉はその後の論文においても，この問題について，ぴったりした制定法上のルールが存在しないことおよび解決基準を条理に求めるほかないことを主張され[27]，ディーラーとユーザーの利益調整の見地から独自の法理を検討している[28]。

私は，物権法定主義の持つ価値（このことは，現在の民法制度の体系的理解から引き出せる）から，現在でも留保売主の意図する法的構成は無制限のものではあり得ないと考えているので，大すじは同意見であるが，条理という観念には納得できないものがあるので，いまだ抽象的ではあるが，現在の担保物権法が持つ理念（それは，民法175条・345条・349条などにも部分的に表れている）によって，留保売主の意思が制限されると主張したい。

---

25) 森井英雄・民商法雑誌73巻6号781頁注(21)。
26) 米倉明・法学協会雑誌93巻8号1306頁。
27) 米倉明「流通過程における所有権留保再論」法学協会100周年記念論文集第3巻344頁。
28) 米倉・前掲注27)論文373-385頁。

第5節 ま と め

　判例の流れの検討から次のように言うことができる。まず，権利濫用という一般条項でこの問題を処理することは不適切である。そこで善意取得か転売授権の問題として処理すべきである。特に商人間においては原則として転売授権で解決を図るべきであろう。[29] 留保買主が商人ではなく，ユーザー的立場の者である場合には，第三取得者の善意取得が問題になろう。この場合，転買人（第三取得者）の過失判断の前提となる調査義務を今までのように厳しく解するのは疑問である。[30] また，統一譲渡証明書にしても，今後どれだけ普及するのか予測が難しく，この提示を要求しなかったからといって過失ありとは言えない。私見は以上のとおりであるが裁判所の動向はどうであろうか。最高裁判所は，現在のところ一応，権利濫用で処理することで固まっているようにみえる。変化があるとしたら，今後，下級審の中から転売授権を中心にすえた処理のしかたが登場してくるのではないだろうか。

　最後に，法的構成について付言しておきたい。留保売主の持つ権利は，当事者がどのように表現しようと，一種の動産担保権であると考える。[31] 動産の担保について，いかなる法的構成があり得るかという問題については，既に米倉明の労作があり，[32] そこでは動産抵当説が打ち出されている。私も，所有権留保は民法が立法当初予想し得なかった一種の動産担保権と考える。従って目的物たる商品が流通を前提として売買された場合には，第三取得者に対してまで留保所有権が当然に追及するということは本来あり得ず，例外的な場合（第三取得者が転売制限を知っていたとき）にのみ追及し得るとすべきである。しかも，この場合でも，所有権は第三取得者に移っているのであり，ただ留保売主の担保権が，一種の負担として所有権を制約すると解すべきである。

---

29) 森井英雄・民商法雑誌73巻6号779頁。
30) 例えば〔判例1〕〔判例5〕〔判例20〕など。
31) 説の全般的状況については，新田宗吉「所有権留保売買における法律関係」上智法学論集20巻2号166頁以下参照。
32) 米倉明・森井英雄「所有権留保2・目的物の利用関係」NBL69号13頁。

従って，留保買主の通常の営業において，第三取得者が目的物を買い入れ代金を完済すれば，そこで第三取得者は権利を取得し，留保売主の「所有権」は切断されるとすべきである。この場合に，留保売主の「所有権」(即ち動産担保権) が第三取得者に対してまで追及し得るためには，その前提として，「留保所有権」の公示制度が整備され，その追及効に関する法制度が当然に，設定されていなければならない。

　以上のような考え方に対しては，それでは留保売主の留保所有権の意味がなくなってしまうではないかという反論があろう。しかし，所有権留保とは，本来，留保売主が留保買主に対して有する代金債権担保のためのものであるから，その限りにおいて意味があればよい。即ち，契約を解除したときに目的物が悪意の第三者の手に渡っていても，留保売主は民法545条1項ただし書の制限を免れて取り戻せるということ,[33] および契約関係を維持しながら，留保買主の不履行が生じたときに，留保売主が一定の条件の下で留保買主に与えた占有の許可を取り消し，目的物を取り戻すことができるという点で十分ではないかと思うのである。[34]

---

33) この場合でも，転売授権があれば所有権留保の存在について悪意の第三者が権利取得する。
34) 清算は必要である。第**5**章参照。

第8章　保険契約の法的性質について

　保険契約の法的性質については，日本において既に商法学者によって詳しい分析がなされている。[1]

　民法においては，物上代位や損害賠償などの場合において保険契約が関係し，その際あとで述べるような民法学的立場から取り扱われ，保険契約自体の分析から問題の解決がすすめられてきたとは思われない。本章では，民法において保険が登場する主要な2つの場合，物上代位と労働災害に対する損害賠償[2]をとりあげて保険の問題点を引き出し，そのうえで保険の法的性質を検討する。ただ一口に保険と言っても，その内には種々のものが含まれる。例えば損害保険と生命保険や，責任保険，社会保険といったものなどで，その分け方からして多様である。私は保険法の専門家ではなく知識も不十分であろうから，論理のすすめ方にはかなり大胆なところがあるかもしれない。しかし，ここ数年，保険について抱いてきた疑問を私なりに展開できたのではないかと思う。

第1節　物上代位と保険契約

　日本では先取特権，質権，抵当権の目的物が売却，賃貸，滅失または毀損

---

[1] 大森忠夫『保険契約の法的構造』有斐閣（1952年），同『続保険契約の法的構造』有斐閣（1956年）がその代表的なものである。近年では『現代損害賠償法講座8巻』所収の各論文や，西島海治『保険法』筑摩書房（1975年）36-49頁および，そこに載せられている文献がある。なお，ドイツにおける学説の状況については，Walter Schmidt-Rimpler, Die Gegenseitigkeit bei einseitig bedingten Verträgen, insbesondere beim Versicherungsvertrag (1968) が参考になる。

[2] 各国の物上代位については，鈴木禄弥『抵当制度の研究』一粒社（1968年）115頁以下，大森『続保険契約の法的構造』45頁以下参照。

された場合，それらの担保権者は債務者が受くべき金銭その他の物に対しても担保権を及ぼすことができる（民法304条・350条・372条）。これを担保物権の物上代位という。この場合，目的物が滅失して，その目的物に保険がかけられていれば，物上代位によりその保険金に担保権が及ぶか，が問題となる。判例・通説は初めから，保険金請求権にも物上代位により担保権の効力が及ぶと考えていた。そこで代表的な例である火災保険金と抵当権の場合について判例を概観する。

大審院1907（明治40）年3月12日判決（民録13輯265頁）は，火災保険金請求権につき抵当権の物上代位を認めたものとして，よく最初に引き合いに出されるものである。事案は，抵当権設定者から抵当目的物である建物の所有権を譲り受けた第三取得者Xが，本件建物を保険の目的として，この事件の共同被告である東京火災保険株式会社と保険契約を締結した。ところがその後，この建物が滅失して抵当権者YがXの有する火災保険金請求権を差し押さえてきたので，Xがそれを不当として訴えたものである。

Xの主張はさまざまな論点を含んでいるが，その中心は民法372条（304条を準用）に言う債務者には，抵当目的物の第三取得者は含まれないというものである。これに対し大審院は，372条に言う債務者とは抵当権の目的たる不動産上の権利者のことであって，その不動産の第三取得者も含まれると判示した。この点は正当である。しかし大審院は保険金請求権，しかも抵当権設定後に第三取得者によって契約されたものに，物上代位によって抵当権の効力が及ぶことを説明なしに当然視した。その理由は不明である。

大審院1916（大正5）年6月28日判決（民録22輯1281頁）は，不法行為に基づく損害賠償請求権が代位の目的となった事件であるが，傍論で次のように述べている。372条で言う「金銭その他の物」とは，目的物たる家屋の残骸である動産を含むものではなく，第三者より受くべき損害賠償金もしくは保険金の如き，目的物の全部もしくは一部を直接代表すべきものを指称する。しかし，この部分は傍論ということもあって，保険金がなぜ目的物を直接代表するとされるのかは説明がない。

大審院連合部1923（大正12）年4月7日判決（民集2巻209頁）は，抵当権者

が物上代位によって抵当権の効力を及ぼすためには，その金銭払渡し前に抵当権者自身がその債権を差し押さえなければならないとして，従来の大審院の態度を改めたものとして有名である。この判決も物上代位による抵当権が，火災保険金請求権に及ぶことを当然の前提としている。

このようにみてくると，大審院は保険金が目的物の価値変形物であって，その物を直接代表すると考えていたこと，保険契約の締結が抵当権の設定後であろうとこのことに変わりがないと考えていたことは疑問の余地がない。[3]

学説も抵当権を価値権ととらえ，抵当目的物の価値変形物に対して，目的物の交換価値を把握する権利である抵当権は当然に物上代位していくことが認められるとするものが多い。[4]我妻栄は，抵当権の設定者はその不動産の担保価値を維持する義務があるとするのが当事者の普通の意思にも，日本の慣行にも適するとし，保険をつけた以上，抵当権の効力は保険金に及ぶと解するのが正当とする。[5]この説は最初の設定者の負う担保維持義務から説明するものであり，従って，理論上は抵当目的物の第三取得者が契約した保険金の請求権には及ばないということになる。

近時になって商法学者の側から，保険金請求権は目的物の滅失，毀損によって生ずる目的物の価値変形物ではなく，保険契約に基づき保険料支払いの対価として生ずるものであり，目的物の滅失，毀損は保険金請求権が発生するきっかけにすぎないという批判が有力になされてきた。[6]さらに民法学者の中でも，保険金請求権は目的物の価値変形物ではなく，保険契約に基づいて支払われた保険料の対価であるという考え方が有力になってきた。[7]

ただし保険契約に基づく保険料の対価であるという説においても，この点

---

3) 近時の下級審では旭川地判1973年3月28日判時737号84頁が，火災保険金請求権は抵当権とは別個の契約関係から生ずるものであることを理由に，物上代位を否定している。
4) 白羽祐三「抵当権と物上代位」『民法学3』有斐閣（1976年）95頁参照。
5) 我妻栄『新訂担保物権法』岩波書店（1971年）283頁。
6) 大森忠夫「担保物権の物上代位と保険金」石田文次郎先生還暦記念論文集『私法学の諸問題(2)』有斐閣（1955年）35頁以下，西島梅治「保険金債権に対する物上代位」法政研究23巻1号57頁以下，大森・前掲注1)『続保険契約の法的構造』45頁以下。
7) 五十嵐清「抵当権の物上代位」『民法演習Ⅱ』有斐閣（1958年）161頁以下，白羽・前掲注4)論文100頁以下。

から直ちに物上代位を否定する説と，結論において物上代位を肯定する説が分かれていることに注意しなければならない。肯定する説の理由づけはさまざまであるが，大森忠夫は，抵当権者の保険金に対する利益を考慮し，当事者の意思の推定，担保物権者の保護という目的論的解釈の結果として物上代位を肯定する。白羽祐三は，物上代位を抵当目的物の価値変形物に対する抵当権の追及的効力とするならば，保険金請求権に物上代位することは論理的に認められないが，政策的配慮から特権として物上代位が認められるとする。最近では，このような政策的考慮により物上代位を肯定する説が増えてきている。

なお実際の抵当権設定においては，建物の抵当権者は，抵当権設定の際，建物に火災保険を付けさせたうえで保険金請求権の上に質権の設定を受けるのが普通であるらしい。

以上のように，担保目的物にかけられた保険金に対する請求権は，従来は目的物の価値変形物としてとらえられがちであったが，それは誤りであって，保険契約に基づく保険料の対価であることが明確になってきていると思われる。

第2節　労災保険と損害賠償

労働者が業務上負傷し，または疾病にかかった場合においては，使用者は労働基準法（以下では労基法と呼ぶ）上の療養補償（75条）を行わなければならない。負傷・疾病のために労働できない場合には休業補償（76条）が行われ，業務上の災害で死亡した場合には遺族補償（79条）が行われなければならない。この他にも障害補償（77条），葬祭料（80条）などがあるが，以上をまとめて，以下では労働基準法上の災害補償と呼ぶ。

---

8) 西島・前掲注6) 論文。
9) 大森「担保物権の物上代位と保険金」前掲注6) 論文35頁以下。
10) 白羽・前掲注4) 論文100頁以下。
11) 川井健『担保物権法』青林書院新社（1975年）61頁以下。

次に，同じような場合に労働者災害補償保険法による各種保険給付（7条）が行われ，この主要部分は年金の形態で支給される。これを労災保険給付と呼ぶ。

更に，この災害が不法行為もしくは使用者の安全配慮義務（最3小判1975年2月25日判時767号11頁参照）違反にあたる場合には，災害をもたらした使用者あるいは第三者に対して民法上の損害賠償の請求をすることができる。

問題は，以上の場合に被災者またはその遺族が取得する損害賠償請求権と労基法上の災害補償請求権および労災保険給付請求権の三者が，どのような関係に立つべきかである。[12]

労基法上の災害補償と労災保険給付の関係については労基法84条1項に規定がある。即ち，労働者災害補償保険法（以下では労災保険法と呼ぶ）によって労基法上の災害補償に相当する給付が行われるべきものである場合においては，使用者は補償の責を免れる。しかし，この規定については次のような疑問がある。それは，1960年および65年に労災保険法へ長期給付制度（いわゆる年金給付）が導入されたことにより，労基法上の補償給付と労災保険法上の保険給付の性格がかなり異なったものとなり，その時点でこの84条1項を検討し直すべきではなかったか[13]というものである。異なる性格というのは，前者が，使用者の補償責任によるものであって，民事上の責任を過重したものであるのに対し，後者は出発点においては補償責任と重なっていたにせよ，長期給付の導入により，責任保険から社会保険へと移行していく過渡的段階のものとなったのではないかということである。

次に労基法上の災害補償と民法上の損害賠償の関係については，労基法84条2項に規定がある。使用者が労基法上の災害補償を行った場合には，同一の事由については，その価額の限度で民法による損害賠償の責を免れる。この規定の趣旨は，労基法上の災害補償を民法上の損害賠償の特別法としてと

---

12) 最近の文献として，西村健一郎「損害賠償と労災保険給付の控除」民商法雑誌78巻「法と権利4」（1978年）434頁以下，宮島尚史「労災損害賠償法理の軌跡と現状」判時981号3頁，984号14頁，987号12頁。
13) 宮島・前掲注12) 判時984号16頁。

らえるものと解される。従って以下の検討もそれを前提とする。

さて，労災保険給付がなされた場合，またはなされるべきものである場合には，同一の事由について民法上の損害賠償義務はどうなるのであろうか。この点については，従来，法律に規定がなかった[14]。そこで，この問題をめぐって判例が分かれ，さまざまな学説が登場してきた。

労災保険給付と損害賠償の全般的関係についての規定はないが，労働災害が第三者によって引きおこされた場合（第三者行為災害）については労災保険法12条の4に規定がある。即ち，政府が保険給付をしたときは，その給付の価額の限度で受給権者が第三者に対して有する損害賠償請求権を取得し，また受給権者が第三者から同一の事由につき損害賠償を受けたときは，政府はその価額の限度で保険給付をしないことができる。

この規定の趣旨は，第三者行為災害において，被災者のこうむった財産損害については，労災保険給付と損害賠償が相互に補完的関係に立つということである。この点は後に検討するとして，次に注意しなければならないのは，政府が第三者に対して求償権を得たり，保険給付額から損害賠償額を控除したりできるのは，保険給付がなされたり損害賠償を受けたりしたときであって，将来なされるであろう保険給付や損害賠償は考慮に入れられていないということである。従って，多くの判例・学説は現に損害賠償がなされた場合に，その限度でのみ保険給付額からの控除を認めており，現に保険給付がなされていない場合には，被災者または遺族が将来，保険給付を受けることが確定していても直接に第三者に損害賠償が請求できるとしている[15]。

ただし「衡平の原則」といった理由で，すでに受給した分だけでなく，将来の給付もその現価を計算して損害賠償額から控除すべきであるといった，いわゆる「控除説」も少数であるが存在する[16]。この控除説は労災保険法3条

---

[14] ただし1980年11月7日の臨時国会で，損害賠償と労災保険給付についての調整法が成立している。しかし，これは労災保険法の附則の追加という形式をとっていて，この形式には疑問があるので，以下の説明では，一応，労災保険法本体には規定がないとしておく。詳細は，宮島・前掲注12) 判時984号16頁以下参照。

[15] 福岡高判1971年6月21日判時653号111頁，最1小判1971年12月2日判時656号90頁，東京高判1973年6月30日労旬839号52頁，最3小判1977年5月27日判時857号73頁。

の4の文理に反していることを認めながらも，次の点を1つの論拠にしている。それは第三者行為災害にあたる場合について，労災保険法，国家公務員共済組合法（48条），国家公務員災害補償法（6条），地方公務員等共済組合法（50条），地方公務員災害補償法（59条）に同じような規定があって，それぞれ実質的に同じ場合であるのに，最高裁の態度が「一貫していない」ということである。たとえば，最高裁第2小1975年10月24日判決（判時798号16頁）は国家公務員が公務中に交通事故により死亡した事件で，加害者に対する損害賠償債権額から将来の遺族年金額および遺族補償金額を控除すべきであるとしている。この点をとらえて控除説は，同じ第三者行為災害であるのに態度が一貫しないのはよくないから，控除すべきであるという点で一貫すべきであるとする。[17]

しかし，このような一貫性を求めるのは誤りであると思う。宮島尚史は次のように指摘する。国家公務員災害補償法上の補償給付は，給付をなす者の性質上，労基法上の補償給付に匹敵し，決して労災保険法上の保険給付でない。地方公務員災害補償法上の給付は，独立の政府関係特殊法人である「基金」（同法3条）によって行われるため，労災保険法上の保険給付に外見上は似ているが，基金の財政的基盤（同法49条参照）とその活動からみて，国家公務員についての補償給付と，従って労基法上の補償給付と同一または類似の性質である。[18]

この指摘は正当であると思う。外形上，国家公務員災害補償法上の給付が長期給付であって労災保険給付に似ていても，その内容は保険ではなくて，まさに使用者たる政府が負う労基法上の災害補償と同一のものである。従って，労災保険の場合と国家公務員災害補償の場合は，控除説が言うように同じではない。

労使間の災害の場合に移る。ここでは，第三者行為災害の場合のような明

---

16) 札幌高判1971年1月18日判時624号44頁，名古屋地判1972年5月31日判時691号52頁。
17) 最近の下級審には，国家公務員の遺族年金，遺族補償年金についても，将来の分を控除すべきでないとするものが現れている。新潟地判1980年7月18日判時974号21頁。
18) 宮島・前掲注12) 判時984号16頁。

文の規定がないので，既に受給した分についての控除自体がまず問題となる。学説・判例は，労災保険法が労基法84条2項を排斥する趣旨とは考えられないとか，労災保険法は使用者の災害補償を代行するものであるなどの理由で，労基法84条2項の類推適用を認める立場をとってきた[19]。従って，労災保険法上の給付がなされれば，同一の事由についてその価額の限度で使用者は損害賠償を免れるということになる[20]。この考え方は，第三者行為災害のところでも述べたように，使用者がなすべき損害賠償と労災保険給付が相互補完的関係に立つことを前提とするものであり，それ故に労災保険給付と労基法上の災害補償が互いに代行し得る関係にあると考えるのである。この点は後に検討しよう。

次に将来の給付の控除についてみてみる。第三者行為災害の場合と労使間の災害の場合では，次のような利益状況の差があると言われる。第三者行為災害の場合，加害者である第三者は損害を最終的に負担しなければならない立場にあるから，被災者または遺族に対して損害の全額の賠償を命じられても不利益はないが，労使間の災害の場合には，使用者が労災保険の保険料を負担しているのであるから，控除を認めないと，使用者から保険利益を奪うことになる[21]，というのである。しかし，この考え方も，損害賠償請求と労災保険が互いに代行し得る，あるいは相互補完的関係に立つということを前提にして，はじめて成り立つものである。

判例は，第三者行為災害の場合と同じく，控除を認めないものが多い。例えば，最高裁第3小1977年5月25日判決（判時870号63頁）は控除を認めない立場に立っている。しかし，控除すべきであるとする判例も少数ではあるが存在する[22]。

いままでみてきたように，労基法84条1項2項の意味をどうとらえるかと

---

19) 三島宗彦・佐藤進『労働者の災害補償』有斐閣（1965年）141頁以下参照。東京高判1956年3月23日高民集9巻2号93頁，高松地丸亀支判1958年12月26日下民集9巻12号2682頁。
20) ただし慰謝料は労災保険の対象でないから，使用者は賠償責任を免れ得ない。
21) 西村・前掲注12)論文447頁以下参照。
22) 詳しくは西村・前掲注12)論文438頁以下参照。

いう問題から，将来の保険給付を損害賠償から控除すべきかという問題まで，全体にわたって，民法上の損害賠償（およびその労基法上の特別規定である災害補償）と労災保険給付との関係が重要な論点になっていることが明らかになった。そこで次節において，損害賠償と保険給付の関係を検討する。その前に1つだけ，さきほどの労使間の災害において，将来の給付の控除を主張した説が言うように，労災保険は使用者の責任保険であるのか，という点をみておこう。

　労災保険法上の保険給付は，当初は労基法上の災害補備に基礎を置いて出発した。[23] 従って当初は，災害補償に応じるための使用者側の責任保険という性格を持っていた。しかし，1960年および65年に長期給付制度が導入されることにより，その性格が社会保険的なものに移行してきているのではないかと思われる。このことのもう1つの論拠として，労災保険事業は，事業主から徴収された保険料だけによる独立採算制ではなくて，租税収入による国庫の補助も前提にしていて（労災保険法23条・25条・26条），自動車損害賠償保障法のような純粋な責任保険でないことがあげられる。特に労災保険法25条1項は，政府が保険給付を行ったときに，事業主に故意・重大な過失のある業務災害であれば，保険給付に要した費用の全部または一部を徴収できるとしている。これではもはや責任保険とは言えないであろう。そこで労災保険が社会保険的性格に移行したのではないかと考えたわけである。

第3節　損害賠償と保険給付

　この問題に入る前に，保険の概念を整理しておこう。保険は大きく公保険と私保険に分かれる。公保険とは，国・地方公共団体の社会政策・経済政策など，政策実現の手段として営まれるものである。この中で，社会政策的見地から実施される保険である健康保険，国民健康保険，厚生年金保険，労災保険，雇用保険などが社会保険と呼ばれる。[24] 私保険とは，私人の利益を守る

---

23) 詳しくは，荒木誠之「労働災害と保険」『現代損害賠償法講座第8巻』日本評論社（1973年）290頁以下参照。

ために，営利を目的とする保険者との間に結ばれるものである。そして，給付（保険料）と反対給付（ひとまず保険金としておく）の間には，均衡のとれた関係が要求される。これに対し，社会保険の場合には，給付と反対給付の間に均衡をとることが過度に重視されるべきではなく，所得の再分配といった政策上の考慮が重要となる。[25]

　以上の区別に立って，労災保険給付と損害賠償（災害補償）の関係をまとめると次のようになる。労災保険は社会保険としての性格を有し，民法上の損害賠償および労基法上の災害補償に代置したり，それらと相互補完的関係に立つものではない。労災保険法第1条も「労働者の社会復帰の促進，当該労働者及び遺族の援護，適正な労働条件の確保等を図り，もつて労働者の福祉の増進に寄与することを目的とする」と規定して，損害賠償における財産損害の回復といった目的とは，異なる目的をめざしていることを示している。そして，このことの1つの帰結として，労災保険には国庫補助・租税負担の要素があるのである。

　次に給付の内容であるが，損害賠償の場合には，その内容として財産損害と非財産損害がある。財産損害のうちの逸失利益の計算は得べかりし利益の計算であって，その算定の基礎は将来の事実を取り込んで，いわば推定的なものである。そして，計算された賠償額は判決が確定すれば一時に支払われる。これに対し，保険給付の場合は，休業補償，障害補償，遺族補償などの算定の基礎はすべて過去の支払いである。そして主要な部分は年金給付の形がとられ，それが合理的である。故に，労災保険給付と損害賠償は，積極損害（災害により直接こうむった，治療費などの損害）については相互補完的な関係に立つかもしれないが，その他の部分（逸失利益などで，こちらの方が重要）では相互補完的な関係に立つものではなく，損害賠償が支払われた後で保険給付がなされても，「被災者側の不当な二重取り」には必ずしもならないと言うべきものなのである。[26]

---

24) 木村栄一・高木秀卓・庭田範秋『保険の知識』有斐閣（1980年）21頁。
25) 詳しい区別は前掲注24)書205頁以下。
26) 社会保険については，社会保障との関係を検討する必要があるが，ここでは省略する。

私保険と損害賠償の関係に移る。私保険の中には大きく分けて損害保険と生命保険があり、それぞれ商法629条，673条に定義規定がある。ここでは説明の便宜のため，損害保険に焦点を合わせて述べる。さて保険と損害賠償の関係を浮彫りにするものに保険代位がある。商法662条によると，保険事故による損害が第三者の行為によって生じた場合において，保険者が被保険者に対してその支払うべき保険金を支払ったときは，その支払った限度において保険契約者または被保険者が第三者に対して有する権利を取得する。この保険事故は第三者の不法行為による場合に限られるのではなく，第三者の債務不履行（例えば賃貸借や運送契約における目的物の毀損）による場合も含む。この商法662条は任意規定であるが，この制度が立法論として必要であるという点では，商法学者は一致しているようである。

　保険代位の制度を肯定するためには、「なぜ被保険者が保険金と損害賠償を二重に取得してはいけないのか」と「第三者の賠償により保険者は免責されるのに，なぜ保険者の保険金支払いにより第三者が免責されないのか」および「なぜ保険者に代位による権利取得が認められるのか」という3点が説明されなければならない。これらの問題は互いに結びついており、商法学における説明についてもさまざまな学説が存在するようであるが，ここでは次の不確定損害肩代わり説と呼ばれるものに注目したい。

　この説によると，保険金支払義務の対象となる損害と，損害賠償義務の対象となる損害には，それぞれ差があり，外延的範囲については両者とも被保険利益の減失額である点で共通であるが，内容的には保険金支払義務が被保険者の有する賠償請求権を考慮に入れつつ暫定的に不確定な損害を対象とするのに対し，損害賠償義務は被保険者の有する保険金請求権を考慮しないで確定した損害を対象とする。そこで，第三者の賠償義務が被保険利益の減失額相当の確定損害を賠償すべき義務であるのに対し，保険者の填補義務は「ひとまず被保険利益の減失額相当の保険金を支払うとともに，被保険者の

---

27) この両者の区別の仕方の問題点については，前掲注24）書16頁以下参照。
28) 西島梅治『保険法』筑摩書房（1975年）217頁参照。
29) 西島・前掲注28）書217頁以下。

第三者に対して有する賠償請求権を取得すべきことを内容とする義務であり，履行不確実な賠償請求権を確実な保険金で肩代りする義務である」[30]。

この説は前に述べた3点をうまく説明しているようにみえる。しかし，括弧に入れた部分に注意したい。保険者が，被保険者の第三者に対して有する賠償請求権を取得すべきであるという義務内容は立法政策上のものであって，保険契約の理論的帰結ではない。即ち，理論的には，保険制度は履行不確実な賠償請求権を確実な保険金請求権で肩代わりするものではなく，不可抗力による場合も含めて，生じた損失を填補するものなのである。

もちろん，任意規定である商法662条を当事者が合意した場合には，保険金が履行不確実な賠償請求権を肩代わりする性格を持つことは否定できないが，それは「保険代位」という特殊な合意によるものであって，保険自体から当然に引き出されるものではない。現実には，保険業者と保険契約者の間に大きな力の開きがあって，契約はすべて約款によって締結されるから，保険代位が合意されないことはあり得ないであろうが（従って問題は約款の規制へとつながっていく）。

保険制度は「大数の法則」のうえに成り立っている。すなわち，ある危険にさらされた多数の主体が，1つの危険集団を構成し，各自が拠出した保険料の集積をもって，構成員の一部が偶然の事故によってこうむった経済的不利益を埋め合わせる。この考え方の中には，保険代位によって保険者が第三者に対して損害賠償請求権を行使し得ることが，当然には含まれない。この大数の法則を経済的基礎にして，保険契約は保険事故を停止条件として保険金を支払うという双務契約であって，そのときに被保険者が第三者に対して損害賠償請求権を有するか否かは保険契約者側の事情であって，保険者側が当然に関知すべき事項とは言えないのである。

さて，以上の議論は，すべて保険金支払義務の対象となる損害と，損害賠償義務の対象となる損害の間に差があるという前提のもとで進められてきた。そこで次にこの点を検討する。保険金による損害の充足を損害填補，民事上

---

[30] 西島・前掲注28)書220頁。

の賠償を民法上の損害賠償と呼んで区別することにしよう。一般に，損害塡補と損害賠償の間には，次の6つの現象的な相違があるとされる。①義務主体について，損害塡補においては保険者であって加害者ではない。②資金源について，損害塡補においては保険契約者より徴収した保険料による。③損害塡補義務は，損害を生ぜしめる事故が限定的で，事前に予測し得るものでなければならない。④損害保険契約においては，保険者の支払うべき金額は限定的な損害額の全額に等しいわけではなく，保険金額は保険契約者が支払いを約束し拠出し得る保険料に応じて定められるのが普通である。それ故，全部保険もあれば一部保険（商636条），評価済保険（商639条）もある。⑤被害者自らが招致した損害についても塡補の対象となる。⑥契約によって免責条項（地雷による損害は担保しないとか）や小損害不担保条項などのような特約を付けることができる。

　これらの現象的な相違のもとには，根本的な違いがあるのだろうか。大森によると，民法上の損害賠償という場合の「損害」は，義務内容と範囲を内面的・本質的に規定する機能を有するのに対し，保険者の損害塡補義務という場合の「損害」は，保険者の負う金銭給付義務の範囲をいわば外面的・政策的に調整し決定する機能を有するにすぎないとする。そして，保険契約法における被保険利益の体系的位置について，被保険利益の存在は，損害保険契約成立のための論理的・内面的前提要件ではなくて，むしろ射幸契約としての損害保険契約が公序良俗に違反するのを防ぐために，いわば政策的見地から要求される外面的前提要件と解するほうが適当ではないかとする。

　石田満は，私法一般における損害賠償の「損害」と損害保険における「損害」とは原則として同一内容のものとして理解すべきであり，私法一般の損害賠償の「損害」が内面的・本質的なものであるとの評価が与えられるとするなら，損害保険契約の「損害」についても同じ評価を与えてよいとする。

---

31) 石田満「損害塡補義務と損害賠償義務」『現代損害賠償法講座第8巻』日本評論社（1973年）12頁以下。
32) 大森・前掲注1)書『続保険契約の法的構造』5頁以下，同『保険契約法の研究』有斐閣（1969年）175頁以下，同・前掲注1)『保険契約の法的構造』81頁以下参照。

そのうえで，保険給付と民法上の損害賠償の違いをみるために，次の3点を検討する。

第1に，保険者の損害塡補義務は保険契約上の義務であり，加害者の行為に基づく場合だけでなく，保険契約者自らの過失により保険の目的物を滅失・毀損したときでも，保険者はその損害を塡補しなければならない。[34]

第2に，損害塡補という場合の「損害」概念は必ずしも統一的な定義を持たないが，一般には，特定危険の発生により被保険者が特定の被保険利益についてこうむる財産上の不利益であると解されている。[35] これに対して民法上の損害賠償というときの損害は，法益についてこうむった不利益と解されている。[36] この不利益については，加害原因がなかったならばあるべき利益状態と，加害がなされた後の現在の利益状態の差であるという，いわゆる差額説が，日本では通説である。損害の意義については従来から，差額説と現実的損害説と呼ばれるものが存在しているのであるが，金銭賠償主義をとる日本では，財産損害については差額説によるしかないとされるのである。[37]

しかし，最近になって交通事故の激増を背景として現実的損害説を発展させたものと思われる，いわゆる死傷損害説が，人身損害をめぐって有力に唱えられるようになり，それが一連の公害裁判を中心として判例にもかなり影響を与えるようになってきているので，差額説的理解が一般的であるとしても，今後ともそうであるかは断定できなくなってきた。[38] ただ，ここでは保険との関連で比較するのであるから，一応差額説的理解で比べてよいであろう。そうすると，保険の場合の損害塡補と民法上の損害賠償の「損害」の違いは，前者が被保険利益について生ずる財産上の不利益でありながら，当事者間の具体的な約定によって定まるものであるという点にしぼられ，財産的不利益

---

33) 石田・前掲注31) 論文12頁。
34) 石田・前掲注31) 論文7頁。
35) 大森忠夫『保険法』有斐閣 (1957年) 151頁以下。
36) 於保『債権総論〔新版〕』135頁。
37) 於保・前掲注36) 書136頁。
38) 詳しくは，吉村良一「人身損害をめぐる理論状況と課題」立命館法学第155号1頁以下参照。

の中身自体には差がないように思われる。

　第3に，非財産的損害の扱いである。この主要な部分は精神的損害といわれるが，これは保険になじまない。被保険利益の範囲も財産損害に限られており精神上の利害関係は被保険利益になり得ない。ただ例外的に対人責任保険契約の損害塡補の範囲には精神的損害も含まれる。しかし，それはあくまでも例外であって，ここで対象としている損害保険契約の場合には，精神的損害を保険で塡補することはできない。[39]

　以上，みてきたように，両者の違いをつきつめてみれば，法が債務不履行や不法行為という制度において，違法な行為に対する非難に基づき損害賠償という形で損害の公平な負担を規律しているのに対し，私保険による損害塡補は，私人間の契約により，とにかく損害が生じればそれを塡補するという点にしぼられる。即ち，前者は法律の定める効果であるのに対し，後者は契約の定める効果である。保険契約の場合には，その性質から精神的損害を対象としにくい。

　そこで，もし保険契約において，保険契約者・被保険者の側と，保険者（保険業者）の側で，対価的に均衡のとれた契約が存在しているのであれば，それと別個に被保険者側に損害賠償請求権を認めても被保険者側に不当な二重取りが生ずることにはならないであろう。つまり，保険金請求権は加害によって生じた利得ではなく，加害を停止条件として生じた契約上の対価ということになり，損害賠償額から決して控除されるべきすじあいのものではなくなるのである。そこで，次節において，保険契約は対価的に均衡のとれた契約であるのか，言いかえれば，いかなる性質の有償双務契約であるのかについて検討してみよう。

第4節　保険契約の法的性質

　日本で保険契約の法的性質を扱ったすぐれた論文と言えば，1952年に出版

---

39) 石田・前掲注31)論文10頁。

された大森忠夫の『保険契約の法的構造』に収められている「保険契約の有償契約性」「保険契約の双務契約性」をあげることができる。そこで，その内容を簡単にまとめてみよう。

保険契約の有償性をめぐっては，大きく分けて「保険金支払い」説と「危険負担」説がある。前者は保険料支払いと保険金支払いの間に有償関係を認めるのであるが，保険事故が生じなかった場合には説明が困難であるため，現在はとる者がいない。後説は，保険料支払いと対価的関係に立つものとして，保険者の「安全保障」換言すれば「危険負担」をあげる。この「危険負担」を法的な保険者の義務としてどのように説明するかをめぐっては説が分かれている。[40] 簡単に述べると，①危険負担義務とは保険金支払いのための用意・準備義務であるとする説，②危険負担義務とは条件付義務を負担する義務であるとする説，③危険負担義務とは責任負担義務または引受け Einstehen 義務であるとする説，である。しかし，結論的に言えば，これらの説明は保険者が受けている法的拘束を別の言葉で説明しようとしているのにすぎないのではないかと思われる。

そこで大森は Haymann "Leistung und Gegenleistung im Versicherungsvertrag" (1933) に注目する。ハイマンによれば，保険者の義務は生命保険のあるものにおいては期限付債務，他のものにおいては条件付債務であり，損害保険においては単なる将来の債務であるが，いずれにせよ保険者がこのような不確定な債務を負担することにより，言いかえれば，相手方が期限付，条件付ないし将来の債権を取得することにより，彼らの目的とする安全保障は既になされている。「危険負担」は給付の内容として契約の成立とともに既に給付されるのであって，義務の履行としてなされるのではない。[41]

ハイマンの説をみたあとで大森は自説を展開するが，それを4点にまとめてみる。

① 契約の双務性と有償性の区別を明確にする必要がある。契約の双務性

---

40) 詳しくは，大森『保険契約の法的構造』7-28頁までを見よ。
41) 大森・前掲注40)書27頁。

とは，契約の直接的な法律効果として生ずる債権・債務そのものが相互に対立的関係に立つこと，即ち契約の法的効果の法律的観察であるのに対し，有償性とは，契約の成立からその効果として生ずる債権関係の内容実現に至るまでの全過程を観察して，その間において当事者間に生ずる経済的変動を標準とする。即ち，契約の経済的効果の経済的観察であるとする。[42]

② そして，従来の危険負担説の論者の多くは，経済的に保険行為が有償行為であるということを，法律的に保険契約が有償契約であるということの説明にだけでなく，同時にそれが双務契約であるということの説明にも，そのまま援用しようとして，「保険料支払い」債務と「危険負担」債務を対立させ，「危険負担」を債務の客体として法律的に説明しようとする誤ちを犯したのである。[43]

③ 要するに，保険行為は，法的に保護される経済的利益である「危険負担」と保険料の支払いとを交換する有償行為である。保険者が保険事故発生の場合に保険金支払義務を負っていること自体が「危険負担」であって，危険負担義務の履行として危険負担があるのではない。[44]

④ 次に保険契約の双務性について。一方の債務が無条件の債務であり，他方が条件付である場合でも，根本におけるなんらかの有償性の故に両債務が相関関係に立たされているならば，両債務は双務性を有し，その契約は双務契約である。この両債務の客体自体は実質的な対価関係に立たなくてもよい。保険契約の場合は，保険金支払義務（条件付または期限付）と保険料支払義務が対立する双務契約である。[45]

大森の論旨は極めて明快であり，その後の保険法の学説においても，この有償性についての説明は通説としての立場を占めている。[46]しかし，双務性については，それが法的義務の対立関係を指すものであるという点では同じで

---

42) 同前31頁以下。
43) 同前30, 31頁。
44) 同前32, 33頁。
45) 同前47頁。
46) 西島・前掲注28)書43, 44頁。

も，その内容については現在でも対立している。たとえば西島は，保険者の義務は条件付または期限付の保険金支払義務ではなくて，危険負担義務とする。この義務は保険者が保険期間中，継続して被保険者に対し無形の安全保障を供給する義務で，具体的には適切な再保険の締結，保険金支払いを常時実現し得るだけの資産の流動性の確保，支払準備金の積立などの経済的裏づけを伴う安全保障給付である。保険事故発生によって保険金支払義務を負うのは，危険負担義務が同一性を保ちつつ保険金支払義務に転化するのであって，両者は別個の義務ではない。[47]

　以上の論点を踏まえて問題を整理してみよう。まず，無条件の保険料支払義務に対して保険者が負っている法的義務が何かという点について。大森の言うように経済的な「安全保障」を法的義務と言うことはできないし，その点において西島が双務性の説明であげる危険負担義務も，経済的必要という意味で再保険や支払準備金積立を理解できても，保険契約者に対する法的義務という意味では成り立たないのではないだろうか。無形の給付をする義務はやはり義務ではないと思われる。そこでやはり大森の言う保険金支払義務であろう。この義務は一般的に言って，生命保険では期限付義務であり，損害保険においては条件付義務である。ただ現在，わが国で広く行われている定期付養老保険（死亡保障の必要とされる年限を区切って，その期間中に死亡すれば満期保険金の数十倍もの死亡保険金が支払われる保険契約）は，その本質からして条件付義務と言えるであろう。期限付義務の場合には双務性，有償性の説明は条件付義務の場合ほど困難ではない。そこで以下では，停止条件付義務として保険金支払義務を扱う。

　次に大森は有償性と双務性を峻別する。たしかに概念の説明はそのとおりであろう。しかし，実質的には経済的に有償な契約と，法的に双務である契約は重なり合うのではないだろうか。例えば，両者の違いを表す例として，利息付消費貸借契約がよく引き合いに出される。だが利息付消費貸借が「有償片務契約」であるのは，消費貸借についての民法の規定が要物契約となっ

---

47) 西島・前掲注28)書45, 46頁。

ているからであって，この契約の実質に着目すれば双務契約と理解することも可能であり（諾承契約とすればよい．私はその方がよいと思う），従って，この契約が両者の違いを有効に示すものとは思われない．また，有償性が契約の全過程について言うべきものであるなら，双務性についても同じことがあてはまる．

そこで私は大森説に基づいて，保険契約は保険契約者の無条件の保険料支払義務と，保険者の条件付保険金支払義務が双務関係にある有償契約と理解したい（このように一方の義務にのみ条件が付いているものを一方的条件付契約という）．この場合の有償性は，大森の言うとおり，保険金支払義務を負っていること自体が経済的利益である「危険負担」を生じさせるという意味である．以上の検討から，保険契約は双務有償契約であって，両給付の間には，おそらく「大数の法則」に基づく計算によって対価的均衡が実現されているのであろうから，「保険代位」といった事柄は保険制度に必然的に伴うものではないのである．

第5節 ま と め

前節で述べた保険契約の双務性については有力な批判がある．保険料支払義務に対立するものとしてあげた保険金支払義務について西島は「不確定義務または条件付義務は事故が発生しないで保険期間が終了すると結局，存在しなかったことになるので，この説では，保険契約の双務契約性を否定せざるを得なくなる．条件付債務は，条件が成就してはじめて債務として機能するものであるから……」[48]と指摘する．大森にしても，条件付保険金支払義務を負っていることが，経済的に危険負担という利益であるとすることにとどまり，条件成就前の保険契約者と保険者の間の法的権利義務関係については結論を控えている[49]．そこで，条件付債務の効力は条件成就前には本当に生じていないのかを，検討しなければならないが，この点については，第**2**章か

---

[48] 西島・前掲注28)書45頁．
[49] ただし指摘はされている．大森・前掲注1)書『保険契約の法的構造』34頁注4．

ら第4章で論じたので，ここでは簡単な指摘にとどめておく。

　条件付権利の効力と言う場合には，条件成就によって生じる権利（保険金請求権）を指す場合が普通であろうが，それ以外にも条件成就前の法状態（経済的に危険負担とされる状態）を指すこともある。ここで論じるのは後者の意味である。この条件成就前の効力（ひとまず期待権と呼ぶ）と条件成就によって生じる効力（本来の権利と呼ぶ）の関係のとらえ方には歴史的に3つの型が存在した。

　第1は，期待権を条件成就の場合に本来の権利が遡及する効果であるとするフランス民法の採用した考え方（遡及効理論）であり，第2は，期待権は本来の権利そのものであり，ただその存在が条件成就までは十分明確になっていないだけとするもの（未確定 Pendenz 理論）であり，第3は，期待権を本来の権利の前段階効（Vorwirkung）とするものである。[50]

　日本の立法者は，条件付法律行為の効力は条件成就によって始まる（民法127条）として，前記の3つの考え方をどれもとらなかったようにみえる。しかし実際には，条件付法律行為は条件成就前であっても効力を有していると考えていた（民法128条・129条参照）。そこで当然，「成就前の効力」と「条件にかかる将来の権利」の関係を解明しなければならなかったのに，それを「学理上の問題」であるとして残してしまった。[51]

　この学理上の問題は，まだ十分には深められていないと思われる。私見によれば，前記の第2の考え方である未確定理論が一番優れているのではないかと思う。従って条件付権利（保険金請求権）は条件成就前でもその効力を有し（民法128条・129条。もっとも保険契約自体は，商法および約款に特別規定があり，民法の規定がそのままあてはまるわけではない），それが経済的には「危険負担」という意味を持つのである。

---

50) 詳しくは，第2章を参照。
51) 法典調査会民法議事速記録3巻第6回・法務図書館版第1巻274頁，穂積発言。

第9章　宅地建物取引業者の報酬請求権

　民法130条が適用された判例を眺めてみると，最も目につくのが不動産取引仲介契約の例である。そこでは，不動産取引業者に，不動産売買契約の仲介を委託した者が，業者を排除して，業者の紹介した相手方と直接取引をした場合に，業者が民法130条により「業者の仲介によって契約が成立した」とみなして報酬を請求することができるかが争われている。民法130条の本来的意味は，条件成就によって不利益を受ける者（例えば条件付譲渡人）が，故意に条件成就を妨害した場合に，条件が成就したものとみなして，条件付権利者（譲受人）に権利取得を認めるというものである。不動産取引仲介契約をめぐる以上の争いが，果たして民法130条の規律に適合するものであるかどうかは，十分に検討を要する問題であって，本章は，この点を論じるものである。

第1節　不動産取引仲介契約の法的性質

　不動産取引仲介契約が，いわゆる民事仲立契約であることについては，異論がない。仲立契約は委任契約の特殊な類型で，他人間の契約や商行為を媒介する契約である。日本では商法に規定がある（商法543条～550条）が，商行為以外の事項を仲立する民事仲立については規定がない。そこで学説・判例は，外国の立法例を参考にしたり，商法550条・546条の規定から類推したり（仲立行為の本質からみて，商事仲立と民事仲立を区別する理由がないとする）して，仲立人の報酬は，仲立人の指示または媒介で契約が成立したときのみ，請求することができ，また，費用は特約のある場合に限り，その償還を請求し得る，としている。[1]従って，不動産仲介業者（宅地建物取引業者）が不動産売買を仲

介した場合，委託者（依頼人）と相手方との間で契約が成立するまでは，業者に報酬請求権が成立しないとされている。

　では，不動産仲介業者に不動産売買の仲介委託をした者が，業者の提供した情報によって交渉の相手方を見つけたにもかかわらず，業者を排除して，いわゆる直接取引によって相手方と契約を成立させた場合，不動産仲介業者の報酬請求権はどうなるのか。不動産仲介業者が最後まで仲介して契約が成立したわけではないということで，報酬請求は認められないであろうか。この点を検討したものに広中俊雄「委任契約の『解除』」がある[2]。

　広中は，有償委任に民法651条の適用がなされるべきか否かを検討するなかで，委任が委任者のためのみならず受任者の利益も目的とするときは，委任者は民法651条による解除をすることができないとする有名な大判1920（大正9）年4月24日民録26輯を引き合いに出し，この判決の論理からすれば，およそ有償委任には民法651条の適用がないことを指摘した。そして民法651条に代わる解除の準則を求め，その素材として宅地建物取引の仲介をとりあげた。民法651条に代わる解除の準則を立てるということは，仲介を委託した者が契約を解除（正確には解約告知）したときに，業者に対してどのような賠償責任を負うのか明らかにすることであり，更には，その損害賠償と業者の報酬との関係を明らかにすることになる。

　広中は，業者を排除する場合を，仲介委託契約を解除せずに行う場合と解除して行う場合の2つに分ける。仲介委託を解除せずに排除する場合には，判例は信義則によって全報酬の請求を認めるものと，民法130条の適用によって約定の報酬請求を認めるものがある。解除をして排除する場合には，更に2つに分かれ，業者の慣行および取引上の信義則から全報酬の請求を認めるものと，信義則および民法648条3項・651条の類推によって割合報酬の請求を認めるにとどまるものがある。

　広中は，このような下級審の判決の流れをみて，だいたいにおいて妥当な

---

1) 我妻栄『債権各論・民法講義Ｖ3・中巻二』岩波書店（1962年）662頁以下，東京地判1960年11月9日判時245号32頁，東京地判1961年5月31日判時264号23頁。
2) 広中俊雄「委任契約の『解除』」民商法雑誌48巻（1963年）1号37－74頁。

処理方法に近づいてきたと評価した。即ち，仲介委託契約を解除せずに業者を排除する場合には民法130条の適用で解決し，仲介委託契約を解除して業者を排除する場合には民法651条の準用で解決するのが妥当である，と主張する。なぜなら，「取引上の信義衡平の見地」だけではほとんど実際的な判断基準にはなり得ないし，民法648条3項の準用も，同条の適用があるのは既に現実化した部分の報酬請求についてであるから，所期の契約の成立がない限り報酬請求権が全く発生しない宅地建物取引委託には，なされ得ないとする[3]。広中と同趣旨の見解は，明石三郎も主張している[4]。

これに対し，来栖三郎は，仲介委託を解除しないまま直接取引をした場合と，解除したうえで直接取引をした場合で，報酬請求権を認める理由づけを区別するのは妥当でないとする[5]。いずれの場合でも，業者を排除してなされた直接取引において，「業者の仲介によって契約が成立した」と認めるべき場合には，業者は報酬請求権を取得するのであり，その額は，業者の尽力の程度に応じ，建設大臣の告示[6]の最高額の範囲内で相当の報酬額を定めるべきとする[7]。業者の尽力の程度と言っても，不動産仲介業者は，条件にかなう売主または買主を探し出して紹介すれば主要な任務を果たしたと言えるのであるから（もちろんその他にも値段についての交渉を引き受けるということもあろうが），その後，依頼者が仲介委託を解除したり，直接取引で契約を成立させても「業者の仲介によって契約が成立した」とみるべきであり，それを根拠に報酬請求権を認めることができるから，わざわざ民法130条を持ち出す必要はないとする[8]。

来栖は更に，業者の尽力によって契約が成立したとする判断について，具体的ケースではその判断がなかなか困難であって，それを成と否というよう

---

3) 広中・前掲注2) 論文57頁。
4) 明石三郎・民商法雑誌51巻4号704頁。明石には，不動産仲介契約についての詳細な包括的著作がある。「不動産仲介契約の総合的判例研究」(1)〜(7) 判例評論179，180，184，185，187，190，197頁。
5) 来栖三郎『契約法』有斐閣（1974年）72頁。
6) 建設大臣の告示については来栖・前掲注5) 書574頁参照。
7) 同前578頁。
8) 同前572頁以下。

に二者沢一に行うべきではなく、その中間に量的判断もあり得るとして、次の判決の考え方を支持する。

〔判例1〕 広島高岡山支部判1958年12月26日（高民集11巻10号753頁）（後出）
　業者の責に帰すべき事由ではないが、正当の事由があって依頼者が仲介の委託を解除した後、相手方と直接交渉し、契約を成立させた場合、いわゆる「業者を抜いた直接取引」には入らないけれども、業者の尽力が契約成立の一機縁をなしているときは、民法648条3項・641条の趣旨、取引上の信義衡平の見地からして、業者はその行った仲介尽力に対し、それ相当の報酬を請求できる（最高報酬額の10分の2を認めた）。

　来栖説は、648条3項をも1つの根拠として割合報酬を認めるべきことを主張しているが、これについては前にも述べたように広中の批判がある。しかし、私は不動産取引の仲介において、業者を排除した直接取引がなされたときは、報酬請求権は仲介業者の労力に応じて発生し、ただ直接取引によって契約が成立するまでは、それが潜在的であるにすぎないと考えるので、民法648条3項が必ずしも宅地建物取引業者の仲介委託において適用できないとは思えない。
　広中教授は1963年当時、判例の方向について、解除しなかったときは民法130条説、解除したときは民法651条準用説に進んできたと分析されたので、果たして、その後の判例の流れはどうであったかを検討する必要がある。1974年頃までについては、来栖もまとめているが、次の節以下において、現在までの流れを検討する。[9]

第2節　仲介委託契約の解除に民法651条が適用されるとする判例

　大判1920（大正9）年4月24日以降、多くの判例は不動産取引仲介契約に

---

9) 来栖・前掲注5)書570-581頁。

民法651条の適用がないという前提で，それに代わる解除の基準を提供しようとしてきた。しかし，わずかではあるが依然として民法651条の適用を認めるものもある。

〔判例2〕　東京地判1955年5月17日（下民集6巻5号984頁）
　（報酬の約定がある不動産仲介契約において）本件委任の契約解除は受任者たる仲介業者にとって不利益な時期になされたものであるが，民法651条2項により賠償請求できる損害であるためには，契約解除が相手方にとって不利な時期になされたことにより特にこうむった損害でなければならず，仲介業者の報酬請求権はおよそ解除があれば常に失われるものであるから，特別の損害となすことはできない。

〔判例3〕　東京地判1961年4月24日（判時265号29頁）
　（業者を排除した直接取引のために委任契約を解除したケースで報酬の約定はなかった。）委任者は本件不動産の売買周旋委任契約を受任者である不動産仲介業者の不利なる時期において解除したものであり，仲介業者は本来取得しうべかりし報酬額に相当する損害をこうむったものであるから，都告示による最高報酬を支払う義務がある。

〔判例4〕　東京地判1968年2月27日（判時533号46頁）
　不動産売買の仲介委託は準委任であり，その事務処理そのものは委任者の利益のためになされるものであるから，民法651条による解除が認められる。
　売主が不動産仲介業者に対して，希望した期間内（約4カ月）に契約が成立しなかったため仲介委託契約を解除した，2カ月後に，第三者の仲介によって業者が紹介した買主と同じ物件について売買契約が成立した場合，この契約は不動産仲介業者の仲介によって成立したものとは言えないから，業者は報酬を請求できない。

〔判例2〕と〔判例3〕は，原告（不動産仲介業者）が請求の原因において民法651条を主張したために，判決に用いられたと思われるが，同じ報酬請求権の存否について全く逆の結果になるという点が興味深い。いずれにせよ，民法651条が基準として有効でないことを示しているものと受け取れるが，〔判例2〕の論理は，大審院以来の判例の流れからすると問題があろう。〔判例3〕は，結論としては正当であると思われるが，委任契約が解除できるということと，民法651条による解除が直接結びつかない点を見落としているのではないかと思われる。結局，これらの判決に見られる民法651条適用説は，その後の判例には受け継がれなかった。

第3節　仲介委託契約の中途解約が直接取引のための業者の排除にあたらないとされた判例

　仲介委託契約の解除に民法651条が適用されないとすると，それに代わる解除の準則を明確にする必要がある。即ち，どのような解除の場合には損害賠償（または報酬支払い）をしなければならないかである。そこでまず，「不動産仲介業者を排除して直接取引を行った」という場合が，どのような場合であるかを調べるために，仲介委託契約の中途解約が直接取引のためではない（条件説の見方からすれば，中途解約が故意の妨害にあたらない）とされた判例からみてみる。

〔判例5〕　最1小判1964年7月16日（民集18巻6号1160頁）
　不動産売買仲介の委託が正当に合意解除（事実認定は不明確）された後，委託者らの直接取引によって売買契約が成立した場合には，業者がその売買に端緒を与えたとしても，本件程度の斡旋行為では，本人間の直接取引による本件売買契約の成立について因果関係が存するとは言えないので，報酬請求権は認められない（本件では，業者の仲介は値段の折合がつかなかったため不成功に終わった。また，仲介委託の解除は，委託者らが故意に業者を排除するつもりでなされたものではないと認定された）。

〔判例6〕 大阪地判1965年10月11日（判時433号47頁）

　不動産取引仲介業者が買主の依頼によって本件土地売買を仲介したが，価格について一致せず，売主が売渡しの意思をひるがえしたため，その仲介は不成功に終わり，業者が引き続いてその斡旋を試みようとしないままになっていたところ，改めて買主と売主との間で直接売買の交渉がなされ，売買契約が成立した場合，この契約は仲介業者の仲介によって成立したものとは言えず，従って，売主と買主が業者に対する報酬の支払いを免れようとして直接取引をしたものとは認められない（合意された価格は，仲介業者が斡旋した価格よりも坪当たり2000円下回った）。

〔判例7〕 東京地判1971年5月20日（判時643号50頁）

　（不動産取引仲介業者の仲介が，買受人に土地の必要がなくなるなど諸般の事情から不調に終わり，その後，業者が仲介を続行しなかったところ，買主に新たな土地利用の必要が生じ，他の仲介業者の仲介によって土地の売買契約が成立した場合に，次の理由で当初の仲介業者の報酬請求を認めなかった）

　不動産仲介業者が，取引関係からの排除あるいは仲介の妨害を理由に報酬請求権ありとするためには，①排除あるいは妨害にあたるとされる行為さえなかったならば，その仲介行為によって所期の契約が成立したであろうとなし得る場合でなければならず，かつ，②委託者が契約の成立を妨げ，もって仲介報酬支払義務を免れようとする意図を有する場合でなければならない。

〔判例8〕 大阪地判1972年3月28日（判タ278号326頁）

　喫茶店を開業するための土地，家産の買受仲介を依頼された不動産仲介業者が，依頼者の営業用什器等の明細要求に応えないまま手付金の準備要求をしたのは，受任者としての誠実義務に欠けるものであり，依頼者がこの業者の仲介による売買契約の締結を拒否したのは正当である。

　以上の判例のうち，明確に仲介委託契約を解除したものは〔判例5〕〔判

例8〕であり，〔判例6〕〔判例7〕は解除をしていない。しかし，解除の意思表示を行わなくても，仲介が不調に終わったあと，業者がもはや仲介の労をとろうとはしなかったケースであるから，委託者の側では委託契約は終了したものと思い込んでいた場合であり，従って，出し抜いて直接取引を行おうとしたものでない点で，本節において合わせて検討してよいであろう。

これらの判例から，仲介業者の排除が「直接取引」または「故意の妨害」にあたるための一般的要件を引き出すとすれば，〔判例7〕でまとめたように，第1に，排除あるいは妨害にあたるとされる行為さえなかったならば，その仲介行為によって所期の契約が成立したであろうということ(客観的要件)，第2に，委託者が契約の成立を妨げ，もって仲介報酬支払義務を免れようとする意図を持っていたこと（主観的要件）があげられる。この第2点に関連して，直接取引による価格が，当初，業者の斡旋した価格をかなり上回る場合には，業者を排除する意図があったことがより強く推定されることになろう。

第4節　最高裁第1小判1964年1月23日以前に仲介業者の報酬請求権を認めた判例

後でも述べるが最1小判1964年1月23日〔判例14〕の後の判例は，この最高裁判決の影響を受けて民法130条説に立つものが大多数となったが，この判決以前の状況は，全く異なっていた。以下に述べる判例は，報酬の約定がない仲介委託において，業者を排除した直接取引がなされた場合に，仲介業者が建設省の告示等に定める報酬の最高額を請求できるかをめぐって争われたものである。この場合，判断の基準は，仲介契約が結ばれた当該地域において，特約がない場合には仲介業者が報酬の最高額を請求できるとする慣習が存在するか否か，である。

---

10) 仲介業者が，什器等の明細書を要求した委託者に対し「そんなこまかいことを言うのならやめとけ，登記簿謄本を返してもらいに行く」と告げ，翌日，委託者が翻意を説得したが成功せず，仲介を断念した，というのであるから解除とみてよいであろう。判タ278号327頁2段目以下。

1 実定法上の根拠を示さずに最高報酬請求の慣習を認めた判例

〔判例9〕 東京地判1958年6月13日（判時157号24頁）

依頼者は業者から物件の案内をうけた以上は，売主との直接交渉で売買契約を結んだ場合でも，仲介依頼の主目的を達したわけであるから，衡平の見地からみて報酬全額の支払義務がある。

東京都においては不動産仲介業者は告示最高額の報酬をうける慣行がある。

〔判例10〕 東京高判1959年6月23日（下民集10巻6号1324頁）（〔判例9〕の控訴審）

〔判例9〕と同じ判断に立ち，仲介委託者からの控訴を棄却した。

〔判例11〕 東京地判1962年12月3日（判時328号28頁）

仲介業者に対して適当な土地の売買の斡旋を依頼し，その業者から特定の土地の紹介を受け，これを契機としてその土地の売買契約が成立するに至った場合において，業者の格別の尽力がなく，当事者の直接の交渉によって売買が成立したときといえども，その業者がかかる尽力をしなかったことが業者自身の責任でなく，むしろ委託者において業者に尽力の機会を与えなかったためである限り，業者は委託者に対し，自己の尽力によって売買の成立をみるに至った場合と同様の報酬を請求し得る。なぜなら，この種の仲介行為においては，適当な相手方を紹介することが，その眼目をなす行為だからである。

東京都においては不動産売買の仲介業者が仲介の依頼を受け，売買を成立せしめた場合には，たとえ報酬の支払いおよびその額について格別の約定がなされなかったときでも，なお都知事の定める最高報酬額を請求し得るとする商慣習が存在する。

以上の3つの判決は，業者を排除した直接取引において，最高報酬の請求を認めたものであるが，実定法上の根拠がないために，〔判例11〕にみられるような論理，即ち，仲介行為においては適当な相手方の紹介が報酬の対価

であること，仲介業者が尽力しようとしても委託者が，それを排除したこと，を用いている。しかし，このような要件だけでは，一般的すぎるため，後述の1964年の最高裁判決以降，このような理由づけをするものは現れていない。また，東京都において，告示の最高額の報酬支払いをする慣習が存在するとする点についても，〔判例11〕の後，それを認める判決は，1984年（後述）まで姿を消し，ほとんどの判決が，そのような慣習の存在を否定したのである。この点で，裁判官は一体，どのようにして慣習の存否を認定するのか知りたいものである。更に進んで，慣習というものに，どこまで法的基準として頼ることができるのか，ということをもう一度，深く検討する必要がありそうである。

2 民法130条に触れずに，相当な報酬を認めた判例

〔判例12〕 東京地判1957年8月15日（判時126号18頁）

　　土地建物を買いたい者が，それらの仲介を業としている者に対し，その斡旋を依頼したときは，特に反証のない限り相当の報酬を支払う意思であったとみるべきであり，報酬額について合意がないときは裁判所が諸般の事情を斟酌して決定すべきである。都知事の告示は，もっぱら不当の金額を請求することのないように，取り締まることを目的としてその最高限度額を示したにすぎず，委任者が当然にその額を支払う義務はない。

〔判例1〕 広島高岡山支判1958年12月26日（高民集11巻10号753頁）（再掲）

　　（この判決は，事件を業者を排除した直接取引とは認めなかったのに，民法648条3項・651条の趣旨，信義則から，相当の報酬を認めたものであった）

〔判例12〕は，業者を排除した直接取引の場合に，なぜ報酬請求権が認められるかという根拠について全く触れない特異なものであり，あまり参考にはならない。〔判例1〕は，業者を排除した直接取引でないと認めながら報酬請求を認めた点で注目される。即ち，業者の尽力によって売買契約が成立した場合と，業者を排除した直接取引の両者を完全に2つに峻別してしまう

のではなく，業者の尽力の度合い，委託者の業者排除の態様によって，その間にさまざまな量的強弱のある段階が存するととらえたのである。[11]

第5節　民法130条を適用した判例

1　報酬の約定がある場合

仲介委託の解除をせずに業者を排除して直接取引をした場合に報酬請求権を認めることについては，既に1953年に信義則を理由に認めた判決が出ている[12]。しかし，民法130条により報酬請求権を認めたのは，おそらく1955年の東京地裁判決が最初であったと思われる。

〔判例13〕　東京地判1955年7月8日（下民集6巻7号1347頁）
　宅地建物取引業者に宅地建物の売買を依頼した者が，業者を排除して直接にその業者から依頼者の名を聞き出した他人と売買契約を結んだ場合，この業者は民法130条により約定の報酬を請求できる。

そして，これを承認する最高裁の判決が登場した。

〔判例14〕　最1小判1964年1月23日（民集18巻1号99頁）
　山林売却の斡旋依頼とともに，成功したおりに報酬金を支払う旨の停止条件付契約がなされた場合において，委任者が受任者を介せずこの山林を他に売却したときは，受任者は条件が成就したものとみなして約定報酬を請求できる。

以上の2つの判決は，約定の報酬全額の請求を認めたもので，画期的なものと言える。ただし，〔判例14〕の最高裁判決は，本章の主題からすると特殊なものであった。まず，受任者は不動産仲介業者ではなく，委任者の債務

---

11) 来栖『契約法』573頁以下参照。
12) 大阪地判1953年12月22日下民集4巻12号1919頁。

者で，委任契約の目的達成によって債務免除を約束された者であり，しかも明確に停止条件付報酬支払契約を締結していた。そのために，判決の中で，委任契約を解除すれば報酬支払いを免れたかのような表現がなされている。更に，受任者が予備的に主張した，期待権侵害に基づく損害賠償も認めたが，これと民法130条との関係について不明であった。しかし，次の〔判例15〕が出るに及んで，業者を排除した直接取引に民法130条が適用されることは確立するに至った。

〔判例15〕 最1小判1970年10月月22日（民集24巻11号1599頁）
　土地等の買受人が，その買受けにつき宅地建物取引業者に仲介を依頼し，売買契約成立を停止条件として報酬支払いの約束をしたのに，買受人がこの業者を排除して直接，売渡人との間に契約を成立させた場合において，この契約の成立時期が業者の仲介活動の時期に近接しているのみならず，当時その仲介活動により買受人の希望価額にわずかの差が残っているだけで，まもなく買受契約が成立するに至る状態にあり，しかも，買受契約における買受価額が業者と買受人が下相談した価額をわずかに上回る等の事情のあるときは，買受人は，業者の仲介によってまもなく買受契約の成立に至るべきことを熟知して故意にその仲介による契約の成立を妨げたものというべきであり，業者は停止条件が成就したものとみなして，買受人に対し約定の報酬を請求し得る。

〔判例16〕 大阪地判1972年4月25日（判タ282号356頁）
　不動産の売却の仲介を依頼した者が，正当な事由なく不動産仲介業者を排し，その媒介行為を利用して買主と直接取引をして，仲介業者に対する報酬支払いを免れようとしたときは，仲介により売買契約が成立した場合に支払うべき報酬額から直接取引により仲介者が支出を免れた費用を控除した額を，依頼者は支払う義務がある。

　このように約定報酬額を支払うべきという考え方は，やがて，仲介委託契

約を解除して直接取引を行った場合にまで拡大された。

〔判例17〕　東京高判1977年2月25日（判タ352号196頁）
　不動産取引業者の仲介により売買契約が成立する間際になって委託者が仲介委託を解除し，業者に紹介された者との間で直接売買契約を締結したときは，取引業者は仲介報酬を請求できる。

2　告示の最高額の報酬を支払う慣習の存在を否定した判例

　いままでみてきた判例は，予め，当事者が，報酬額を約定していた場合であった。当事者が報酬額を約定していない場合には，仲介業者が建設省告示(1970年10月23日第1552号)[13]に定める最高報酬額を請求することができるかどうかが問題となる。この場合，それを決定する基準は，仲介契約が結ばれた当該地域において建設省告示（1970年以前は都道府県告示）が定める最高報酬額を請求できるとする慣習が存在するか否かである。以前の判例には，慣習の存在を認めて最高報酬の請求を認めたものもあったことは，既に述べた。しかし，それらは少数で，しかも民法130条には全く言及していない。これに対し，〔判例14〕以降は，民法130条を適用したうえで，慣習の存在を認めないものが相次いでいる。

〔判例18〕　東京地判1969年5月2日（判時571号61頁）
　不動産取引業者が，委託者の希望条件と一応合致する物件を紹介した場合には，その後，委託者が業者を排除した当事者間で直接交渉して売買契約を締結しても，民法130条の法理により業者の尽力によって売買が成立したものとして，商人たる業者は委託者に対し商法512条により相当の報酬を請求し得る。
　当事者間に報酬額の定めのない場合に，都知事の告示が定める最高報酬を請求できるとする慣習の存在を認めることはできない。

---

[13] この告示以前は，宅地建物取引業法の旧17条（現46条1項）に基づき都道府県の告示ないしは規則で定めていた。

〔判例19〕 大阪地判1969年11月19日 (判時599号60頁)
　　（この判決は前の判例18と同旨である）

〔判例20〕 大阪地判1971年10月1日 (判時676号57頁)
　不動産仲介の依頼者が仲介業者を排除して直接取引をした場合，民法130条の法理により，業者の尽力によって契約が成立したものとして相当額の報酬を請求できる。
　不動産仲介契約の解除が，報酬の支払いを免れる目的に出たものであると同時に，仲介者の力量の不足等により依頼者が不安を感じ，現に取引交渉が行詰まりの状態にあるため，この仲介者に代えて経験，知識，説得力のより豊かな仲介人を振り向ける目的にも出たものである場合には，民法130条による報酬請求権をそのままに肯認することができず，民法648条3項・651条の趣旨により減額される。

　〔判例18〕〔判例19〕は，報酬額の相当性を導き出すために商法512条を用いたが，前にも述べたように，このような一般的規定では，額を決定する基準としては適当でなく，他に〔判例25〕〔判例26〕があるけれども，あまり有力な考え方とは思えない。
　〔判例20〕は，仲介業者の力量に不安を感じ，別の仲介者に依頼して契約が成立したもので「業者を排除した直接取引」にはあたらないが，仲介業者がかなりの程度まで奔走した後，同一物件について契約がまとまったケースであり，〔判例1〕の事実と似ている。そのために，ある程度，仲介業者に報酬を認めるべきである点については異論がないが，判決は，民法130条の（法理）適用を認めたうえで，民法648条3項・651条の趣旨により減額した。このように割合報酬という結論を引き出すのであれば，民法651条を持ち出す必要はなく，648条3項で十分であるし，民法130条を引き合いに出す必要もなかったのではないかと思われる（〔判例1〕参照）。また，委託者が仲介業者の力量に不安を感じて解除したのであれば，そもそも「故意に条件成就を

妨害した」ことにあたるかどうかも疑問であろう（後出，〔判例23〕〔判例24〕参照）。このように，〔判例20〕には疑問点が少なくないために，その後の判例は減額の根拠として，特定の条文をあげるのではなく，仲介業者の具体的な尽力・寄与の度合いをものさしにして，金額決定の根拠とするようになった。

〔判例21〕 東京地判1981年6月29日（判時1022号74頁）
　不動産売却の仲介委託をした者が，不動産業者を排除して直接取引をした場合，民法130条の法理ないしはその基礎となる信義則の法理から言って，不動産業者はその媒介行為が本件不動産の売買契約成立に寄与したと認められる程度に応じて，委託者に対し報酬を請求することができる。

〔判例22〕 名古屋地判1983年12月16日（判時1111号127頁）
　（この判決は前の〔判例21〕と同旨である）

　〔判例21〕〔判例22〕とも業者を排除した直接取引において民法130条の適用を認めるが，近時の判例の傾向として，直接に適用すると言わないで，法理を適用するという言い回しが用いられているが，どうも気にかかるところである。
　更に，〔判例21〕は，130条の適用を認めながら，同時に括弧書において商法512条により報酬請求を認めると言っており，両者の関係が不明確である。従って〔判例22〕の方が明快である。
　業者の寄与度に基づく報酬額の決定については，〔判例21〕は，業者は本件不動産の資料を委託者から受け取り，これを相手方に交付して本件物件の概況を知らせ，また委託者にも仲介の状況を知らせたにとどまるから寄与度は大きくないと判断し，同時に不動産取引においては取引の相手方となるべき希望者を探し出すことは，それ自体，以後の契約の成否を左右する重要な契機であることを考慮して，建設省告示に定める報酬額の約6分の1を認容した。〔判例22〕も，相手方を紹介することの重要性を考慮したうえで，業者が委託者から本件物件の売却媒介を頼まれた後，新聞広告等を利用して広

く購入希望者を捜す等はしなかったのみならず，特定の1人の買受希望者しか紹介しなかったこと，その特定人が本件物件を購入したい希望を有していたことを委託者自身が業者に教えられる前に不確実ながら知っていたこと等を判断し，建設省告示に定める報酬額の約3分の2（業者は2人いるので合わせて）を認容した。

3 信義則について

民法130条が適用されるためには，条件付義務者（委託者）が，条件の成就を故意に妨げたことが必要である。この場合，故意とは結果の発生を意欲したことだけでは不十分であって，それが信義則に反するものであることを必要とするのが判例である。

〔判例23〕 東京地判1969年5月22日（判時570号67頁）
　（複数の業者に不動産買受の仲介を依頼した者が，同一物件につき低額を提示した仲介業者を通して売買契約を締結したところ，高額を提示した業者から民法130条に基づき報酬支払いの請求を受けた事件において）宅地建物取引業者が，自己を排除して不動産取引契約を成立させた依頼者に対し，民法130条によって自己の仲介によりその契約が成立したものと看做して報酬請求権を行使できるためには，その業者排除行為が委任者の誠実義務に違反し信義の原則に反することが必要であり，買主が数人の仲介業者に委任したときは，原則として全員に媒介の可能性を与える誠実義務がある。
　依頼者の誠実義務は仲介人の誠実義務に対応するものであるから，仲介人は依頼者にできるだけ有利かつ迅速に契約を成立させるよう努力すべき誠実義務があるのに，高額の代金を提示するとか交渉を困難にするなど義務違反をなすおそれが大きい場合には，その仲介人の排除を認めないと不公平である。

〔判例24〕 東京地判1975年12月24日（下民集26巻9-12号1041頁）
　（依頼者が偶然に他の不動産業者の所で見た本件不動産の価格が，原告たる不動産業

者の告げた価格よりも100万円以上も安かったために，原告に対し強い不信感を抱いて，中途で仲介契約を解約し，他の業者を仲介人として同一の不動産を買い受けた事件において）条件の成就によって利益を受ける当事者に条件が成就したとみなす権利が発生するためには，条件成就によって不利益を受ける当事者が，その行為によって条件成就が妨げられることを認識しつつ妨害行為をなしたというだけでは足りず，条件成就の妨害が信義則に反するものであることを必要とする。

〔判例23〕〔判例24〕とも結論は妥当であろう。ただし，〔判例23〕の言う，委任者および受任者の誠実義務なるものは，今まであまり言及されたことがなく，受任者の「善良な管理者の注意義務」(民法644条)との関係を深める必要があろう。

第6節　民法130条以外の根拠により報酬請求を認めた判例

1970年の最高裁判決〔判例15〕以降，判例の流れは民法130条説に大きく傾いてきたが，それでも民法130条の適用に触れずに，あるいは積極的にそれをしりぞけて，他の根拠によって報酬請求権を認める判例が存在する。

1 商法512条を適用するもの

民法130条以外の根拠によるものでは，商法512条を引き合いに出すものが最も多いようである。

〔判例25〕　大阪地判1972年11月13日（判タ291号345頁）
　宅地建物取引業者が仲介委託者の委託解約により，直接に売買契約成立まで仲介をしたのではない場合でも，委託者が業者の仲介に基づき本件物件を知り，かつ相手方に引き合わされて売買交渉を持つに至り，また，仲介の日と近接した日に売買契約を成立させたときは，商法512条の趣旨により，業者は委託者に対し相当の報酬請求権を有する。

この判決は，括弧書の中で民法130条の適用も認めると言っているので，両者の関係がよくわからないけれども，おそらく〔判例18〕〔判例19〕と同じ考え方に立っているのであろう。

〔判例26〕　仙台高判1973年1月24日（判時715号68頁）
　不動産仲介業者を排除した直接取引がなされた場合に，仲介業者と委託者の間に報酬についての定めがなくても，商人たる仲介業者は仲介契約と売買契約との間に因果関係が存する以上，商法512条により相当の報酬を請求し得る。
　この事件では，仲介業者は民法130条による条件の成就を主張したのに対し，裁判所はそれには触れずに，簡単に商法512条を引き合いに出した。従って，〔判例25〕と〔判例26〕の間には微妙な差があるが，いずれにしても商法512条は商人の報酬請求権についての一般的な規定であって，これから直ちに両判決のような結論を引き出すことには飛躍があるように思われる。

2　民法648条3項を適用した判例

〔判例27〕　東京地判1972年11月15日（判時698号75頁）
　売主が最初に言った売値と最終的に定まった代金額との間に相当大きな開きがあり，その金額の差は被告たる買主が直接交渉を行った結果生じたものであるから，買主が仲介業者を排除しなければ業者の仲介による契約が成立したであろうと直ちに断定することはできない（故に，商法512条による相当額の報酬の請求は否定する趣旨のようである——筆者）。しかし，原告たる仲介業者が被告に一応適当と思われる物件を紹介し，その後その物件について売買契約が成立した以上，原告は契約成立の機縁を作り，これに相当の寄与をしたものとして，民法648条3項の準用により，寄与の程度に応じた報酬請求権を取得する。

　この判決は，原告が民法130条の適用を主張しなかったので裁判所も触れ

なかったようである。原告は当時の建設省告示の定める報酬額を請求し得る慣習の存在を主張したが，裁判所は認めなかった。以上の点からすると，前出の〔判例20〕に似た考え方といえる。これに対して次の〔判例28〕は，原告が民法130条の適用を求めたのに対し，熱をこめてそれを否定し，直接に民法648条3項を適用すべしと判決した。ただし，事実は「業者を排除した直接取引」ではなく業者の紹介した物件を断って，別の物件を契約したものであるから，本章のテーマからすると直接の参考にはならない。

〔判例28〕 東京高判1975年6月30日（判時790号63頁）
　不動産売買仲介の委託者が仲介業者から恰好の給付を提供されたにもかかわらず他と契約を結んだ場合，仲介による売買の成立が単に仲介業者の報酬請求権発生の条件にとどまらず，有償契約の対価関係それ自体であること，および委託者に業者の提供を受領拒絶する自由があることを考えれば，仲介業者の報酬請求に民法130条の適用はない。しかし，委託者に信義則に反する行為があった場合には，民法648条3項により仲介業者に割合報酬請求権が認められる。

　この判決は売買契約の成立が，報酬請求権発生の条件であるだけでなく，有償契約の対価そのものであるとして，民法130条の適用をしりぞけたが，独自の判断に立つものと言えよう。即ち，前述のように不動産仲介契約における対価とは，業者の提供する情報および契約成立へむけてのサービスと，委託者（および売買契約の相手方）の支払う報酬を指すのであって，売買契約の成立は報酬請求権発生のための条件にすぎないとするのが判例・通説だからである。しかも，この判決では，いまだ発生していないとする報酬請求権の一部の支払いを認めるという論理矛盾にもおちいっている。

3 期待権侵害として民法709条を適用した判例

〔判例29〕 新潟地判1977年8月25日（判時879号131頁）
　仲介委託契約の存続中に売却依頼者が仲介業者を排除して直接取引をし

た場合，その取引成立時期が業者の仲介活動の時期に近接し，価額も仲介時に下相談した価額をわずかに上回るなどの事情があるときは，依頼者は仲介による契約成立を故意に妨害したものと解するのが相当であり，仲介業者の報酬請求に対する期待権を侵害したものとして，民法709条により損害賠償の責を負う。

業者を排除した直接取引が，報酬に対する業者の期待権侵害ととらえられる可能性については，既に〔判例14〕が，傍論において認めていたことは前述のとおりである。本判決は，原告が民法130条ではなく，709条によって損害賠償を求めてきたのに対し，正面からこれを認めたもので注目される。同時に，この判決は，委託者だけでなく，売買契約の相手方にも請求できたはずの報酬相当額を[14]，新潟県宅地建物取引業協会の報酬規定に基づいて算出し，それをも損害として賠償請求を認めた点でも注目される。

しかしながら，条件成就を故意に妨害した場合の民法130条の規定が，一般に言われるように条件付権利（期待権）の侵害を禁じた民法128条の特則であるととらえるならば，やはり民法130条の規定がまず適用されることになるのではないだろうか。

第7節　報酬額の決定について

以上のように，不動産仲介業者を排除した直接取引がなされた場合，現在では，報酬の約定があるときは，〔判例15〕で述べられた要件を満たせば仲介業者は民法130条により条件成就とみなして約定報酬金額を請求し得る。報酬の約定がないときは，仲介業者の具体的な寄与度に応じて割合報酬を認める方向が，判例の主流になってきている。そこで最後に，直接取引の場合に限定せずに，一般的に報酬の約定がない場合に，どのようにして業者の報酬額を決定するのか，について判例の流れを概観する。

---

14) 委託を受けない当事者に対する報酬請求権については，最2小判1975年12月26日判時802号107頁を参照。

〔判例30〕 最3小判1988年2月12日 （判時325号6頁）
　商人たる宅地建物取引業者が，不動産売買の仲介の委託を受けて委任事務を処理したときは，商法512条により，特約がなくても当然に相当の報酬を請求することができる。

　商人が請求できる相当の報酬の額については，特約のない限り，行為の性格や経済的貢献の程度，商慣習などを勘案して，社会取引観念上，妥当と認められるものにならざるを得ない。不動産売買の仲介の場合には，宅地建物取引業法46条1項に基づく1970年10月23日建設省告示第1552号により算定した最高額の報酬を考慮に入れなければならない[15]。そのうえで，成立した売買契約における取引額，媒介の難易，期間，労力その他の諸般の事情が斟酌されて具体的に決定されることになる。

〔判例31〕 最3小判1968年8月20日 （民集22巻8号1677頁）
　（当時の宅地建物取引業法17条1項に基づく愛知県宅地建物取引業者の報酬額に関する規則〔1952年，愛知県規則第59号〕の定める最高額の報酬を認めた原判決を破棄して）県の規則は，業者が不当に多額の報酬を受領することを抑止する目的で報酬の最高額を定めたものと解すべきであり，具体的な報酬額は各場合における取引額，媒介の難易，期間，努力その他の諸般の事情を斟酌して決めるべきである。
　最高額による請求を認容するためには，報酬としてその最高額が授受されることが通常であるとか，慣行とされているということを示さねばならず，その慣習が存在するとするためには，それを首肯するに足りる合理的根拠が必要である。

　この〔判例31〕は，その後の判決に大きな影響を与え，下級審はこの線に

---

15) 200万円以上は100分の5，200万円以上400万円以下は100分の4，400万円以上は100分の3。私見では全般的に高すぎるように思われ，特に400万円以上については，十分な規制にはなっていないように思う。

沿って判決を下してきている[16]。また，直接取引についての〔判決18〕〔判決19〕も，この影響を受けて，商法512条により割合報酬を認めたし，〔判決27〕〔判決28〕もその線上で理解できる。

商法512条に基づく報酬請求権が成立するためには，業者の仲介の結果，売買契約が成立したことを要するが[17]，いったん成立すれば，その後，契約が履行されることまでは問わない。いったん成立すれば，その後に売買契約が合意解除されても報酬請求権は影響を受けない[18]。

そして，最高額による報酬支払いの慣行を認めた珍しい判決が現れた。

〔判決32〕 東京高判1984年12月17日（判時1140号84頁）
　東京都内においては，不動産売買の仲介をした業者は，特別の事情がない限り，建設大臣の定めによる最高額を報酬として請求しているのが一般的である。本件では，仲介業者の労力も少なく，契約成立までの期間も短かったなどの特別事情があるので，法定額の70％を認める。

この判決が，最高報酬支払いの慣習を12年ぶりに認めたと言えるのかは疑問であって，結論は業者の寄与度に応じて額を決定しているのであるから，およそ，業者の寄与度を特別事情の中に入れて判断する限り，一般的な慣習の存在を認めても，無意味であろう。

---

16) 東京高判1974年9月10日判時760号63頁，東京高判1975年5月22日判時784号103頁他多数。
17) 大阪高判1968年11月28日判時550号68頁，東京地判1977年12月7日判時902号104頁など。なお，前出の〔判例26〕では，仲介行為と売買契約成立の間の因果関係という表現を用いている。
18) 前掲注17)の大阪高判1968年11月28日，函館地判1967年9月4日判時504号82頁，大阪高判1981年10月30日判時1043号123頁。

第8節 ま と め

　不動産取引仲介業者に不動産売買の委託をした者が，業者を排除して直接取引をしたときに，民法130条を適用して約定報酬あるいは業者の寄与度に応じた割合報酬を認めるという近時の判例の流れは正当であろう。来栖の言うように，委託者が仲介契約を解除せずに業者を排除したのか，それとも仲介契約を解除したうえで直接取引をしたのかは，もはや重要な区別ではない。解除した場合にも報酬請求を認めることになれば，解除した段階で業者と委託者の法的関係は終了するので，報酬請求権成立の根拠を明らかにする必要がある。即ち，業者の報酬請求権は，売買契約成立の対価なのではなくて，契約成立に至るまでの業者の尽力，とりわけ委託者および相手方に提供した情報の対価として存在するのである。ただし，それは契約成立という停止条件にかかっている。その意味で，業者の報酬請求権は，法的保護に値する期待であって，〔判例29〕が指摘したように1つの期待権なのである。

　民法130条を適用することになると，条件成就のときの報酬請求を認めることになり，割合報酬にとどめるべきという判断と調和しない。そのため多くの判例が，民法648条3項や651条および商法512条の手を借りて減額の工夫をしている。商法512条の不十分さについては前述したが，民法651条の場合も，それまでの労働の対価を損害賠償として支払うという構造であるが，不動産取引仲介行為の場合，労働はすでに完了し，期待権が発生している場合がほとんどなので適切でない。648条3項も，中途解約した場合に，それまでの労働の対価を，既発の報酬として支払うという構造であり，後でみるように不十分である。民法130条説に立ちながら割合報酬を認める判例をみると，〔判例21〕は，民法130条の法理ないしはその基礎となる信義則の法理から報酬請求権を認め，その額の決定については最後まで業者の媒介行為によって契約が成立したわけではないから，その中間的媒介行為が契約の成立に寄与した度合いなど諸般の事情を考慮して，相当と認められる限度にとどめるべきとしている（告示額の約6分の1を認めた）。近時の判例が，このように

具体的事情から判断する傾向を強めていることは既に述べたとおりである。また仲介契約に用いられる約款の1つである専任媒介契約約款にも，専任媒介契約の有効期間内または有効期間の満了後3年以内に，依頼者が仲介業者の紹介によって知った相手方と，業者を排除して目的物件の売買または交換の契約を締結したときは，業者は依頼者に対して契約の成立に寄与した割合に応じた相当額の報酬を請求することができる（11条）と規定されている[19]そうなので，その規定の当否は別として，この傾向は強まるであろう。

　しかし，報酬額を決定する実際の判断が，必ずしも仲介業者の労力に応じてということではない点に注意しなければならない。契約が成立しようとしまいと，業者の尽力は現実にはほとんど終了しており[20]，期待権は既に発生している。従って割合を決定する根拠となるのは，労力に応じてではなく，結局，「衡平の観念」ということになろう。〔判例21〕をはじめとして多くの判例が，不動産取引においては，取引の相手方となるべき希望者を探し出すことが，それ自体以後の契約の成否にかかわりを持つ重要な契機であると述べていることからしても，業者の「契約の成立に寄与した度合」が，実は業者の労力の程度を指すものでないことが十分に読みとれるはずである。

---

19) ジュリスト829号96頁以下の山崎悠基の判例批評の中の97頁2段目参照。
20) 来栖『契約法』572頁以下参照。

あ と が き

　条件理論は，私が京都大学大学院に入学して最初に取り組んだテーマであった。本来なら20年くらい前に出版すべきであったが，保険契約の法的性質のところで行きづまってしまい，十分な答えが見いだせないまま時間だけが過ぎてしまった。このままでは，永久に凍結することになるので，期待権の新しい動きを書き加えて出版することにした。法律文化社の秋山泰さんには，また，いろいろとご尽力をいただき，とても感謝している。

　法学的ドグマーティクの勉強は，技術としての法律学を勉強するためには避けては通れないものである。紛争当事者や法律家が十分に納得できないような解釈では，法律学としては意味がない。しかし，日本においては，「取消しや解除の遡及効」といった解釈にみられるように，理論的な一貫性という観点からすると，とても納得できるものではないような解釈が通説として大手をふるっている。その中でも，通説に批判的な考え方を貫いたわずかな先達がいた。於保不二雄，四宮和夫である。ドイツではブロマイヤーがいた。法的な論理に対する彼らの精緻な議論は，当時の私にとってはまぶしく感じられた。3人から得たものは，その後，法学から他の分野に研究範囲を広げるときにも大いに役立った。研究者として出発した若い時期に，この3人の研究に学ぶことができたことは幸せだった。

　研究者になろうとしたきっかけは，1968年の秋に拡がった大学紛争であった。その中で素晴らしい友人達にめぐまれ，生まれて初めて「人生について真剣に考える」ことができたように思う。京都大学大学院の法学研究科に進学してからも，研究環境はとても恵まれていた。法学に限らず，他の分野の学問も積極的に吸収することができた。私の研究能力がもし評価に値するとしたら，それは11年間の京都大学時代に，多くの友人達の中で刺激を受けて育まれたものである。

　法学のドグマーティクについては，指導教員であった林良平先生，磯村哲

先生から多くのことを教わった。さらに当時の大学院の，岡徹氏，佐賀徹哉氏をはじめとする多くの先輩達からも数え切れないくらいの教えを受けた。それに比べると，私が書くことができたものは貧弱であるが，しかし，私の唯一のドグマーティクの分野における成果として，そろそろまとめなければならないと考えて，公刊することにした。批判をいただければ幸いである。

  2005年7月

著　者

人名索引

あ 行

アイヒェンホーファー ……………… 169
明石三郎 ……………………………… 239
イェーリンク ………………………… 70, 99
石田文次郎 …………………………… 146
石田満 ………………………………… 229
ヴィントシャイト ……………………… 65, 96
ウォルフ ……………………………… 177
梅謙次郎 ……………………………… 28
ウルピニアヌス ……………………… 37
エンデマン …………………………… 138
エンネクツェルス …………………… 100
大森忠夫 ……………………………… 220, 232

か 行

ガイウス ……………………………… 42
ギールケ ……………………………… 123
キューネ ……………………………… 118
クヤキウス …………………………… 50
来栖三郎 ……………………………… 239
コーラー ……………………………… 139
コクツェーイ ………………………… 51

さ 行

末川博 ………………………………… 146
ゼ ル ………………………………… 63, 96

た 行

ツァシウス …………………………… 48
ツィーグラー ………………………… 50
ドネルス ……………………………… 50
富井政章 ……………………………… 27

な 行

中馬義直 ……………………………… 213
西島梅治 ……………………………… 234
ノイナー ……………………………… 124

は 行

パウルス ……………………………… 39
バルトルス …………………………… 46, 95
広中俊雄 ……………………………… 238
フィッティンク ……………………… 68, 98
フォン・トゥール …………………… 102, 125
ブリューガー ………………………… 105, 125
ブリュッセル ………………………… 49
ブルンス ……………………………… 124
ブロマイヤー ………………………… 104, 111
ヘルヴィヒ …………………………… 138
ボールド ……………………………… 165
穂積陳重 ……………………………… 27
ボルネマン …………………………… 61
ポンポニウス ………………………… 41

ま 行

宮島尚史 ……………………………… 223
森井英雄 ……………………………… 206

や 行

米倉明 ………………………………… 146, 173, 214

ら 行

ラーレンツ …………………………… 108, 177
ライザー ……………………………… 106, 147, 157, 158
リュール ……………………………… 156
レッグス ……………………………… 156

事項索引

あ 行

意思の拘束 (Gebundenheit des Willens) … 97
委託契約 (bailment contract) ………… 164
移転的 (translativ) 譲渡 ……………… 103
移転的擬制 (fictio translativa) ………… 46
訴えの原因 (Klage-Causa) ……………… 48
オッカムのカミソリ …………………… 188

か 行

嫁資の優遇 ……………………………… 37
割賦販売 (hire-purchase) 契約 ………… 156
慣 習 …………………………………… 249
期限付義務負担行為 …………………… 111
期限付権利移転 ………………………… 130
期限付債権 ……………………………… 112
期限付処分行為 ………………………… 122
危険負担 ………………………………… 32
帰国権 (ius postliminii) ………………… 39
期待 (Anwartschaft) …………… 5, 7, 87
期待権 ………………………… 11, 93, 259
業者の寄与度に基づく報酬額の決定 …… 251
契約締結過程における期待 …………… 20
契約の解除 (recission) ………………… 155
契約の双務性 …………………………… 232
厳格な引渡し (Tradition) 原則 ………… 59
厳格な引渡し主義 (Traditionprinzip) … 62
建設大臣の告示 ………………………… 239
権利失効 (Rechtverwirkung) ………… 76
権利の積極的効力 (aktive Wirkung) … 71
権利濫用 ………………………………… 203
合意に基づく (konsensual) 契約理論 … 51
後順位相続人 (Nacherbe) ……………… 135
衡平 (aequitas) ………………………… 47

――の観念 ……………………………… 260
――の原則 ……………………………… 222
候補自由人 ……………………………… 36

さ 行

債権的な逆戻し (Rückabwicklung) …… 74
債務への期待 (spes debitum iri) ……… 49
差押え問題 ……………………………… 182
システム形成の基準 …………………… 189
システム適合性の基準 ………………… 187
失権命令 (decree of foreclosure) ……… 151
実体的 (materiell) 遡及効理論 ………… 47
質の成熟 (Pfandreife) ………………… 149
条件 (condicio) ………………………… 35
　――の本性 (Natur) …………………… 64
条件成就後の対物訴権 (actio in rem) … 44
条件付義務負担行為 …………………… 115
条件付権利 ……………………………… 93
条件付処分行為 ………………………… 140
条件付所有権移転 ……………………… 145
使用取得 (usucapio) …………………… 39
商人間の転売授権 ……………………… 213
所有権 (dominium) …………………… 123
所有権留保 ……………………………… 145
　――契約 (pactum reservati dominii) … 154
　――売買 ……………………………… 197
信義則 …………………………………… 252
信託遺贈 (fidei commissum) ………… 38
推定相続人 ……………………………… 17
制裁 (Sankiton) ………………………… 120
清算＝差額の後払義務 (deficiency clause) … 162
請戻権 (right of redemption) ………… 162
請戻権喪失 (foreclosure) ……………… 151
設定的 (konstitutiv) 譲渡 ……………… 103

善意取得 ………………………… 199
1925年の財産法（Law of Property Act of 1925）………………………… 128, 151
先順位相続人（Vorerbe）……………… 136
先占行為（Aneignungshandlung）……… 149
前段階効（Vorwirkung）…………… 69, 118
専任媒介契約約款 ………………… 260
占有質（Faust pfand）原則の再生 …… 59
占有媒介者（Besitzmittler）…………… 133
相殺の期待 ……………………………… 19
想定（Unterstellung）………………… 115
相当性（Adäquatheit）の基準 ………… 190
遡及効（Rückwirkung）………………… 68
遡及効（Rückziehung）………………… 68
損害賠償請求権の実現方法 …………… 185

た　行

第三者異議の訴え ………………… 174, 193
大数の法則 ……………………………… 228
他物権（ius in re aliena）……………… 123
短期期待 ………………………………… 7
註解学派（Kommentatoren）…………… 46
中間処分 …………………………… 33, 61
長期期待 ………………………………… 7
賃貸借売買（hire-purchase）…………… 155
停止期限 ………………………………… 28
適切な治療を受ける期待権 …………… 21
適法原因（iusta causa）………………… 44
転売授権 …………………………… 16, 208
統一条件付売買法（Uniform Conditional Sales Act）………………………… 163
統一譲渡証明書 ………………………… 215
動産抵当（chattel mortgage）……… 148, 151
動産売買の先取特権 …………………… 170
飛ばし契約 ……………………………… 22
取り返し得る所有権（dominium revocabile）………………………………… 123
奴　隷 …………………………………… 36

は　行

売却質（Verkaufpfand）………………… 148
配当要求 ………………………………… 175
派生的（derivativ）所有権取得 ………… 77
裸の所有権（nuda proprietas）………… 124
復帰的物権変動 ………………………… 193
物権的期待 ……………………………… 106
物権的合意（Einigung）………………… 64
物上代位の原則（Surrogationsprinzip）… 136
不動産取引仲介契約 …………………… 237
普遍性の基準 …………………………… 188
分割説（Trennungsdenken）…………… 180
分離主義（Trennungsprinzip）……… 64, 96
別除権 …………………………………… 175
包括的信託遺贈の受益者（universal fideikommissar）……………………… 137
法律行為の順次的発生（sukzessiven Entstehung des Rechtsgeschäfts）理論 ………… 70
法律行為の付款 ………………………… 25
法律適合性の基準 ……………………… 186
保険契約の法的性質 …………………… 217
保険代位 ………………………………… 227
保護問題 ………………………………… 184

ま　行

満期付債権 ……………………………… 112
未確定（Pendenz）関係 ………………… 38
未確定（schwebend）の条件の効力 …… 63
未確定理論（Pendenz Theorie）…… 100, 120
無因原則（Abstraktionsprinzip）……… 64
問答契約（stipulatio）…………………… 41

や　行

有期所有権（Eigentum auf Zeit）… 105, 122
有効需要 ………………………………… 6
優先順位の原則 ………………………… 181
要式免除契約（acceptilatio）…………… 42

ら 行

履行期限 …………………………… 28
利息享益権 (Zinsgenuβrecht) ………… 132
利息権 (Zinsrecht) ………………… 132
利息債権 (Zinsforderung) …………… 132
労災保険給付 ……………………… 221
労働基準法上の災害補償 …………… 220

欧 文

absolute sale with mortgage back ……… 164
estate in fee simple ………………… 128
estate in land ……………………… 128
executory agreement to sell ………… 155
in diem addictio …………………… 43
Klage-Causa ……………………… 48
leasehold ………………………… 128
lex Aelia Sentia …………………… 37
lex commissoria ………………… 43, 59
reversion ………………………… 128
sales-mortgage …………………… 165
term of years absolute leasehold ……… 128
Uniform Commercial Code ………… 165

■著者紹介

大 島 和 夫（おおしま　かずお）

　　1949年　神戸市に生まれる
　　1974年　京都大学法学部卒業
　　1979年　京都大学大学院法学研究科博士課程・単位取得退学
　　1993年　神戸市外国語大学教授〔現在にいたる〕
　〔主要著書〕
『現代史からみた法と社会』法律文化社（1999年）
『高齢者の健康・介護・福祉を考える』（共著）自治体研究社（2001年）
『日本の構造改革と法』日本評論社（2002年）
『自由主義と社会主義』神戸外大・研究叢書・第36冊（2005年）

2005年10月10日　初版第1刷発行

期 待 権 と 条 件 理 論

著　者　　大　島　和　夫

発行者　　岡　村　　勉

発行所　株式会社 法 律 文 化 社
〒603-8053　京都市北区上賀茂岩ヶ垣内町71
電話 075（791）7131　　FAX 075（721）8400
URL: http://www.hou-bun.co.jp/

©2005　Kazuo Oshima　Printed in Japan
印刷：西濃印刷㈱／製本：㈱オービービー
ISBN 4-589-02860-3

安井宏著〔広島修道大学学術選書7〕
法律行為・約款論の現代的展開
―フランス法と日本法の比較研究―
A5判・328頁・6825円

現代契約法の理論的焦点たる法律行為・約款論について，その拘束力を基底する市民的合意の存否をめぐる議論を，判例上の擬制と学説上の追認をもとに丹念に解明。

松井宏興著
抵当制度の基礎理論
―近代的抵当権論批判―
A5判・224頁・4515円

投資抵当としての近代的抵当権の本質を価値権と解する近代的抵当権論の歴史論と性質論を検討。これらをもとに，当制度の歴史的展開が日本の抵当制度の現実に合致しないという批判的視点を提起し，さらに解釈論上の問題点に新しい光を与える。

岡本詔治著
無償利用契約の研究
A5判・446頁・6825円

使用貸借とプレカリウムの両制度の歴史的変遷，理論的構造を究明することによって，無償利用関係の類型化と各々の利用形態の構造・機能を明らかにする。わが国の使用貸借法に新たな解釈論上の分析視角を提示する。

髙森八四郎・髙森哉子著
表見代理理論の再構成
A5判・272頁・3150円

従来の通説の不明確性を除去し，「正当理由」の内容を再構成した意欲作。「白紙委任状の交付と表見代理」「権限踰越の表見代理と『正当理由』」「正当理由肯定判例及び否定判例の考察」「夫婦の日常家事行為と表見代理」「競合型表見代理論の批判的考察」

金山正信著
アメリカ近代的土地所有権序論
A5判・388頁・7350円

アメリカの私的土地所有権の萌芽ともいうべきものが植民初期にみられる。その事実経過や当時の社会情勢としてのピューリタニズムという宗教信条との関連など，当時の立法事情・法制度を探究した研究書。

新関輝夫著
フランス不法行為責任の研究
A5判・256頁・3360円

無生物責任法理を学説の展開と判例を渉猟しながら追究。無生物責任の成立／フランスの損害賠償制度における無生物責任法理の展開／無生物責任法理の自動車事故への適用過程／フランス不法行為法における無生物責任法理の理論的基礎に関する研究／結章

――法律文化社――

表示価格は定価（税込価格）です